अध्यात्म की खोज में

अध्यात्म की खोज में

संजीव शाह

प्रभात
प्रकाशन

प्रकाशक

प्रभात प्रकाशन प्रा. लि.

4/19 आसफ अली रोड, नई दिल्ली-110002

फोन : 23289777 • हेल्पलाइन नं. : 7827007777

इ-मेल : prabhatbooks@gmail.com ❖ वेब ठिकाना : www.prabhatbooks.com

संस्करण

2025

अनुवाद

वीरेंद्र नारायण सिंह

अनुवाद परामर्शन

डॉ. बिंदु भट्ट

पेपरबैक मूल्य

छह सौ रुपए

मुद्रक

आर-टेक ऑफसेट प्रिंटर्स, दिल्ली

ADHYATMA KI KHOJ MEIN
by Shri Sanjiv Shah

Published by **PRABHAT PRAKASHAN PVT. LTD.**
4/19 Asaf Ali Road, New Delhi-110002

ISBN 978-93-5322-147-8

₹600.00 (PB)

अर्पण

धर्मनिरपेक्ष, अध्यात्मवादी,

मैत्रीपूर्ण, सहकारनिष्ठ, विश्वनागरिक

मानव चेतना को

अहंकार से मलिन हुई चेतना को मुक्त करना अध्यात्म है। शोषण और अन्याय की बेड़ियों से समाज को मुक्त करना है और चेतना को अहंकार की बेड़ियों से आजाद करना है। ये दो कार्य करने हैं। इन दोनों कामों को एक साथ करने का सामर्थ्य किसी कार्यकर्ता जमात के पास नहीं है। जीवन-साधकों की नई जमात उभर रही है, जो अपनी चेतना तथा समाज में परिवर्तन दोनों एक साथ सिद्ध करने का प्रयास कर रही है।

~ विमला ठकार

प्रस्तावना

अध्यात्म : जैसा देखा, जाना और जिया

भोमिया विना

भोमिया विना मारे भमवा 'ता डुंगरा,
जंगलनी कुंज-कुंज जोवी हती;
जोवी 'ती कोतरो ने जोवी 'ती कंदरा,
रोता झरणानी आख ल्होवी हती।

सूना सरवरियानी सोनेरी पाळे
हंसोनी हार मारे गणवी हती;
डाले झूलंत कोक कोकिलाने माळे
अंतरनी वेदना वणवी हती।

एकला आकाश तळे उभीने एकलो,
पड़घा उरबोलना झीलवा गयो;
वेराया बोल मारा, फेलाया आभमां,
एकलो, अटूलो झांखो पडयो।

आखो अवतार मारे भमवा डुंगरिया,
जंगलनी कुंज-कुंज जोवी फरी;
भोमिया भूले एवी भमवी रे कंदरा,
अंतरनी आँखड़ी ल्होवी जरी।

~उमाशंकर जोशी

अध्यात्म : जैसा देखा, जाना और जिया

सामान्य तौर पर ऐसी मान्यता है कि पुस्तक वह व्यक्ति लिखे, जो किसी भी एक विषय का विशेषज्ञ हो। अपने ज्ञान या कला को व्यापक समाज को परोसने के लिए ही तो लेखक पुस्तक लिखता है न? कोई अपने अज्ञान का प्रदर्शन करने के लिए तो पुस्तक नहीं लिखेगा न।

यह मान्यता गलत है। दुनिया में ऐसा कौन व्यक्ति होगा, जिसे अपनी रुचि के विषय का संपूर्ण ज्ञान हो? संपूर्ण ज्ञान की बात तो छोड़िए, उसका ज्ञान वाकई में कितना ज्ञान है और कितना अज्ञान, यह कौन कह सकता है? कुएँ के मेंढक को कुआँ ही दुनिया लगती है। ज्ञान संपादन एक अनंत प्रक्रिया है। कोई सयाना व्यक्ति अपने आपको विशेषज्ञ नहीं मानेगा, चाहे बाहरी दुनिया उसे कितना भी ज्ञानी क्यों न मानती हो।

अध्यात्म के बारे में कुछ लिखने का साहस करने में मुझे दो दशक लगे। मुझे याद है कि श्री अरविंद के एक साधक ने मेरी 'जिंदगी' पुस्तक पढ़कर तुरंत ऐसा कहा था कि 'इसमें तो निरी आध्यात्मिकता है।' उनके उद्‌गारों से मुझे जबरदस्त आश्चर्य हुआ था। उस समय तक मैं अध्यात्म के बारे में लगभग कुछ भी नहीं जानता था। हाँ, कुतूहलवश बहुत कुछ पढ़ता था और उसमें संतों तथा भक्तों की बातें आ जाती थीं। इस कारण उस आदरणीय साधक के उद्‌गार से एक खिड़की खुली कि शायद अध्यात्म का संबंध 'जिंदगी' जीने के साथ हो सकता है। वह केवल पिछले जनम के कर्मों या जनमो-जनम के चक्करों से छूटने की बात नहीं हो। वैसे भी, यह जिंदगी ही मुझे इतनी प्यारी है कि इसके 'चक्करों' में से छूटने की बात में मुझे रुचि ही नहीं थी।

अब रुचि जगी तो मैं अध्यात्म के विषय में इधर-उधर से पढ़ने लगा। बुद्धि की खोज शुरू हुई; परंतु अंत में विमला ठकार से सच्चे अध्यात्म का पाथेय मिला। उन्होंने मुझ पर तथा ओएसिस पर अपार स्नेह व वात्सल्य की वर्षा की। सहज ही आदर-भाव जगे, ऐसा प्रांजल उनका व्यक्तित्व था। उन्होंने मुझ पर उड़ेला तो बहुत कुछ होगा, और मुझे पता था कि मुझे सबकुछ समझ में नहीं आता था; परंतु उनके अनुग्रह से यह बात तो दृढ़ हो गई कि जीवन को सुंदर ढंग से, सार्थक रीति से और जागृतिपूर्वक जीने के साथ अध्यात्म का सीधा नाता तो है ही।

बस, यह बात मुझे अनुकूल लगी। 'जो रोगी को भाए वही वैद बताए!' अंदर एक बात बैठ गई कि सच्चा अध्यात्म जीवन-अभिमुख (लाइफ ओरिएंटेड) होता है, जीवन-विमुख (अपोज्ड टु लाइफ) नहीं। फिर तो इस रास्ते पर जैसे-तैसे आगे बढ़ता गया, सीखता गया उससे जीवन के खिलते जाने का अनुभव हुआ। इस तरह की प्रेरणा हुई कि जितना प्रकाश मिला है, उतना तो बाँटना चाहिए। शायद वह किसी को विपरीत दिशा में जाने से रोक सके। शायद वह लोगों को प्रश्न पूछने लायक बना सके। जीवन बाँटने के लिए स्नेह के सिवा अन्य प्रयोजनों की जरूरत ही कहाँ होती है!

~संजीव शाह
e-mail: sanjiv@oasismovement.in

अध्यात्म के साथ आँखमिचौनी

बचपन में 'आँखमिचौनी' का खेल किसने नहीं खेला होगा?
जिसे दाँव देना होता है, उसकी आँखों पर पट्टी बाँध दी जाती है।
पट्टी बँध जाने पर उसे कुछ भी दिखाई नहीं देता।
कोई जरा सी आवाज करे तो वह उसे सुनकर उस ओर जाता है।
कई बार आवाज तक पहुँचने से पहले ही व्यक्ति वहाँ से छूमंतर हो जाता है।
अध्यात्म की राह पर चलना आरंभ करते हुए ऐसा ही अनुभव होता है।

अध्यात्म सूक्ष्म का विषय है, इसलिए कुछ भी दिखता नहीं है।
मन नियंत्रित हो, तब जीवन का संकेत सुनाई देता है,
चित्त एकाग्र हो, तभी जीवन समझ में आने लगता है।
जब लगता है कि कुछ हाथ में आएगा, कुछ पकड़ में आएगा,
तभी वह हाथ से आश्चर्यजनक रीति से सरक जाता है।
अध्यात्म के साथ आँखमिचौनी का खेल चलता रहता है।

व्यक्ति की भाँति सामाजिक भूमिका पर भी ऐसा ही खेल चलता है न?
समाज भी अध्यात्म अर्थात् क्या? उसे समझने का मिथ्या प्रयास ही करता है।

जिस पर दाँव नहीं होता, उसे यह खेल आसान लगता है।
परंतु खुद पर दाँव आए, तब पता चलता है कि खेल आसान नहीं है।

खेल आसान नहीं है, इसीलिए तो खेल का मजा है न!

यह पुस्तक किसे मदद करेगी?

अध्यात्म पर विपुल पुस्तकें प्राप्य हैं।
उनमें से कतिपय लेखक सिद्ध महामानव हैं।
इस पुस्तक का लेखक ऐसा कोई दावा नहीं कर रहा है।

'अध्यात्म की खोज में' पुस्तक किसे सहायक होगी?
जिनको अपना जीवन दुर्लभ तथा अमूल्य लगता है।
जो प्रश्न पूछ सकने की तीव्र बुद्धिवाले हैं,
जो वैज्ञानिक अभिगम से जीवन जीने में विश्वास करते हैं।

जिन्हें जीवन के रहस्यों को जानने में रुचि है और
जो अध्यात्म के विषय में नवोदित हैं,
उन्हें यह पुस्तक अत्यंत सहायक होगी।

यह पुस्तक अध्यात्म को जीवन से अलग नहीं देखती।
यह अध्यात्म को लीक से बँधे विचारों से मुक्त करने का प्रयत्न है।
जो आल्वर्ट आइंस्टीन और गौतम बुद्ध;
खलील जिब्रान, कार्ल युंग, दलाई लामा तथा रूमी,
नरसिंह मेहता, सिग्मंड फ्रॉइड और स्वामी विवेकानंद में
आध्यात्मिकता की एक सामान्य छाप देख सकते हैं,
उनको इस पुस्तक के दर्शन का आयास अर्पित है।

अध्यात्म के पथ की जो जाग्रत चेतनाएँ हैं,
उनको यह पुस्तक एक नम्र भावांजलि है।

साधना—यह अपने जीवन में प्रयोगशाला आरंभ करने का काम है। शुद्धि, निर्दोषिता, पवित्रता—ये कोई साधने की वस्तुएँ हैं? किसी क्रिया का फल हैं? अध्यात्म में भी राजनीतिक, आर्थिक एवं सामाजिक कानून या दंडनीति है, जिनका पालन करना पड़े? अध्यात्म मानसिक कर्म का विषय है ही नहीं। जब तक यह समझ में न आए, तब तक साधना में स्थूल परिणाम देखने की लोभ-लालसा बनी रहेगी। एकांत में अपना सहवास स्वयं से सहन नहीं होता। इसके लिए कोई रेडियो बजाता है या भजन गाता है, इन दोनों में कोई अंतर नहीं है। एकांत का सहन न होना ही इन दोनों के मूल में है। अपने से दूर, जीवन से दूर भागने के लिए जीवन-विमुखता द्वारा जिस कर्म का निर्माण होता है, वह कभी भी साधना नहीं बन सकती।

~विमला ठकार

अनुक्रम

ध्यान हो, समाधि हो—ये जीवनाभिमुख हैं, जीवन से विमुख नहीं हैं। एक तरफ आप से ध्यान की, मौन की बात कहती हूँ और दूसरी तरफ जीवन-साधना की बात भी करना चाहती हूँ। भाई! 'साधक' बनने पर मनुष्य यदि मनुष्य ही न रहे तो ऐसा समाजद्रोही और संकुचित अध्यात्म किस काम का? वह तो अमीरों-बुद्धिनिष्ठों का ऐशो आराम बनेगा! मेरा जो गरीब, नंगा, भूखा समाज है, उसे ऐसा अध्यात्म और ऐसा आत्मबल चाहिए, जिसमें साधक मनुष्य रहेगा, उसके मानवीय मूल्य संरक्षित रहेंगे तथा वह राष्ट्र का नागरिक भी रहेगा। देश की नागरिकता का मूल्य, जो खतरे में है, उसे गढ़ने की दृष्टि से हम सब कटिबद्ध हो जाएँ। एक ओर आंतरिक साधना हो तथा दूसरी ओर बाहरी समाज के साथ आरोहण का काम चले तभी सर्वोदयी समाज बनेगा।

~ विमला ठकार

प्रकरण 1

भूमिका

सच्चा-झूठा अध्यात्म

तो ये ना आव्युं ब्रह्मज्ञान

देहाभिमान हतुं पाशेर, विद्या भणतां वध्युं शेर;
चरण वदतां तोलुं थयो, गुरु थयो त्यां मणमां गयो;
अखा एम हलकाथी भारे होय, आत्मज्ञान ते मूळगुं खोय।

• •

एक मूरखने एवी टेव, पथ्थर एटला पूजे देव,
पाणी देखी करे स्थान, तुलसी देखी तोड़े पान।
ए अखा बहु उतपात, घणा परमेश्वर ए क्यांनी बात?

• •

तिलककरतां त्रेपन थयां, जपमालानां नाकां गयां,
तीरथ फरी फरी थाक्यां चरण, तोय न पहोतो हरिने शरण।
कथा सुणी सुणी फूट्या कान, अखा तोय न आव्यू ब्रह्मज्ञान।

~ अखो

प्रकरण-1

भूमिका : सच्चा-झूठा अध्यात्म

अध्यात्म अर्थात्?

अध्यात्म (स्पिरिच्युआलिटी) यानी क्या?

बेशक, सवाल मुश्किल है। इसका सीधा-सादा जवाब हो नहीं सकता। परंतु एक मनोवैज्ञानिक खेल मानकर कुछ भी पढ़ने से पहले नीचे पूछे गए प्रश्न का उत्तर लिखेंगे?

अध्यात्म या स्पिरिच्युआलिटी के बारे में आप जो मानते हों, उसे एक ही शब्द में अभिव्यक्त करना हो तो आप क्या कहेंगे?

अध्यात्म अर्थात् ______________________.

आप जो कह रहे हैं, वह आपकी समझदारी का सार या मान्यताएँ अभिव्यक्त करता है। भिन्न-भिन्न लोग अध्यात्म को अलग-अलग रीति से समझते हैं। यूँ कहें कि 'हाथी और अंधों की कहानी' की तरह सबके अध्यात्म की धारणा अलग-अलग होती है। अंध व्यक्ति हाथी के जिस अंग को स्पर्श करता है, उसे हाथी वैसा ही लगता है। (पूँछ छूनेवालों को तो पतले साँप जैसा, पैर को स्पर्श करनेवाले को खंभे जैसा, पेट को स्पर्श करनेवालों को दीवार जैसा…) उसी तरह की समझ मनुष्यों के अध्यात्म की हो सकती है।

और, आजकल तो अध्यात्म को फैशन का दर्जा मिल गया है। 'मेडिटेशन' करना 'स्टेटस सिंबल' बन गया है, या नहीं? ध्यान सीखने के लिए फाइव स्टार होटलों में शिविर लगते हैं। 'अध्यात्म' मानो आधुनिक जमाने का एक और फंदा (ट्रेप) ही बन चुका है।

वास्तव में क्या है यह अध्यात्म?
क्या यह शौक का विषय है,
जिसमें कुछ लोगों की रुचि हो
तो कुछ की नहीं भी हो?
या फिर वह सबके लिए उपयोगी, ऐसा आवश्यक विषय है?
यदि आवश्यक है, तो किसलिए?

किसी भी बात को सोचे-समझे बिना मानकर अपना लेना कितना आसान है। हम जो मानते हैं, वही सत्य, उसके आगे कुछ भी नहीं है, ऐसा मानकर जिए जाना भी आसान है। पर जो आसान है, उसमें मन की कोई सच्ची सिद्धि नहीं है। हमें अध्यात्म को प्रश्न पूछकर, क्रमश: चरणबद्ध एवं वैज्ञानिक अभिगम द्वारा ही समझने की कोशिश करनी चाहिए।

The fact that I can plant a seed and it becomes a flower,
share a bit of knowledge and it becomes another's,
smile at someone and receive a smile in return,
are to me continual spiritual exercises.

~Leo Buscaglia

अंतरात्मा के साक्ष्य पर

अध्यात्म की बातें करनेवालों और अपनी सिद्धियों का ढिंढोरा पीटनेवालों को देखता हूँ तो वितृष्णा अनुभव होती है। क्या अर्थ है ऐसे सतही और खोखले अध्यात्म का? क्या अध्यात्म घमंड, मिथ्याभिमान, श्रेष्ठताग्रंथि, अहम्-प्रेम और झूठ सिखाता है? या फिर यहाँ भी 'लोभी होंगे वहाँ धूर्त भूखे नहीं मरेंगे।' उक्ति लागू होती होगी? सब को फटाफट कुछ चाहिए। बिना मेहनत के माला फेरने से ही मोक्ष मिल जाता हो तो उसमें क्या बुराई है? मैं ऐसे किसी कारण से अध्यात्म के मार्ग पर हूँ? मुझे अध्यात्म से क्या चाहिए?

'अध्यात्म' का अर्थ

अध्यात्म में माननेवालों को दो भागों में बाँटा जा सकता है—एक तो धर्म में उसकी मिलावट करनेवाले तथा अलौकिक या चमत्कारिक प्रसंगों से उसे जोड़नेवाले लोग और दूसरे, अध्यात्म को विज्ञान मानकर वैज्ञानिक दृष्टिकोण से जाँचने-परखनेवाले लोग।

'अध्यात्म' शब्द तो अधि+आत्म की संधि से बना है। 'आत्म की ओर आना या मुड़ना', ऐसा ही अध्यात्म का शब्दार्थ होता है। अतः अब 'आत्म' शब्द को स्पष्ट करें, तभी 'अध्यात्म' समझ में आएगा। क्या यहाँ पर आत्म यानी आत्मा का संदर्भ है ? तो फिर यहाँ किस आत्मा की बात है ? मनुष्य की मृत्यु होती है, तब उसकी आत्मा उड़ जाती है। तो क्या वह प्राण या चेतना ही आत्मा है ?

या फिर आत्म यानी 'आत्मकथा' की तरह कुछ अपनी बात है ? अध्यात्म यानी 'अपनी ओर मुड़ना', ऐसा अर्थ होता होगा ? तो फिर यह 'अपनी ओर मुड़ना' यानी क्या ? क्या सभी मनुष्यों को अपनी अपनी ओर मुड़ना होता है ? तो क्या सभी मनुष्य अपनी ओर मुड़े हुए नहीं होते ?

हम तो शब्द के मूल को लेकर ही प्रश्न कर रहे हैं। अगर अध्यात्म यानी स्पिरिच्युआलिटी है तो किस 'स्पिरिट' की बात है ? मनुष्य के भीतर की आत्मा को भी बहुत से लोग 'स्पिरिट' कहते हैं। साथ ही हम खेलकूद के संदर्भ में भी 'स्पिरिट' शब्द का प्रयोग (स्पोर्ट्समैन स्पिरिट) करते हैं। और, हमें यह भी सुनने को मिलता है कि लोग या तो भौतिकवादी होते हैं या अध्यात्मवादी। जो भौतिक सुख-सुविधा में लिप्त रहते हैं, उन्हें मैटिरिएलिस्टिक (भौतिकवादी) और जो अपनी आत्मा के मोक्षार्थ साधना करते हों, सामान्य तौर पर उन्हें स्पिरिच्युअल गिना जाता है। यहाँ भी सवाल तो है ही कि जो लोग स्पिरिच्युअल हैं, क्या उन्हें सुख-सुविधा नहीं चाहिए होती ? जो लोग भौतिक सुख-सुविधाओं में रहते हैं, क्या वे आध्यात्मिक नहीं हो सकते ?

बहुत से लोग अध्यात्म के साथ वैराग्य की तुलना करते हैं। जब 'संसार असार है', इसका बोध हो जाए और दुनिया से व्यक्ति का मन उठ जाए तो, ऐसा कहते हैं कि इसे वैराग्य हो गया है और ऐसे मनुष्यों को आध्यात्मिक माना जाता है। तो क्या संसार में रहकर आध्यात्मिक नहीं रहा जा सकता ?

पहले विभाग के लोगों से ऐसा प्रश्न पूछने की कोई जरूरत नहीं लगती, परंतु दूसरे विभाग के लोग तो वैज्ञानिक अभिगम में माननेवाले हैं और प्रश्न करना तो विज्ञान की बुनियाद है। वास्तव में, अध्यात्म और विज्ञान के बीच क्या कोई साम्य है क्या ? और यदि है तो वह क्या है ?

Science is not only compatible with spirituality;
it is profound source of Spirituality.

~Carl Sagan

अंतरात्मा के साक्ष्य पर

मुझे जीवन बहुत प्यारा है। जीवन से जुड़ी सभी बातों का आनंद लेना मुझे बहुत पसंद है। अनावश्यक लक्जरी का मुझे मोह नहीं है; परंतु जीवन को आसान बनानेवाली अनुकूलताएँ मुझे पसंद हैं। सोने के लिए योग्य बिस्तर, स्वास्थ्यप्रद खान-पान, कार्यक्षम वाहन, वाशिंग मशीन और ऐसी ही अन्य सुख-सुविधाएँ जीवन को आसान बनाती हैं। यह सब छोड़कर सादगी से जीने में मेरी उच्चकोटि की आध्यात्मिकता है ? क्या ये सभी सुविधाएँ मेरी कमजोरियों का पोषण करती हैं ? क्या यह कमजोरी है ? जीवन पूरा होने से पहले यह सब समझना है।...

अध्यात्म-विषयक विविध मान्यताएँ

पिछले पन्ने पर एक आसान सा सवाल पूछा गया था—'अध्यात्म' या स्पिरिच्युआलिटी के बारे में आप जो मानते हो, उसे एक ही शब्द में अभिव्यक्त करना हो तो आप क्या कहोगे?

विभिन्न लोग इस प्रश्न के उत्तर में किन शब्दों का उपयोग करते हैं, यह जानना वास्तव में बड़ा रोचक है।

अध्यात्म अर्थात्—

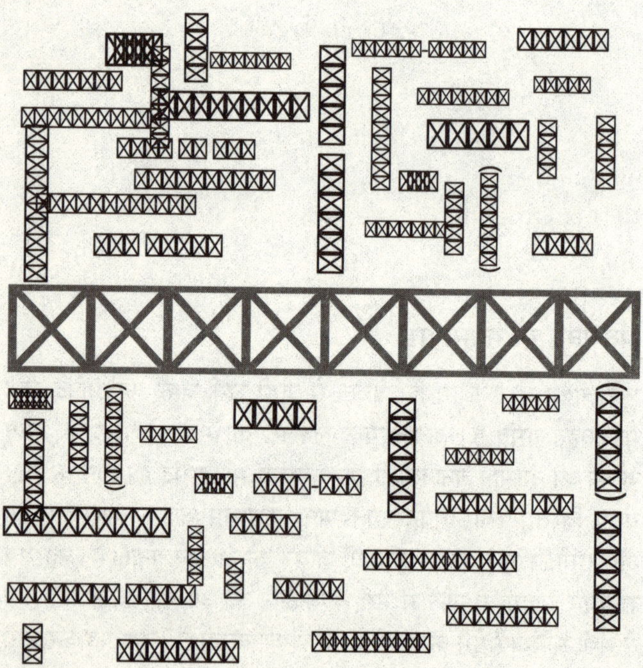

यदि ये सब अध्यात्म हैं तो क्या जो अध्यात्म के राही हैं, वे यह सब समझते हैं? वास्तव में क्या ये सभी बातें ही अध्यात्म हैं? जिसे ये सभी बातें बौद्धिक रूप से पता ही नहीं हैं, क्या वह व्यक्ति आध्यात्मिक हो सकता है? वास्तव में अध्यात्म और आध्यात्मिकता क्या हैं?

The same stream of life that runs through the world,
runs through my veins night and day,
and dances in rhythmic measure.
It is the same life that shoots in joy
through the dust of the earth into numberless blades of grass and breaks into tumultuous waves of leaves and flowers.

~Ravindranath Tagore

अंतरात्मा के साक्ष्य पर

मैं मंदिरों में जाता हूँ, प्रतिदिन पूजा-पाठ करता हूँ, सभी व्रत-उपवास करता हूँ, ताकि मेरे जीवन पर ईश्वर का आशीर्वाद बना रहे। पर कुछ ठीक नहीं लग रहा। मुझे भीतर से सूना-सूना और अकेलापन क्यों लगता है? कोई मुझे समझता क्यों नहीं? सभी मेरे साथ इस तरह बात क्यों करते हैं? मैं चिढ़ क्यों जाता हूँ? क्या मेरे धर्म-पालन में कोई कमी है? या फिर यह सब पूर्वजन्म का फल होगा? ऐसा तो नहीं है न कि ईश्वर पर सबकुछ छोड़ देने में मुझसे गंभीर भूल हो रही है?

आध्यात्मिकता और मन पर नियंत्रण

डॉ. एम. स्कोट पेक ने अपनी एक पुस्तक में बताया है कि विश्व के सभी मनुष्यों को उनके मन की अवस्था के आधार पर हम चार श्रेणियों में बाँट सकते हैं—

1. अपराधी मनुष्य
2. धार्मिक मनुष्य
3. तार्किक मनुष्य
4. आध्यात्मिक मनुष्य

जो मन की सबसे दुर्बल अवस्थावाले होते हैं, उनका स्वयं पर कोई नियंत्रण नहीं होता है। वे जो मन होता है, वह कर बैठते हैं। स्वाभाविक तौर पर समाज में अराजकता फैलाने के कारण उन्हें *अपराधी* की श्रेणी में गिना जा सकता है। ऐसे व्यक्तियों को जेल में देखना बहुत आम बात है।

जब व्यक्ति अपने मन की ऐसी प्राणीवृत्तियों के प्रति सजग हो जाता है और वह स्वयं अपने हाथ में नहीं रहेगा, ऐसा भय उसे सताने लगता है, तब वह अपने आप पर नियंत्रण के लिए कोई अवलंबन खोजता है। आमतौर पर धर्म संस्थाएँ और धर्मगुरुओं में या किसी व्यक्ति विशेष में उनको ऐसा अवलंबन मिल जाता है। ऐसे मनुष्यों को हम *'धार्मिक'* कहते हैं।

जब व्यक्ति अपने मन पर नियंत्रण प्राप्त कर लेते हैं, तब उनकी असली खोज आरंभ होती है। उनमें प्रश्न पूछने का साहस और सामर्थ्य आता है। उनके व्यक्तित्व में उपर्युक्त दोनों वर्गों के व्यक्तियों की अपेक्षा अधिक संवेदनशीलता, मानवता और अनुकूलता का अनुभव होता है। ऐसे वैज्ञानिक दृष्टिकोण रखनेवाले लोगों को *तार्किक* (रेशनल) की श्रेणी में गिना जाता है। वे उन सारी चीजों को मानने से इनकार करते हैं, जो निरी आँखों से दिखाई न दें।

परंतु ऐसा नहीं है कि मनुष्य निरी आँखों से जो न देख सके, उन सबका अस्तित्व ही नहीं होता। जो स्थूल से सूक्ष्म की खोज की ओर गति करते हैं, जो जीवनाभिमुख होते हैं, सार्थक रूप से जीवन जीते हैं और मन पर सर्वाधिक नियंत्रण रखनेवाले लगते हैं, उनको *आध्यात्मिक* गिना जाता है।

तो क्या कहा जा सकता है कि मन पर बढ़ता जाता नियंत्रण ही आध्यात्मिकता का सूचक है?

हालाँकि कोई व्यक्ति जन्म से आध्यात्मिक नहीं होता। गांधीजी कहते थे कि एक अपराधी और हमारे बीच बहुत पतली-सी भेद रेखा होती है। यानी अंततः अपराधी से धार्मिक और फिर तार्किक तथा आखिर में आध्यात्मिक बनने की इस समग्र प्रक्रिया को क्या आध्यात्मिक नहीं कहा जा सकता?

I like your Christ.
I do not like your Christians.
Your Christians are so unlike your Christ.

~Gandhi

अंतरात्मा के साक्ष्य पर

मुझे जब क्रोध आता है, तब सिर पर मानो पागलपन सवार हो जाता है। भले-बुरे का कुछ भी भान नहीं रहता। मुँह से अंड-बंड निकल जाता है। अरे, मुझे यह भी डर लगता है कि कहीं मुझसे हिंसक व्यवहार न हो जाए। लोग ऐसे ही क्रोध में अपराध कर बैठते होंगे न! उनमें और मुझमें क्या फर्क है? किस तरह से अपने क्रोध पर काबू पा सकूँ? यदि मेरे क्रोध में कोई फर्क नहीं पड़ रहा तो ये धार्मिक प्रक्रियाएँ करने का क्या अर्थ रहा? अँगूठियाँ और मालाएँ पहनने के बाद मेरे भीतर क्या फर्क पड़ा?

धार्मिकता आध्यात्मिकता नहीं है

हमारे समाज में अन्य कई महान् शब्दों की तरह धर्म और धार्मिकता को भी हमने सतही बना दिया है। हमने देखा कि संस्थाओं और संप्रदायों या व्यक्ति विशेष के सहारे जीनेवाले (और उनके बिना न जी सकनेवाले) व्यक्ति वास्तव में 'असामाजिक व्यक्तियों' या मनमाने ढंग से जीनेवालों से थोड़े ही अधिक ऊपर के स्तर पर हैं। ये लोग किसी कर्मकांड या ऊपर से लादे गए कानून-नियमों के सहारे जीवन जीने में सुरक्षा अनुभव करते हैं।

ऐसे व्यक्ति आज्ञाकारिता का सहारा लेते हैं। जहाँ से सहानुभूति या आशा मिले, वहाँ वे अवलंबित हो जाते हैं। यहाँ यह स्पष्ट करना चाहिए कि मात्र धार्मिक संप्रदाय ही नहीं, बल्कि मिलिटरी या फिर परिवार के मुखिया के आदेशों में भी ऐसे व्यक्ति सुरक्षा खोजें, ऐसा हो सकता है। भले 'धर्म' से जुड़े हों या नहीं, पर मनोदशा से ऐसे सभी मनुष्यों को हम धार्मिक मानते हैं।

ऐसे धार्मिक लोग प्रश्न पूछने, नियम-कानूनों में निहित सिद्धांतों को समझने की क्षमता नहीं रखते। कर्मकांड अर्थहीन हों तो भी वे उनसे चिपके रहेंगे। वे संप्रदायों या धर्मगुरुओं या संस्थाओं के साथ अपने व्यक्तित्व (आइडेंटिटी) को एकरूप कर मन-ही-मन उसे ही अपनी पहचान बना लेते हैं। उनकी अपनी सच्ची पहचान बनने की अभी शुरुआत भी नहीं हुई होती।

धार्मिकता और आध्यात्मिकता में क्या अंतर है ?

धार्मिकता	आध्यात्मिकता
• किसी आध्यात्मिक व्यक्ति विशेष के अनुभव में श्रद्धा है।	• अपने स्वानुभव में श्रद्धा है।
• अमुक निश्चित परंपरा का अनुसरण है।	• व्यक्ति अपना रास्ता स्वयं खोजते हैं।

• जिसका अनुसरण करते हैं, उसे ही सत्य मानते हैं।	• जिसे सत्य मानते हैं, उसका अनुसरण करते हैं।
• आज्ञाकारिता में विश्वास करते हैं।	• प्रश्न करने में विश्वास करते हैं।
• किसी के बताए हुए नियमों का अनुसरण करते हैं।	• स्वयं निर्मित नियमों एवं मूल्यों का अनुसरण करते हैं।
• असहिष्णु और संकुचित हो सकते हैं।	• सहिष्णु और उदार होते हैं।

धार्मिकता से आध्यात्मिकता की ओर प्रयाण तभी प्रारंभ होता, जब मनुष्य प्रश्न पूछना आरंभ करता है। तार्किक शक्ति का विकास ही सच्ची आध्यात्मिकता की ओर जाने का पहला सोपान है। सच्ची आध्यात्मिकता तेजस्वी होती है, स्वतंत्र समझ धारण करनेवाली होती है।

Morality is doing right,
no matter what you are told.
Religion is doing what you are told,
no matter what is right.

~H.L. Mencken

अंतरात्मा के साक्ष्य पर

गुरुजी ने कहा कि अमुक अँगूठी पहन, माला फेर, ध्यान वगैरह कर तो धीरे-धीरे तेरा क्रोध शांत होगा, पारिवारिक वातावरण एवं आर्थिक दशा सुधरेगी। गुरुजी अत्यंत ज्ञानी हैं। उन पर श्रद्धा रखकर मैंने सबकुछ किया। पर परिस्थिति में विशेष सुधार दिखाई नहीं दे रहा। कभी सुधरती लगती है तो कभी फिर से बिगड़ती। अब मुझमें और धैर्य नहीं है। जीवन बीतता जा रहा है। क्या मुझे और कुछ करने की जरूरत है? क्या करूँ? मेरा मित्र नास्तिक है, फिर भी उसकी जिंदगी बेहतर लगती है। इसका क्या अर्थ है?

परंपरा एवं कर्मकांड के प्रश्न

जिस समय मन सुषुप्त और प्रमादी अवस्था में होता है तब वह सबकुछ यूँ ही मान लेता है, वह प्रश्न पूछने की तत्परता नहीं दिखलाता। माँ-बाप जो कहें, उसे ही धर्म मान लेने वाली आज्ञाकारी संतानें माँ-बाप को प्रिय लगती हैं। बालक जब अत्यंत सहजता से माँ-बाप से प्रश्न पूछना या उन्हें चुनौती देना शुरू करते हैं, तब माँ-बाप को अपमान लगता है। वास्तव में तो ऐसा करके माँ-बाप अपने अहंकार का पोषण ही करते होते हैं। बालकों के प्रश्नों को अनसुना करके या दबाकर वे जाने-अनजाने उनकी तेजस्विता तथा सच्ची आध्यात्मिता को भी दबा देते हैं।

माला क्यों फेरनी चाहिए? पत्थर की मूर्तियों की पूजा करने से क्या होगा? ईश्वर कहाँ है? पत्थर पर दूध उड़ेलने से ईश्वर क्यों खुश हो जाए? क्या ईश्वर रिश्वतखोर है? घंटों पूजा-पाठ करके अंत में बेफाम बोलना ही हो तो उस पूजा-पाठ का क्या मतलब? मंदिर के बहुत से पुजारी या दूसरे धर्मगुरु जड़, अभिमानी और धूर्त क्यों लगते हैं? यदि ईश्वर है तो समाज में इतनी अधिक असमानता क्यों है? तीर्थयात्रा के लिए निकले प्रवासियों की दुर्घटना में सामूहिक मौतें क्यों होती हैं ?

धार्मिक मनुष्यों को ऐसे सवाल बिल्कुल पसंद नहीं आते। उनसे प्रश्न पूछो तो वे उसको कठोरता से दबा देंगे। फिर भी, कोशिश जारी रखें तो वे प्रश्नों को चुप कराने के लिए हिंसा का सहारा लें तो कोई अचरज नहीं। बड़ी मुश्किल से जमाई गई उनकी मान्यताओं और धारणाओं पर सवाल उठाने से उनके जीवन की नींव ही डगमगा जाती है। प्रश्न मानो उन्हें मृत्यु समान लगते हैं।

परंतु तार्किक और आध्यात्मिक व्यक्ति प्रश्नों का सदैव स्वागत करते हैं। 'क्या आपने ईश्वर को देखा है?' किशोर नरेंद्र के प्रश्न की तेजस्विता से प्रभावित होकर रामकृष्ण परमहंस ने स्वयं उसे अपना शिष्य बनाया और हमें स्वामी विवेकानंद मिले।

आध्यात्मिकता अंत में सत्य की खोज ही है। और सत्य की खोज कभी भी प्रश्न पूछे बिना हो नहीं सकती। किसी भी बात या रीति-रिवाज के बारे में हम पूछते हैं कि 'क्यों?' तब उसके उत्तर में से सही समझ पैदा होती है। पत्थर पर दूध क्यों चढ़ाना चाहिए? इसका उत्तर अवश्य दिया जाएगा; पर उन उत्तरों पर भी प्रश्न पूछते रहो, जब तक कि योग्य कारण प्राप्त न हो। केवल ऐसे-वैसे कारण देने से ही कोई बात योग्य सिद्ध नहीं होती। और यदि योग्य न हो तो हमें उसका अनुसरण क्यों करना चाहिए?

प्रश्न पूछ सकने की क्षमता ही तेजस्विता एवं स्वतंत्र व्यक्तित्व की निशानी है। इसी कारण प्रगतिशील शिक्षा-व्यवस्था या प्रगतिशील परिवारों और समाज में प्रश्न पूछने के लिए सदैव प्रोत्साहित किया जाता है। कारण जाने बिना दाल को जीरे से क्यों छौंकना चाहिए?

This is my simple religion...
There is no need for temples.
There is no need for complicated philosophy.
Our own brain, our own heart is the temple.
The philosophy is simple kindness.

~Dalai Lama

अंतरात्मा के साक्ष्य पर

पिछले दिनों एक धार्मिक स्थल पर जाना हुआ। वहाँ किशोर-किशोरियों को सादगी भरे वातावरण में साधना करते देखा। उन कोमल युवकों के प्रति एक ओर मान उत्पन्न होता है तो दूसरी ओर यह भी लगा कि क्या वे ऐसे जीवन से प्रसन्न होंगे? दूसरे लोगों की तरह सामान्य जीवन जीने की उनकी इच्छा नहीं होगी? मनपसंद पहनने, स्वादिष्ट खाने-पीने, सिनेमा देखने को उनका मन नहीं करता होगा? या फिर मन तो होता होगा, किंतु बेचारे मन की इच्छा को कुचलकर जीते होंगे? उनके धर्मगुरुओं को ऐसे प्रश्न नहीं होते होंगे?

अधिक कठिन है खुद से प्रश्न पूछना

व्यक्ति प्रश्न पूछना आरंभ करते हैं, यानी उनकी सत्य की खोज शुरू होती है। उन्हें अब धर्म की बैसाखी पसंद नहीं है। वे अपनी समझदारी, स्वनियंत्रण और संवेदनशीलता से जीवन जीना पसंद करते हैं।

अब उसे अपने आंतरिक विकास में रुचि होती है। उसकी समझ में आता है कि उसकी भी ऐसी अनेक धारणाएँ तथा मान्यताएँ हो सकती हैं, जो निराधार हों। इस कारण वह प्रश्न करने की अपनी क्षमता को स्वयं की ओर मोड़ता है।

- मेरी संतान (या कोई भी व्यक्ति) मुझसे प्रश्न पूछे तो मुझे अपमान क्यों लगता है?
- मैं मरभुक की तरह क्यों खाता हूँ?
- बोलने पर मेरा नियंत्रण क्यों नहीं रहता?
- मुझे क्रोध क्यों आता है? मुझे ईर्ष्या क्यों होती है?
- क्या मैं फलाने-ढिकाने व्यक्ति या व्यक्ति समुदाय से पूर्वग्रसित हूँ?
- मैं निश्चय करता हूँ कि ऐसा नहीं करूँगा, फिर भी वैसा क्यों कर बैठता हूँ?
- किसी की उन्नति या सुख देखता हूँ तो मेरा जी क्यों जलता है?
- मैं बार-बार नकारात्मक व दुःखी क्यों हो जाता हूँ?
- क्यों मुझे कोई समझता नहीं है और अकेलापन लगता रहता है?
- मैं कभी-कभी अत्यंत ऊब तथा नीरसता क्यों अनुभव करता हूँ?
- अपने मन में निरंतर चल रहे विचार मेरे रोकने से क्यों नहीं रुकते?
- मेरा मन अलग-अलग इच्छाओं को संतुष्ट करने के लिए ही क्यों भटकता रहता है?
- अपने से भिन्न मत रखनेवाले से मैं क्यों चिढ़ जाता हूँ?

व्यक्ति के ऐसे परीक्षण को हम अंतर्मुखी होकर किया गया आत्मनिरीक्षण कहते हैं। उसे अपने मन, मन की वृत्तियों, मन के विचारों, मान्यताओं, धारणाओं के अध्ययन की रुचि पैदा होती है। उसे यह समझना है कि मन कैसे काम करता है?

- मन की वृत्तियाँ मानवीय व्यवहार को किस तरह नियंत्रित करती हैं?
- क्या व्यक्ति मन पर नियंत्रण कर सकता है? किस हद तक? किस तरह?

और इस तरह आरंभ होती है व्यक्ति की सच्ची आध्यात्मिक यात्रा। मजेदार बात यह है कि धार्मिक लोग भी गरीबों की मदद करते हैं; पर वह तो ईश्वर को रिझाने और उसके परिणामस्वरूप कुछ पाने के लिए। तार्किक व आध्यात्मिक लोग भी गरीबों की मदद करते हैं; परंतु अपनी संवेदनशीलता से प्रेरित होकर, मानवता की दृष्टि से और आत्मसंतोष के लिए। तब ऐसे में अधिक निःस्वार्थी और प्रगतिशील किसे कहेंगे?

Just a candle cannot burn without fire
Man cannot live without a spiritual life.

~Buddha

अंतरात्मा के साक्ष्य पर

कभी-कभी मेरे मन में बुरे कहे जाने वाले विचार आते हैं। ऐसे विचार आते हैं, जिनको किसी से कह भी नहीं सकता। मैं चाहता हूँ कि ऐसे विचारों से मुक्त हो सकूँ, परंतु बहुत कोशिश करने के बाद भी मैं उन विचारों से पीछा छुड़ाने में असफल होता हूँ। क्या यह केवल मेरी ही समस्या होगी? मेरे जैसा सभी को होता होगा तो कोई इस बारे में बात क्यों नहीं करता? या फिर मेरी तरह ही सभी को बात करने में संकोच और क्षोभ होता होगा?

और अब सबसे कठिन सवाल

क्या सचमुच ईश्वर है ? उसका अस्तित्व है ? या वह मनुष्य की कल्पना मात्र है ?
क्या ईश्वर इस सृष्टि का संचालन करता है ? वह ऐसा कहाँ पर बैठकर करता है ?
वह दर्शन क्यों नहीं देता ?
जो लोग यह कहते हैं कि उन्हें दर्शन हुआ है, क्या वे सच बोलते हैं ?
या उनको भ्रम होता हो, ऐसा नहीं हो सकता ?
क्या अध्यात्म ईश्वर-प्राप्ति या दर्शन अथवा साक्षात्कार की पद्धति है ?

क्या यह सच है कि अध्यात्म के सिद्ध पुरुष चमत्कार कर सकते हैं ?
जैसे कि हवा में से माला या फूल का सृजन करना। क्या यह वास्तव में अध्यात्म की सिद्धि है ?
परंतु यह सब तो जादूगर भी अपने कार्यक्रमों में करते होते हैं।
तो फिर आध्यात्मिक विभूतियों और जादूगरों में क्या फर्क है ?
क्या जादूगरी की भाँति अध्यात्म भी मनुष्यों का व्यवसाय है ?

क्या अध्यात्म मोक्षप्राप्ति के लिए जन्म-जन्मांतर के बंधन से मुक्ति के लिए है ?
परंतु हमें मनुष्य जन्म बंधन क्यों लगता है ?
क्या जीवन भार-स्वरूप है ? क्या जीवन को आनंदपूर्ण जीना संभव नहीं है ?
क्या वास्तव में पूर्वजन्म तथा पुनर्जन्म हकीकत हैं या मनुष्य की कल्पना ?
मुझे इस जन्म में पुण्य करके आनेवाले भव को सुधारना चाहिए ?

या फिर इसी जनम को ही बेहतर बनाना चाहिए ?
या फिर अध्यात्म मन की शांति के लिए है ?
तो शांति पाने के लिए पूजा-पाठ करना, व्रत-उपवास रखना जरूरी है ?

हमारा मन अशांत क्यों है?
हम कभी-कभी आक्रामक या हिंसक क्यों हो जाते हैं?

क्या है यह अध्यात्म? क्या वह खास प्रकार के अमुक व्यक्तियों के लिए ही है? या वह सभी के लिए है? क्या प्रत्येक मनुष्य को उसे सीखना जरूरी है? क्या अध्यात्म को सामान्य मनुष्य वैज्ञानिक रीति से सीख सकता है?

Like those in the valley behind us,
most people stand in sight of the spiritual mountain of their lives and never enter them, being content to listen to others.
who have been there and thus avoid the hardships.

~*Robert M. Pirsig*

अंतरात्मा के साक्ष्य पर

बचपन में मेरे जीवन में अनेक प्रश्न उठते थे; परंतु उस समय माता-पिता टालनेवाला जवाब देते या फिर कठोरता से चुप करा देते। पाठशाला में भी ऐसा ही वातावरण था। दोस्तों के साथ इन प्रश्नों की बात की जा सकती थी; परंतु उनके पास उत्तर तो नहीं ही होंगे। अब गुरुदेव से प्रश्न करता हूँ तो वे भी मुझे श्रद्धा रखने के लिए कहते हैं। परंतु अब बहुत हो चुका। मुझे प्रश्न नहीं पूछने देंगे तो कैसे चलेगा? जो मेरे प्रश्न सुनने को तैयार नहीं हैं, उनकी बात मुझे चुपचाप क्यों सुननी चाहिए?

अध्यात्म परावलंबन नहीं है

मनुष्य जीवन के प्रति दो अति गंभीर भूलें करता रहता है। एक तो एकदम बेपरवाह होकर, मानो मृत्यु कभी आने वाली ही नहीं है, ऐसा मानकर गफलत में जीवन को बरबाद करता है। वह भौतिक सुख-सुविधाओं और इंद्रिय-सुखों की पूर्ति में लगा रहता है और अंत में उसके हाथ में कुछ भी नहीं आता। दूसरी भूल वह यह करता है कि उसे संसार एकदम असार और जीवन निरर्थक लगने लगता है। उसे ऐसा लगता है कि यह विश्व केवल मोह-माया है। इसलिए वह सबकुछ छोड़कर, संन्यास लेकर ईश्वर या मोक्ष की खोज में निकल पड़ता है।

मोह-माया और मोक्ष-दीक्षा की बातों में तथ्य होगा; परंतु अध्यात्म परावलंबन या पलायनवाद नहीं है। प्रत्येक मनुष्य को जीवन टिकाए रखने हेतु आवश्यक वस्तुओं की जरूरत पड़ती है और उसे वे मिलें, उसके पीछे अनेक लोगों का श्रम उत्तरदायी होता है। यदि विश्व में कुछ प्रतिशत लोग कोई काम ही न करें तो उनके निर्वाह का भार अन्य लोगों पर ही पड़ता है। भार रूप बनना अध्यात्म कैसे हो सकता है ?

हाँ, समाज में ऐसे लोग भी होते हैं, जो कुछ भी नहीं करते हैं। ऐसा लगता है, परंतु समाज में उनका महत्त्वपूर्ण योगदान होता है। ऐसा संभव है कि वे समाज को अत्यंत उपयोगी ज्ञान और समझदारी भरा मार्गदर्शन देते हों। परंतु समाज के प्रत्येक क्षेत्र में लोगों का अनुचित लाभ उठानेवाला वर्ग पैदा हो ही जाता है। केवल भगवा वस्त्र पहनने मात्र से व्यक्ति आध्यात्मिक नहीं हो जाता। अभी भी भोले लोग ऐसा नहीं समझते।

यहाँ हम केवल आर्थिक परावलंबन की बात नहीं कर रहे। किसी बात को बिना प्रश्न पूछे, बिना समझे मान लेना एक प्रकार का बौद्धिक परावलंबन है, मानसिक शिथिलता है। बात-बात में व्याकुल हो उठना, किसी के कहने से व्यग्र या दुःखी हो जाना, यह भावनात्मक परावलंबन है। सही क्या है और गलत क्या है, यह प्रत्येक व्यक्ति तय कर सकता है; फिर भी, अपने निर्णयों के लिए दूसरे पर आश्रित रहना भी परावलंबन है। परावलंबन कमजोरी है। अध्यात्म कायरों का मार्ग नहीं है। 'हरिनो मारग छे शूरानो, नहिं कायरनूँ काम जोने।' (हरि का मार्ग शूरवीरों का है। कायरों का यहाँ कोई काम नहीं।) ऐसा कवि नरसिंह मेहता ने कहा है। जो जीवन जीने से डरते हैं, जीवन की समस्याओं

से भयभीत हो जाते हैं, वे भला अध्यात्म क्या सीखेंगे! यह तो वैसी ही बात हुई कि पाँच किलो वजन तो उठता नहीं और सौ किलो वजन उठाने की डींग हाँकते हैं।

न्यूनतम योग्यता के बिना मनुष्य को छोटी सी नौकरी भी नहीं मिलती। तो क्या अध्यात्म एकदम सस्ता और फालतू विषय है कि गैर-जिम्मेदार लगने वाले व्यक्ति भी जिसमें निपुण होने का दावा करें? और हम उनकी शरण में जाकर उनके चेले बन जाएँ? यह 'कहता भी दीवाना, सुनता भी दीवाना' जैसी बात है या नहीं?

अध्यात्म की राह शक्ति की राह है, हिम्मत की राह है, खुद्दारी की राह है। वह परावलंबी तथा परोपजीवी लोगों के लिए नहीं है, जहाँ जीवन केवल कायरता, पलायनवाद और कमजोरियों की रहनुमाई में चलता है। वास्तव में जिनका दिलो-दिमाग ताकतवर है, वे ही अध्यात्म के मार्ग पर चलने के योग्य हैं।

First of all, our youngmen must be strong
Religion will come afterwards.
Be strong, my young friends,
that is my advice to you.
You will be nearer to heaven through football
than through study of Gita.

~Swami Vivekanand

अंतरात्मा के साक्ष्य पर

मुझे ऐसा लगता है कि मैं बहुत आलसी हूँ। मेरा वश चले तो कोई काम ही न करूँ। परंतु जब मूड आए और मैं मेहनत करके कोई परिणाम प्राप्त करता हूँ तो इतना अच्छा लगता है! यानी इतना तो समझ में आता है कि मेहनत करने के बाद का फल अधिक मीठा होता है, बिना मेहनत के उतना स्वाद नहीं आता। तो अब मुझे यही तय करना है कि जिंदगी स्वादवाली जीनी है या फिक्की-फिक्की। अब जब आलस्य आएगा तब मेहनत के अंत में होनेवाले सृजन को याद करूँगा। शायद उससे मुझे मदद मिले।

जिम्मेदारी का स्वीकार : प्रथम चरण

जो मनुष्य जीवन में अपनी जिम्मेदारियों को स्वीकार नहीं करता, उसे अध्यात्म के क्षेत्र का अभी स्पर्श भी नहीं हुआ है। जो हमेशा फरियाद करता रहता है, दूसरों को दोष देता रहता है, भाग्य को कोसता रहता है, परिस्थिति के विरुद्ध बड़बड़ाता रहता है, उसका अभी तक भला सच्चे जीवन के साथ संबंध ही कहाँ जुड़ा है! वह तो जीता-जागता दिखने के बावजूद घोर निद्रा में सोया है। वास्तव में, उसके जीवन में कुछ भी जीने लायक नहीं होता।

वह तो जीवन में मात्र इसी तरह घिसटता रहता है, जैसे समुद्र के प्रवाह में मरी मछली बहती हो। वह स्वयं को संयोगों का शिकार समझता है, ईश्वर से भी झगड़ता है। वह ऐसा ही मानता है कि उससे जिंदगी में कुछ होने वाला नहीं है; और बाद में वास्तव में वैसा ही होता है।

जब मनुष्य के अंत:चक्षु खुल जाते हैं, तब सर्वप्रथम उसे यह समझ में आने लगता है कि यह जीवन उसकी ही जिम्मेदारी है। शक्ति या कमजोरी कोई बाह्य वस्तु नहीं है, उसके भीतर ही है। कोई दूसरा उसकी जगह पुरुषार्थ नहीं कर सकता। वह दूसरों से सीख सकता है, परंतु पाने के लिए मेहनत तो अंतत: उसे खुद ही करनी पड़ती है। जब कठिनाई आएगी, उस समय बाहर का कोई धर्म काम में नहीं आने वाला। उसके आंतरिक मूल्य और ज्ञान ही काम आएँगे। शास्त्र या श्लोक याद कर लेने से जीवन के दु:खों का अंत नहीं आता। वह तो आंतरिक समझदारी से ही संभव है।

अब वह हर परिस्थिति में रोने या हाथ-पर-हाथ धरकर बैठे रहने की जगह इस तरह सोचता है कि इस हालत में मैं क्या कर सकता हूँ? मेरे पास कौन से विकल्प हैं? मुझे क्या चाहिए? मैं क्या करूँ कि वह मुझे मिले? अब वह धारा के विरुद्ध तैरने लायक प्राणवान होता है। अब जीवन के साथ उसका वास्तविक संबंध आरंभ होता है।

जैसे-जैसे वह जीवन में अधिक-से-अधिक जिम्मेदारी स्वीकार करता है, वैसे-वैसे वह समझने लगता है कि उसकी मान्यताओं का उसके जीवन पर प्रबल प्रभाव है। वह मन में जैसा सोचता है, वैसा ही वास्तविक जीवन बनता है। जिसकी वह बारंबार कल्पना करता

रहता है, मानो वही सत्य हो जाता है। कुल मिलाकर उसे इस हद तक समझ में आने लगता है कि उसके जीवन में संयोगों का सर्जक भी तो वह स्वयं है। अब किसी को भी दोष देने का तो सवाल ही पैदा नहीं होता। अब चुनौती बस, इतनी ही रहती है कि वह कैसे सर्वोच्च जीवन की कल्पना कर सकता है और फिर पुरुषार्थ तथा साधना द्वारा किस तरह उस जीवन को साकार करता है।

जब मनुष्य जिम्मेदारी स्वीकार करता है, तब उसे हराम का कुछ भी स्वीकार्य नहीं होता। उसे पुरुषार्थ में ही आनंद मिलता है। वह अपने बाह्य जीवन की लगाम अपने आंतरिक जीवन के हाथ में रखता है। ऐसे व्यक्तित्व का जो सौरभ और स्वरूप होता है, वह परावलंबी मनुष्यों में कहाँ से नजर आए? भले ही, शायद बाह्य रूप से दोनों एक ही प्रकार का जीवन जीते हुए दिखते हों!

The best things are nearest.
Breath in your nostrils, light in your eyes,
Flowers at your feet, duties at your hand,
The path of God just before you.

~Robert Louis Stevenson

अंतरात्मा के साक्ष्य पर

मुझे इतना तो पता चलने लगा है कि मैं अपना किया हुआ ही भोग रहा हूँ। अगले जन्म में क्या होगा, वह तो राम जानें, परंतु इस जन्म में तो अपने कर्म के अनुसार ही मुझे परिणाम मिल रहे हैं। हाँ, परिणाम सदैव वांछित भी नहीं होता। पर एकदम विपरीत भी नहीं होता। इतना समझ में आता है, फिर भी मेरे द्वारा परिवारजनों को दोष दे दिया जाता है। 'आपके कारण ऐसा हुआ' और ऐसा सब बोला जाता है। पर भीतर से तो पता है कि यह सच नहीं है, इसलिए बाद में ऐसी तो शर्म आती है, फिर बस। मालूम है कि ऐसा नहीं कहना चाहिए तो भी क्यों कह उठता हूँ?

अध्यात्म निरी बौद्धिकता नहीं है

मनुष्य को हम बुद्धिजीवी प्राणी कहते हैं। मनुष्य ने बुद्धि को खूब विकसित किया है। उसने बुद्धि के उपयोग से जटिल कंप्यूटर और सफल यंत्र बनाए हैं, गगनचुंबी इमारतें खड़ी की हैं, बुद्धि के उपयोग से वह धनवान बनता है, सुख-सुविधाएँ भोगता है। इसलिए मनुष्य को बुद्धिजीवी कहना उचित लगता है। परंतु सुंदर जीवन जीने के लिए बुद्धि पर्याप्त नहीं है। बहुत से नशेड़ी बुद्धि से सब जानते होते हैं कि नशा कितना खराब है, उन्हें कितनी हानि पहुँचा रहा है, उनके परिवार का सर्वनाश कर रहा है इत्यादि। वे स्वयं इस विषय पर अच्छा भाषण दे सकते हैं। परंतु वह बुद्धि व्यसन छुड़ाने के काम नहीं आती।

कुछ बहुत पढ़े-लिखे लोगों के घर के सदस्यों में बहुत खराब संबंध होते हैं। उनका दांपत्य जीवन छिन्न-भिन्न और विसंवादी होता है। अपनी संतानों को लेकर वे बहुत असहायता तथा लाचारी अनुभव करते हैं। बुद्धि से डिग्रियाँ प्राप्त की जा सकती हैं, पर एक सीमा के बाद जीवन नहीं पाया जा सकता। अपना ही उदाहरण लें। हम सभी लोगों को ऐसा लगता है कि बहुत सी बातों में हम बहुत कुछ 'समझते' होते हैं; परंतु उन सभी बातों को आचरण में नहीं ला पाते। कितनी ही बातों में हम दूसरों को विशेषज्ञ की अदा से भाषण या उपदेश दे सकते हैं, परंतु अंदर से यह जानते हैं कि स्वयं हम भी वह सब नहीं कर सकते। तो फिर वास्तव में हमारे लिए उस ज्ञान, बुद्धि और पांडित्य का कितना अर्थ?

मनुष्य का अस्तित्व केवल बुद्धि से नहीं बनता। उसके पास शरीर है, शरीर के तंत्र और प्रक्रियाएँ हैं। उसके अंदर भावनाओं का भी विश्व है। उसके हृदय की और कल्पना की भी एक दुनिया है। मनुष्य बुद्धि से चाहे तो भी वह अपने हृदय की गति को रोक नहीं सकता। केवल मस्तिष्क की बुद्धि से उसके आहार का पाचन नहीं होता। वह बुद्धि से अपनी भावनाओं को शीघ्रता से बदल नहीं सकता और फिर भी वह इस तरह व्यवहार करता है, मानो बुद्धि ही उसके जीवन की सर्वसत्ताधीश हो, सर्वोपरि हो।

किसी घर में कई कमरे होते हैं। उनमें चीजों के संग्रह के लिए एक स्टोर रूम भी होता है। कोई व्यक्ति कोई भी वस्तुएँ खरीदकर स्टोर रूम में भरता रहे, उससे उसका घर सुंदर बनता है क्या ? वह चीज-वस्तुओं का घर में उपयोग करे, काम में ले तो उससे उसका घर सुंदर और उपयोगी बनता है। चाहे जितनी महँगी वस्तु हो, किंतु वह स्थायी रूप से स्टोर रूम में या घर के किसी एक कोने में पड़ी रहे, किसी का उसकी ओर ध्यान भी न जाए, कोई उसका उपयोग करने का विचार तक न करे तो फिर उस वस्तु के होने या न होने से क्या फर्क पड़ता है ? मानव बुद्धि भी उसके अस्तित्व के स्टोर रूम जैसी नहीं है ?

यह याद रखना आवश्यक है कि अध्यात्म के विषय में कुछ नया पढ़ने व जानने को मिले, बुद्धि में आ जाए, मात्र उससे जीवन आध्यात्मिक नहीं बन जाता।

More the knowledge
lesser the Ego
Lesser the knowledge
more the Ego.

~Albert Einstein

अंतरात्मा के साक्ष्य पर

मुझे पता है कि मैं बहुत इंटेलिजेंट हूँ। मुझे सब पता चलता है। मेरा दिमाग इस हद तक तेज है कि दूसरे लोगों की मूर्खता मुझसे सहन नहीं होती। अधीरता में मेरे मुँह से कभी-कभी कठोर और कड़वे शब्द निकल जाते हैं। मेरे मित्रों ने मुझसे कहा कि मैं बहुत घमंडी और अभिमानी हूँ। यह सुनकर पहले तो मुझे क्रोध आया। उस समय भले ही मैंने स्वीकार नहीं किया, पर शायद बात सच्ची है। बुद्धिशाली होने से मेरे अंदर इतना घमंड होगा ? बुद्धिशाली बनने के बजाय एक अच्छा मनुष्य बनना अच्छा नहीं कहा जाएगा ?

बौद्धिकता समझदारी नहीं है

अध्यात्म के क्षेत्र का नियम बहुत सरल है—
हम वही करते हैं, जो हमारी समझदारी है। जो हम कर नहीं पाते, उसे पूरा समझते भी नहीं होते। अध्यात्म के क्षेत्र में समझदारी केवल बौद्धिक नहीं होती। यह सच है कि हम बुद्धि के उपयोग से बहुत कुछ पढ़ सकते हैं, सोच सकते हैं। परंतु वह समझदारी तभी कही जाएगी, जब हम उसे जी सकें, जो सहजता से हमारे आचरण में आए।

किसी भी बात को समझना यानी केवल बुद्धि या मस्तिष्क से नहीं, पूरे अस्तित्व से, कोष-कोष से समझ में आनी चाहिए। मनुष्य जब किसी बात पर पूरे हृदय से मनन-चिंतन करे, तब उसकी समझदारी गहराई में उतरने लगती है। जब यह समझदारी पर्याप्त गहराई प्राप्त करती है, तब मनुष्य आमूल बदल जाता है। फिर उसे जो समझ में आता है, उसका वह सहजता से आचरण कर सकता है।

उदाहरण के लिए, बहुत से लोगों को डायबिटीज होता है। उन सबको डॉक्टर जीवन-शैली बदलने को कहते हैं। सभी बुद्धि से यह समझते हैं; परंतु जीवन-शैली में परिवर्तन वही लोग ला सकेंगे, जिन्होंने वास्तव में यह समझा है कि यह परिवर्तन उनके लिए, उनके जीवन के लिए कितना महत्त्वपूर्ण है। बुद्धि से सभी 'समझते' थे तो जो आचरण में ला सकें, उनके अंदर भिन्न क्या है? बहुत से लोग कहेंगे—मनोबल। पर यह मनोबल आया कहाँ से? सच्ची समझदारी और मनोबल में क्या अंतर है? जिस बात को हम वास्तव में समझते नहीं होते, उसके बारे में मनोबल का प्रयोग कुछ दिनों तक चलता है। फिर तो वह फसक जाती है, वह भुला जाती है। हम उसे निरंतर आचरण में नहीं ला पाते। और इसके लिए अपर्याप्त मनोबल को कारण मानकर मन को समझा लेते हैं।

समझदारी, वृक्ष की जड़ की तरह है। जब हम बीज बोते हैं, उसे पानी-खाद देते हैं, बाद में उसमें अंकुर निकलता है और अंत में नन्हा पौधा उगता है। परंतु इस पौधे की जड़ अभी गहराई तक नहीं गई है, इसलिए हलका सा तूफान या आँधी आए तो पौधा उखड़ सकता है। इसलिए जब तक जड़ खूब गहराई में न पहुँचे, तब तक उस पौधे की

देखभाल तथा रक्षा करनी होगी। जब जड़ पर्याप्त गहराई तक पैठ जाएगी, पौधे का वृक्ष में रूपांतर होगा, फिर चाहे जितने आँधी, तूफान, वर्षा के सम्मुख वह वृक्ष अचल खड़ा रहेगा। हमारी समझदारी की जड़ें भी जब तक पर्याप्त गहरी न हों, तब तक मनोबल दृढ़ नहीं होता।

समझदारी के जतन की यह प्रक्रिया वास्तव में मानव-हृदय में होती है। बुद्धि द्वारा पकड़ में आया विचार तो केवल बीज के समान है। उसे हृदय की भूमि में बोकर, चिंतन व ध्यान द्वारा उसका जतन हो, तभी उसमें से क्रमश: समझदारी विकसित होती है।

No amount of knowledge
about peace
will give you peace.

~Shri Prashant

अंतरात्मा के साक्ष्य पर

मैंने देखा कि मैं लोगों को सलाह बहुत दे देता हूँ। कोई मुझसे कुछ भी कहता है तो मैं सलाह देने लगता हूँ। कल ही मैंने अपने मित्र को खाने-पीने के बारे में भाषण दिया। 'तू अपना देख' कहकर वह चलता बना। मुझे बहुत जलन हुई। पर क्या उसकी बात गलत है? जानते हुए भी मुझसे पथ्य-अपथ्य भकोस लिया जाता है। सबकुछ समझने के बावजूद मुझसे ऐसा क्यों हो जाता है? जितने भी निश्चय करता हूँ, वे थोड़े समय में टूट ही जाते हैं तो फिर लोगों को भाषण या उपदेश देने का मुझे कोई हक है क्या?

समझदारी शब्दातीत है

मनुष्य भाषा के उपयोग से अपने विचार तथा भावनाओं को व्यक्त कर सकता है। परंतु जरूरी नहीं है कि वह खूब छटादार, विपुल शब्द-भंडार द्वारा अपनी बात प्रस्तुत करे तो उससे यह सिद्ध हो कि उसके पास एकदम सही समझ है। खूब तर्क करनेवाला व्यक्ति खूब बुद्धिशाली कहलाता होगा, परंतु उसका जीवन सुंदर एवं विवेकपूर्ण न भी हो। जैसे किसी कारीगर के पास अनेक उपकरण होते हैं, वैसे ही मनुष्य के पास बुद्धि केवल एक साधन है। साथ ही वाणी तथा शब्द दूसरे साधन हैं। साधन अंत में तो साधन ही है। परिणाम इस बात पर आधारित होता है कि उनका उपयोग कैसे होता है। साधनों द्वारा सृजन भी हो सकता है और विनाश भी। बुद्धि और शब्द दोनों मनुष्य को आबाद भी कर सकते हैं और बरबाद भी।

शब्दों की लड़ाई बौद्धिक द्वंद्व है। शरीर से लड़ने के बजाय दो बलशाली बुद्धि से लड़ते हैं। ऐसा एकदम संभव है कि अपार शब्दों के बीच भी बुद्धि का नितांत ही अभाव हो। शब्दकोश को हम चातुर्य कोश थोड़े ही कहते हैं।

तो अनेक लोगों के लिए शब्द एवं वाणी विलास के साधन हैं। जो भौतिकवादी है, वह भोगवादी भी है। उसे भोग-विलास के साधन चाहिए। वाणी भी उसके लिए भोग-विलास का साधन बन जाती है। वह स्वयं अपनी ही वक्तृत्व-शक्ति तथा बुद्धि-शक्ति पर मुग्ध हो जाता है। साथ ही वह लोगों को भी मुग्ध होते, अपने मत से सहमत देखता है तो उसका अहंकार फूलता है। बस, अब उसे ऐसा ही लगता है कि वह जो कुछ बोलता है, वही वह है। उसके आसपास के सभी लोग देख पाते हैं कि उसके दिखाने के दाँत और हैं, खाने के और। वह बोलता बहुत है, पर उसके आचरण में वह नहिंवत् दिखता है। पर उस मनुष्य की आँख पर अहंकार की पट्टी बँध चुकी है।

समझदारी वह है, जिससे हम जीवन जीते हैं। अहंकार हमें दलीलों में हारने नहीं देता, पर समझदारी तो मुसकराकर दलील में हार सकती है। उपदेश से जो काम नहीं होता, वह प्रेम से कंधा थपथपाने से हो जाता है। वाणी-विलास से जो जीवन प्राप्त नहीं होता, वह एकांत और मौन से हो सकता है।

मनुष्य पहले शब्द सीखता है, फिर वह शब्दों के साथ वस्तुओं व संदर्भों को जोड़ता है। इससे उसे अर्थ समझ में आता है। वह जब जानकारी का अनुभव करता है, तब उसे ज्ञान होता है। यह ज्ञान हृदय में गहरे उतर जाए, तभी वह समझदारी बनता है।

अध्यात्म यानी जहाँ बुद्धि केवल साधन रहे, वह मनुष्य की स्वामी न बने, वह मनुष्य पर हावी न हो जाए, वह मनुष्य के जीवन को कठपुतली की तरह नचाने न लगे। शब्द जीवन के लिए है, जीवन शब्दों के लिए नहीं है। शब्द और समझदारी अलग-अलग किनारे हैं, जिनकी दूरी को पार करना ही मनुष्य की अध्यात्म यात्रा है।

The spiritual journey does not consist in arriving a new destination when a person gains what he did not have, or becomes who he is not. It consists in the dissipation of one's own ignorance concerning one's self and life and the gradual growth of that. understanding which begins the spiritual awakening. The finding of God is a coming to one's self.

~Aldous Haxley

अंतरात्मा के साक्ष्य पर

जब अपने जीवन साथी के साथ मेरा तर्क-वितर्क या विवाद होता है, तब हम दोनों एक-दूसरे को यह याद दिलाते हैं कि उन्होंने एक-दूसरे को क्या-क्या कहा था। तुमने फलाँ अपशब्द बोले थे, ऐसा आक्षेप वह मुझ पर करता है। इसका अंत सदैव दु:खद होता है। फिर एकांत में मैं यह सोचता हूँ कि मैंने चाहे जो शब्द प्रयोग किए, पर मैं कहना क्या चाहता हूँ, मेरी भावना क्या है, मेरी परिस्थिति क्या है, उसका विचार उसे करना चाहिए न! फिर अचानक मुझे लगता है कि क्या मैं उसके लिए इसी तरह से सोचता हूँ?

विरोधाभास अज्ञान है

मनुष्य समझदारी द्वारा जीवन की साधना कर रहा हो तो वह विरोधी लगती प्रत्येक बात में से सत्य खोजने की कोशिश करता है। उसे विविध धर्मों में एक सत्य दिखाई देता है। प्रत्येक विरोधी लगती धारणा में भी वह संवादिता तलाशता है। उदाहरण के लिए, मनोविज्ञान कहता है कि पीड़ा के बिना विकास संभव नहीं है। पुरुषार्थ के बिना मनुष्य की आंतरिक प्रगति नहीं होती। परंतु कुछ आध्यात्मिक विभूतियाँ ऐसा भी कहती हैं कि मनुष्य का विकास सहज होना चाहिए। जहाँ प्रयत्न होता है, वहाँ सहजता नहीं होती। सच्चा विकास मनुष्य के अस्तित्व (बीइंग) में से होगा, कुछ बनने (बीकमिंग) के मिथ्या प्रयास से नहीं।

ये दोनों मत भिन्न लगते हैं, परंतु भिन्न हैं नहीं। जो 'प्रमादी' हैं, उन्हें सहजता की धारणा अनुकूल लगती है। अब कुछ भी नहीं करना है! विकास अपने आप होगा। दूसरी ओर, जो अतिशय चंचल हैं, अधीर हैं, वे विकास के लिए इतने प्रयोग करते रहते हैं कि उन्हें हवा में हाथ-पैर मारना ही कहा जाएगा। तो देखिए, मनुष्य क्या करता है? एक ने सहजता का अर्थ 'आलस्य' मान लिया तो दूसरे ने 'पुरुषार्थ' का अर्थ निरंतर क्रियाएँ करते रहना। इन दोनों को सत्य की खोज के लिए सघन प्रयास नहीं करना है। वे दोनों जो मानते हैं, वही सच है, उसके लिए प्रमाण ही खोजते हैं। मनुष्य को ज्ञान प्राप्त करना है, परंतु उसको अपनी मान्यताएँ नहीं बदलनी हैं। इसलिए वह मात्र जानकारी एकत्रित करता रहता है और बुद्धि के स्टोर रूम में भरता रहता है।

वास्तव में, दोनों धारणाओं में तथ्य है। मनुष्य बिना पुरुषार्थ के कुछ भी प्राप्त नहीं कर सकता; परंतु यह पुरुषार्थ समझदारी में से प्रकट होना चाहिए। समझदारी तो ध्यान और चिंतन की माँग करती है। वैसे तो ध्यान 'निष्क्रिय प्रवृत्ति' लगती है, परंतु वास्तव में निष्क्रिय नहीं है। अगर मनुष्य को पीड़ा नहीं होगी तो उसे चिंतन-मनन व ध्यान के पुरुषार्थ का धक्का ही नहीं लगेगा। नीचे दी गई बातें विरोधी हैं या एक ही सिक्के के दो पहलू—

- 'धीरज एक उत्तम गुण है' और 'कल का काम आज करो।'

- 'ईश्वर का अस्तित्व है' और 'ईश्वर जैसा कुछ है ही नहीं।'
- 'धर्म मनुष्य के जीवन को उबारता है' और 'धर्म मनुष्य को संकुचित बना देता है।'
- 'जीवन कितना सुंदर है' और 'संसार असार है।'
- 'सत्य ही ईश्वर है' और 'प्रेम ही ईश्वर है।'
- 'जैसा विचार वैसा आचरण' और 'आचरण ही मनुष्य का सच्चा चरित्र है।'

अगर हमें दोनों बातों के प्रत्यक्ष विरोध में ऐक्य दिखाई देता है तो हमारी सत्य और समझ की साधना अच्छी तरह चल रही है। शब्दों के परे जाएँ, तभी समझ में आएगा कि सत्य वास्तव में अनेक विरोधाभासी धारणाओं के बीच संवादिता में ही निहित है।

Matter is spirit
at its lowest level.
Spirit is matter
at its highest level.

~Madame H.P. Blavatsky

अंतरात्मा के साक्ष्य पर

कई बार मुझे लगता है कि अमुक व्यक्ति दंभी है। वह कहता कुछ है और करता कुछ और है। परंतु क्या मेरे विचार, वाणी और व्यवहार में एकरूपता है? मैं भी बहुत कुछ सोचता हूँ, परंतु वह सब कर नहीं पाता। कभी-कभी भावना के आवेश में मुझसे कुछ उलटा-सीधा बोला जाता है; परंतु वास्तव में उन शब्दों से मैं चिपके रहना नहीं चाहता। प्रत्येक मनुष्य भी इसी तरह अपने भीतर संघर्ष करता ही होगा न? तो फिर मैं किसी को दंभी कैसे कह सकता हूँ? गहराई से विचार करते हैं तो दृष्टिकोण कैसे बदल जाता है!

अध्यात्म : जीवन तथा जीवन-शैली

अध्यात्म है क्या ? क्या है सच्ची आध्यात्मिकता ?

हम कुछ भी करें या करना चाहें, उसके पीछे हमारा प्रयोजन होता है। जो दुःखी हैं, उनके लिए जीवन का दुःख दूर करे, वही अध्यात्म है। जो व्यग्र हैं, उनके लिए अध्यात्म यानी मानसिक शांति की प्राप्ति। स्वास्थ्य में मदद, संबंधों में सुधार, स्वभाव पर नियंत्रण। जैसी जिसकी समस्या, जैसा जिसका प्रयोजन, वही उसके लिए अध्यात्म बन जाता है।

इन प्रयोजनों में 'स्व-बचाव' और 'पलायन-वृत्ति' भी शामिल है। कुछ लोग ऐसी बातों की खोज में निकलते हैं, जो उनकी मान्यताओं को पोषित करती हों या न्यायसंगत ठहराती हों। यानी एक नशेड़ी दूसरे नशेड़ी को खोजता है तो कुछ लोग प्रवृत्तियों में लिप्त रहकर अपने आप से और समस्याओं से भागने के लिए प्रयत्नशील रहते हैं।

इसके सिवा अतार्किक प्रयोजन भी होते हैं। मोक्ष-प्राप्ति, निर्वाण, ईश्वर का साक्षात्कार, दिव्य अनुभव, चमत्कारिक शक्तियों की प्राप्ति आदि-आदि। वैसे तो ये सभी प्रयोजन पलायनवाद ही कहे जाएँगे, क्योंकि ऐसे प्रयोजनवाले अधिकांश मनुष्य बिल्कुल प्रमादी होते हैं। जैसे लॉटरी का टिकट खरीदकर मनुष्य धनवान् बन जाने की गलत उम्मीद में जीते हैं, उसी तरह मोक्ष, निर्वाण आदि के लोभ से मनुष्य कुछ क्रियाओं या पद्धतियों का अनुसरण करता है, जिसके लिए दिलो-दिमाग की कोई विशेष आवश्यकता नहीं रहती।

और अलबत्ता, अहंकार-प्रेरित प्रयोजन तो बाकी ही रहे, अध्यात्म में रुचि एक फैशन बन गया है। बहुत से मनुष्य यह दिखाना चाहते हैं कि वे अध्यात्म के यात्री हैं, उसी तरह, जैसे दूसरा कोई स्वयं को धनी, ज्ञानी, पहुँचवाला आदि-आदि दिखाना चाहता है। यानी यहाँ प्रयोजन दूसरों की नजर में 'विशेष' दिखना है, फिर वास्तविक रूप से भले ढर्रे पर ही जीता हो। इस तरह, मनुष्य अपने अनुकूल प्रयोजनों से परिचालित होकर अध्यात्म का मनपसंद अर्थ कर लेता है और उसे ही जीने में व्यस्त रहता है।

अब सवाल यह है कि सही प्रयोजन क्या होना चाहिए? अध्यात्म क्यों? जिसे जीवन की अमूल्यता समझ में आए, उसके लिए सही ढंग से जीवन जीने से बढ़कर कोई और उच्च प्रयोजन नहीं होता। मैं अपना जीवन कैसे जीता हूँ? दिन-प्रतिदिन की मेरी क्रियाएँ, मेरा दैनिक व्यवहार, मैं प्रतिदिन जिस तरह अपना जीवन बिताता हूँ, वही मेरा जीवन है। तो इस जीवन को मैं उत्तम रीति से कैसे जी सकूँ? मेरी जीवन-शैली कैसी होनी चाहिए?

मरने के बाद स्वर्ग पाने के लिए मनुष्य इस जीवन को ही नरक बना दे, उसे क्या कहें? अपना वर्तमान जीवन उन्नत बने, इससे अधिक महत्त्वपूर्ण और क्या हो सकता है? सच्चा अध्यात्म वास्तव में जीवन जीने की कला है। जो अध्यात्म उन्नत जीवन की ओर नहीं ले जाता, उस अध्यात्म का क्या मतलब?

The spiritual life does not remove us from the world
but leads us Deeper into it.

~Henri J.M. Nouwen

अंतरात्मा के साक्ष्य पर

मुझे जीवन में कुछ बनना है, कुछ प्राप्त करना है तो उसके लिए मैं कठोर मेहनत भी करता हूँ। पर अंततः मेरा जीवन है क्या? प्रतिदिन के मुझे मिले 24 घंटे ही न। कल होगा या नहीं, यह मैं विश्वासपूर्वक कह सकने की स्थिति में नहीं हूँ। तो मैं आज के 24 घंटे किस तरह जीता हूँ, क्या यही जीवन का महत्त्वपूर्ण प्रश्न नहीं हुआ? अपने दैनिक जीवन की छोटी-छोटी क्रियाओं में कितना प्रेम और आनंद भर सकता हूँ, क्या यही महत्त्वपूर्ण नहीं है? बनना-प्राप्त करना तो अपने आप आगे होता ही रहेगा न। मेरा आज श्रेष्ठतम होना ही चाहिए।

अध्यात्म तथा समग्रलक्षी जीवन

अधिकांश लोगों का जीवन टूटा-फूटा और शकल-खंडित (फेगमेंटेड) होता है। बहुत से लोग समृद्धि के पीछे दौड़ रहे होते हैं। चाहे जिस कीमत पर भी धनी बनना और भौतिक सुखों का उपभोग करना ही उनके लिए सफलता होती है। तो दूसरों के लिए कुटुंब ही जीवन है। अन्य कइयों के लिए महत्त्वाकांक्षा, कुछ बनना, ख्याति या सामाजिक प्रतिष्ठा ही सफलता है तो अन्य कुछ मनुष्य धर्म-केंद्रित होते हैं। उनके लिए धर्म-पालन ही जीवन है। जो जीवन में जिसे सफलता मानता होता है, वह उसे ही केंद्र में रखकर जीता है। बाकी सभी बातें हाशिए पर चली जाती हैं। व्यक्ति के मन में जिसका महत्त्व है, उसके सिवा वह अन्य बातों की उपेक्षा करता है।

जब जीवन ऐसे टुकड़ों में बाँटकर जिया जाता हो, तब व्यक्ति को उसके परिणाम भोगने पड़ते हैं। समृद्धि मिलती है, पर संबंध बिगड़ते हैं। संबंध बनाए रखने पर जीवन-ध्येय खो जाता है। महत्त्वाकांक्षा के पीछे स्वास्थ्य का भोग दिया जाता है। सामाजिक प्रतिष्ठा की दौड़ मानसिक शांति छीन लेती है। हालत ऐसी होती है कि मनुष्य यदि लेखा-जोखा करे कि क्या मिला और उसकी क्या कीमत चुकानी पड़ी, तो कई बार मिलने की खुशी भी नहीं रहती।

जीवन की समझदारी सदा विवेक और संतुलन में होती है। वह एक की कीमत पर दूसरे को पाने में नहीं मानती। ऐसा जीवन समग्रलक्षी होता है और वह सही जीवन-शैली का एक परिमाण है। जब मनुष्य की दृष्टि में ऐसी समग्रता की समझदारी आए तो उसके जीवन में गुणात्मक परिवर्तन हुए बिना नहीं रहता। असंयमित जिंदगी जीने में या विभाजित जिंदगी जीने में कुछ प्राप्ति नहीं।

जो समग्रलक्षी जीवन जीते हैं, उन्हें पता है कि ऐसा करने में कितनी हिम्मत, कितने आत्मनियंत्रण और कितनी सजगता की आवश्यकता होती है। जंगल में खो जाना जितना सरल है, उतना ही सरल है जीवन में भटक जाना भी।

हालाँकि बहुत से लोग संतुलन का अर्थ भी उथले ढंग से करते हैं। वे मानो समय के समान भाग कर देते हैं और अपनी अलग-अलग भूमिका को बाँट देते हैं। इससे बड़ी गलतफहमी दूसरी और क्या हो सकती है! बात इतनी आसान होती तो सबकी जिंदगी आसान नहीं हो जाती! यहाँ संतुलन का तात्पर्य सभी को खुश रखना नहीं है। समग्र-लक्षी जीवन का अर्थ है—जीवन के केंद्र में कोई एक भूमिका नहीं, बल्कि समग्र जीवन का होना।

सच्चा अध्यात्म जीवन को सही ढंग से जीना सिखाता है। सही ढंग से जीना, अर्थात् क्या? जो खोजता है, उसे ही अंत में वह मिलता है।

We are not human beings
having a spiritual experience.
We are spiritual beings
having a human experience.

~Pierre Teihard De Chardin

अंतरात्मा के साक्ष्य पर

मैं कठोर मेहनत करता हूँ, आर्थिक दृष्टि से समृद्ध हूँ। किसी चीज की कमी हो, ऐसा लगता नहीं है। फिर भी, जीवन में कुछ महत्त्वपूर्ण कमी है, ऐसा लगता है। सुबह होती है, नित्य कर्मों से फुरसत पाकर, नाश्ता करके काम पर दौड़ो, दिन भर माथापच्ची करो, शाम को घर लौटो, डिनर करो, टी.वी. देखो, फिर सो जाओ। क्या यही जीवन है? मुझे ऐसा ही जीवन जीना है? आखिरकार यह सब करने का क्या अर्थ है? मुझे ऐसे जीवन से संतोष है? वास्तव में मुझे क्या चाहिए? या फिर प्रश्न पाने का नहीं, देने का है?

मानव उत्क्रांति और अध्यात्म

मनुष्य सही ढंग से जीवन जिए, यह उसका सबसे गहन एवं ठोस प्रयोजन होना चाहिए और सही ढंग से जीवन जीने का एक आयाम है—जीवन का विकास।

पिछले हजारों वर्षों के दरम्यान मनुष्य ने बहुत उत्क्रांति की है। उसने बाह्य तथा आंतरिक प्रगति बहुत की है। हम देखते हैं कि कतिपय महानुभाव अपने जीवन में कैसे-कैसे अप्रतिम शिखरों पर पहुँचे हैं। उनकी महानता का सौरभ उनके संपर्क में आनेवाले सभी अनुभव कर सकते हैं। उनकी उपस्थिति में उनकी मानवता व्यक्त हुए बिना नहीं रहती।

तो दूसरी ओर, आज भी हम अधम, नीच और क्रूरता की सीमा कही जाए, ऐसे कृत्य करनेवाले व्यक्तियों के बारे में सुनते हैं। मानो वे आज भी जींस-शर्ट पहने हुए आदि मानव हों। सामान्य तौर पर हम लोग इन दो चरमों के बीच कहीं होते हैं। क्या अध्यात्म यह नहीं है कि हम जितना उन्नत बन सकते हैं, उतना वास्तव में बन सकें? प्रकृति में सर्वत्र ही विकास तो सहज है ही। आम का एक पौधा अंत में आम देनेवाले वृक्ष में परिणामित होता है। मनुष्य भी जैविक रूप से तो विकसित होता है।

परंतु वास्तव में, मनुष्य में जितना आंतरिक विकास करने की संभावनाएँ हैं, उतना विकास वह किस तरह कर सकता है?

और हम कितना विकसित हो सकते हैं, यह कैसे तय किया जा सकता है? हमारी संभावनाएँ वास्तव में कितनी हैं, उसकी प्रतीति हमें किस तरह हो? जिन महानुभावों के प्रति हमारे मन में अहोभाव होता है, क्या वास्तव में उनके जितनी ऊँचाई हमें प्राप्त हो सकती है? बुद्धि से कदाचित् यह बात मानी भी जा सकती है, पर वास्तव में हमें ऐसा अहसास कैसे हो कि हम खूब उन्नत जीवन जी सकते हैं?

यह प्रतीति, यह अहसास मनुष्य को अपने आप ही करना होता है। यह भी उसके सत्य की खोज का एक भाग है। वह अपने जीवन का अर्थ खोजना चाहता है, जीवन का मर्म

ढूँढ़ता है, निरीक्षण-चिंतन-ध्यान आदि करता है, तब जाकर उसे वास्तव में समझ में आता है कि 'मैं कौन हूँ।'

विकास का स्फुरण सहज है। हम जीवन के शोर में अनेक स्फुरणों को परखना चूक जाते हैं। अध्यात्म यानी जीवन के प्रति ऐसा अभिगम, जिससे मनुष्य पहले उत्क्रांति की संभावनाओं को समझे और फिर उन्हें साकार भी कर सके।

Every living being in this world is
knowingly or unknowingly
on a spiritual pilgrimage.

~Shri Sathya Sai Baba

अंतरात्मा के साक्ष्य पर

मैं यांत्रिक रूप से शायद इसलिए जीता रहता हूँ कि मेरा जीवन कैसा होना चाहिए, उसकी मैंने कभी कल्पना ही नहीं की। जैसा आसपास के लोग करते हैं, जैसा माँ-बाप करते थे, वैसा ही मैं जीने लगा। मुझे यह विचार नहीं आया कि मैं अपना जीवन अपने ढंग से, अपनी पसंद के अनुसार जी सकता हूँ। बस, इस समय जिस चक्कर में फँसा हुआ हूँ, उसमें से निकलने की हिम्मत चाहिए। जिससे मैं असंतुष्ट हूँ, उसे तत्काल बंद करने की मेरी तैयारी है? अपने मूल्यों के अनुसार अपना जीवन जीने से मुझे कौन रोकता है?

किसे आध्यात्मिक कहें?

अध्यात्म-विज्ञान स्थूल नहीं, सूक्ष्म विषय है। भौतिक बातों के विषय में न होने से उसका कोई स्थूल परीक्षण या प्रमाण नहीं दिया जा सकता। परंतु उसका अर्थ ऐसा भी नहीं है कि इस विषय में प्रखर वैज्ञानिक अभिगम संभव नहीं है। मन-हृदय की बातों में शाखार्थ और तर्कों में खो जाना सरल तो है ही। इसीलिए ही अध्यात्म-विज्ञान सावधानीपूर्वक अध्ययन की माँग करता है।

हम आध्यात्मिक विभूतियाँ किसे कहेंगे? जो महान् संत कहलाए हैं, उन्हें तो हम ऐसी विभूतियों के रूप में सरलता से पहचानते हैं। उदाहरण के लिए, स्वामी रामकृष्ण परमहंस, स्वामी विवेकानंद, कबीर, मीरा इत्यादि को आध्यात्मिक कहा ही जा सकता है।

एक कदम और आगे बढ़कर कदाचित् हम महात्मा गांधी, मदर टेरेसा आदि को भी आध्यात्मिक कहेंगे। सभी धर्मों के अग्रणियों को समाज आध्यात्मिक व्यक्ति ही मानता होता है। राम-कृष्ण-क्राइस्ट-मुहम्मद को तो हम ईश्वर का स्वरूप मानते हैं। बुद्ध-महावीर को भी हम आध्यात्मिक विभूतियाँ गिनते हैं।

परंतु क्या कोई नेता, उद्योगपति, कलाकार, क्लर्क, वैज्ञानिक, डॉक्टर, कारीगर या किसान आध्यात्मिक मनुष्य हो सकते हैं क्या? सुकरात, अब्राहम लिंकन, जे.आर.डी. टाटा, विक्रम साराभाई इत्यादि को हम आध्यात्मिक मनुष्य के रूप में मान सकते हैं? नहीं? तो क्यों नहीं? केवल इसलिए कि वे भगवा वस्त्र नहीं पहनते थे? उन्होंने संसार का त्याग नहीं किया था, या वे धर्म व ईश्वर की बात नहीं करते थे?

आध्यात्मिक मनुष्य किसे मानें? उसका मानदंड क्या है? क्या उनका पढ़ा-लिखा होना जरूरी है? क्या वे केवल शाकाहारी आहार ही लेते हों, भजन लिखते-गाते हों? क्या यह जरूरी है कि वे किसी भी प्रकार का व्यवसाय या नौकरी न करते हों? इन सब मानदंडों के अनुसार तो हम कबीर, गांधी और मदर टेरेसा को भी आध्यात्मिक नहीं गिन सकते।

अगर हम ऐसे मनुष्यों को भी आध्यात्मिक कहें तो फिर यह सवाल तो पुन: उठता ही है कि उनको हम कैसे आध्यात्मिक गिन सकते हैं? कोई प्रत्यक्ष रूप से भौतिकवादी है, अपार धन कमाना उसके जीवन का अंग है, जो सुख-सुविधाओं में प्रसन्न रहता है तो फिर वह कैसे आध्यात्मिक हो सकता है? ऐसे तो फिर दुनिया के सभी व्यक्तियों को आध्यात्मिक गिना जा सकता है। ऐसा कहीं होता होगा क्या?

है न उलझन भरी बात! पहले ही कहा है कि अध्यात्म स्थूल का नहीं, सूक्ष्म का विषय है। उसे भौतिक मानदंडों से तौला नहीं जा सकता। हाँ, वैज्ञानिक अभिगम और पद्धतियाँ अवश्य संभव हैं, जिनसे अध्यात्म की उपस्थिति अवश्य परखी जा सकती है।

I belong to no religion.
My religion is love.
Every heart is my temple.

~Rumi

अंतरात्मा के साक्ष्य पर

सफल जीवन की मेरी परिभाषा क्या है? आसपास की दुनिया में सभी जो करते हैं, वैसा ही मैं भी करने दौड़ूँ, वह मेरे लिए सफलता है? धन, प्रतिष्ठा, मौज-मस्ती, घूमना-फिरना…। ये सब मेरा जीवन सफल बनाएँगे? अगर मैं किसी की नकल न करूँ, लोग और समाज जो करता है, उसे पल भर के लिए बिसर जाऊँ तो फिर मेरे जीवन का मर्म क्या है? ऐसा क्या है, जो मेरी अनन्यता है, जो मुझे करना है और मैं ही कर सकता हूँ? क्या करूँ कि मुझे अद्‌भुत संतोष, गौरव, आनंद मिले और रत्ती भर भी अफसोस न हो?

विश्व के महानुभावों का अध्यात्म

जो लोग अत्यंत उत्तम मनुष्य के रूप में अनुभव किए जाते हैं और जिन्होंने अपूर्व सिद्धियाँ प्राप्त की हैं, वे अवश्य आध्यात्मिक रूप से उत्तम मनुष्य होते ही हैं। यदि इन दोनों लक्षणों को मनुष्य की आध्यात्मिकता के सूचक के रूप में स्वीकार करें तो आध्यात्मिकता की समझ स्पष्ट हो जाती है।

तो ये उत्तम महानुभाव जीवन में किस तरह विकसित होते हैं?
क्या उनके विकास की कोई निश्चित पद्धतियाँ होंगी?

- क्या ये सभी महानुभाव धार्मिक ही थे? नहीं।
- क्या इन सभी महानुभावों के कोई गुरु थे? नहीं।
- क्या इन सभी महानुभावों ने दीक्षा ली थी? नहीं।
- क्या ये सभी महानुभाव पालथी मारकर प्रतिदिन ध्यान करते थे? नहीं।
- क्या ये सभी महानुभाव अपने को आध्यात्मिक कहलवाते थे? नहीं।
- क्या ये सभी महानुभाव हमेशा सादा वेश धारण करते थे? नहीं।
- क्या ये सभी महानुभाव शाकाहारी थे? नहीं।
- क्या ये सभी महानुभाव प्रतिदिन पूजा-अर्चना करते थे? नहीं।

ऊपर के सभी 'नहीं' का अर्थ है—ऐसा जरूरी नहीं कि सभी महानुभाव यह सब करते थे। किसी के गुरु होंगे तो कोई ध्यान-साधना करते भी होंगे। परंतु सभी सब कुछ करते न थे।

- क्या सभी महानुभाव मानवतावादी थे? हाँ।
- क्या सभी महानुभाव संवेदनशील थे? हाँ।
- क्या सभी महानुभाव निःस्वार्थी थे? हाँ।
- क्या सभी महानुभाव विकासशील थे? हाँ।
- क्या सभी महानुभाव विनम्र और क्षमाशील थे? हाँ।

अगर इन सभी प्रश्नों का उत्तर 'हाँ' है तो उसका अर्थ क्या हुआ?

सारांश यह है कि मनुष्य की उत्क्रांति के कोई समीकरण या थोड़ी सी कुछ पद्धतियाँ नहीं हो सकतीं। हम जो कुछ भी करते हैं, उससे अगर हम सचमुच विकसित होते हैं तो वह हमारे लिए अध्यात्म की ओर ले जानेवाली यात्रा है। हमारी उत्क्रांति ही वास्तविक प्रमाण है। यदि मनुष्य की उत्क्रांति नहीं हो रही तो फिर यह संभव है कि 'आध्यात्मिकता' केवल अहंकार का खेल ही हो।

One of the most spiritual things you can
do is embrace your humanity.
Connect with those around you today.
Say "I love you", "I'm sorry", "I appreciate you",
"I'm proud of you"...
Whatever you are feeling.
Send random texts, write a cute note,
embrace your truth and share it,
cause a smile today for someone else and
give plenty of hugs.

~Steve Maraboli

अंतरात्मा के साक्ष्य पर

मैं जब कुछ देता हूँ, उस समय मुझे जिस गहन संतोष और आनंद का अनुभव होता है, वह कुछ पा लेने से नहीं होता। मुझे जब कुछ चाहिए होता है, तब उसमें मेरा कुछ स्वार्थ होता है। मुझे अंदर-ही-अंदर ऐसा लगता है कि स्वार्थ मुझसे खूब छूँछे कर्म कराता है या नीचे गिराता है। इसके विपरीत जब कभी मैं निःस्वार्थ भाव से देता हूँ तो मुझे किसी अनोखे गहरे संवेदन भाव का अनुभव होता है। क्या ऐसा नहीं हो सकता कि मैं समग्र जीवन भर कुछ-न-कुछ देता रहूँ? मुझे निरंतर कुछ देते रहना हो तो मैं क्या दूँ, जो कभी मेरे पास खत्म न हो?

बिना विकास के अध्यात्म कैसा?

भ्रांतियों में जीना मानव मन का लक्षण है, जबकि अध्यात्म है यथार्थ को देखना तथा उसे समझना व सीखना। जब आध्यात्मिकता के क्षेत्र में मनुष्य की रुचि जगती है, उस समय उसे एक भयंकर खतरे का सामना करना पड़ता है और वह है आध्यात्मिकता के विषय में आध्यात्मिकता विषयक अपनी भ्रांतियाँ खड़ी करना। यहाँ वैज्ञानिक अभिगम ही मदद कर सकता है। ऐसा अभिगम आत्म-परीक्षण के सिवा कुछ भी मानने से इनकार करता है।

जो सत्य के साधक तथा खोज करनेवाले हैं, उन्हें किसी भी बात को मान लेने या धारणा कर लेने की कोई जल्दी नहीं होती। उनका अभिगम प्रश्न पूछने का है—धारदार, निर्दय कहे जा सकें, ऐसे प्रश्न। वे आध्यात्मिक साहित्य के संपर्क में आते हैं, आध्यात्मिक गुरुओं के साथ सत्संग करते हैं, किसी पद्धति का प्रयोग भी करते हैं, फिर भी उससे अपने बारे में कोई मनचाही मान्यता नहीं बनाते।

वे कैसे प्रश्न पूछते हैं? उदाहरण—

- क्या मेरी आक्रामकता में कमी आ रही है?
- क्या दूसरों का मूल्यांकन करते रहने की मेरी आदत घट रही है?
- क्या मैं दूसरों की अधिक सुनता हूँ?
- क्या दूसरों को ऐसा लगता है कि मैं उन्हें समझता हूँ?
- क्या मैं भय की जगह साहस से जीता हूँ?
- क्या इंद्रियों पर मेरा संयम बढ़ रहा है?

प्रत्येक मनुष्य को अपने विकास का नियमन करने हेतु इसी तरह अपने मानदंड खोजते रहना पड़ता है। केवल पूजा-पाठ करना, ध्यान में बैठना, माला फेरना, ग्रंथों का वाचन, शास्त्रार्थ करना, दूसरों को उपदेश देना—ये सब उन भ्रांतियों में फँस जाने के खतरनाक फंदे हैं।

हालाँकि प्रश्न पूछ सकना और अपनी मान्यताओं को चुनौती देना आसान नहीं है। मनुष्य का अहंकार उसे जल्दी ऐसा करने नहीं देता। इसी कारण रेशनल (तार्किक) व्यक्ति अध्यात्म के ज्यादा निकट होते हैं; क्योंकि उनके पास प्रश्न पूछ सकने की परिपक्व मन:स्थिति होती है।

आहार चाहे जितना लुभावना हो, तथाकथित उत्तम पदार्थों से बना हुआ हो, महँगा और दुर्लभ हो; परंतु यदि उससे मुझे पोषण नहीं मिलता, उलटे उससे हानि होती है तो फिर क्या वह मेरे लिए आहार कहलाएगा?

Our spirituality is about
one's deepest personal understanding of,
and interactions with,
Life and God, whatever those may be.

~Neale Donald Walsch

अंतरात्मा के साक्ष्य पर

हम बचपन से यह सुनते रहे हैं कि अच्छा मनुष्य बनना चाहिए। इसमें किसी तर्क या मतभेद के लिए कोई स्थान हो ही नहीं सकता। परंतु मैंने कभी अपने आपसे ऐसा प्रश्न नहीं पूछा कि क्या अच्छा मनुष्य बनने की ओर मेरी प्रगति हो रही है? पाँच वर्ष पहले जैसा मैं था और आज जो हूँ, उसमें मेरा ऐसा कोई विकास हुआ है, ताकि मुझे ऐसा संतोष मिले कि अच्छा मनुष्य बनने की मेरी विकास-यात्रा अच्छी तरह से चल रही है? या फिर कहीं ऐसा तो नहीं है कि इस बात की ओर मेरा ध्यान ही नहीं है? तो फिर क्या मेरा ध्यान गलत बातों पर है?

आइंस्टाइन और अध्यात्म

हम अध्यात्म को वैज्ञानिक अभिगम द्वारा समझने की कोशिश कर रहे हैं। आल्वर्ट आइंस्टाइन को विश्व के अग्रगण्य वैज्ञानिकों में से एक कहा जा सकता है। वे एक ऐसे जीनियस वैज्ञानिक थे, जिसे हम अध्यात्म विभूति मान सकते हैं। ये रहे उनके अध्यात्म विषयक विचार—

"जिसका उद्देश्य हम मनुष्यों जैसा हो, ऐसे ईश्वर की मैं कल्पना ही नहीं कर सकता, जो अपने सृजन को पुरस्कार दे और सजा भी करे। ऐसा ईश्वर तो अंतत: मानवीय दुर्बलताओं का ही प्रतिबिंब है। कोई मनुष्य अपने शरीर की मृत्यु के बाद भी जीवित रहे, यह भी मैं नहीं मानता। जो कमजोर हैं, वे ही ऐसा भय या अहंकार-प्रेरित विचार रख सकते हैं।"

"धर्म के बिना विज्ञान अपाहिज है और बिना विज्ञान के धर्म अंधा है। मानव जाति की जितनी अधिक आध्यात्मिक प्रगति हो रही है, उतना ही मुझे और निश्चित रूप से समझ में आ रहा है कि अपने धर्म की राह जीवन के भय, मृत्यु के डर या अंधश्रद्धा द्वारा नहीं, बल्कि तार्किक ज्ञान द्वारा प्राप्त करनी होगी। सच्चा धर्म अंतत: सच्चा जीवन ही है। मनुष्य अपने पूरे हृदय से अपनी सभी अच्छाइयों और सच्चाइयों द्वारा जीवन जिए, यही सच्चा धर्म है। जो जीवन दूसरों के लिए जिया जाता है, वही सार्थक जीवन है।"

"यदि मनुष्यों को सजा के भय से या मृत्यु के बाद के पुरस्कारों के कारण संयम रखना पड़े तो वह वास्तव में दयनीय स्थिति कही जाएगी। मनुष्य के नैतिक व्यवहार की नींव सहानुभूति, शिक्षा, सामाजिक संबंध तथा आवश्यकताओं पर आधारित होनी चाहिए। जो मनुष्य अपना तथा दूसरों का जीवन निरर्थक समझता है, वह केवल बदनसीब ही नहीं, बल्कि जीवन जीने के लिए अपात्र भी है।"

"मैं प्रकृति में एक ऐसे भव्य तंत्र को देखता हूँ, जिसे हम बहुत अपूर्णता से समझ सकते हैं और इस बात से प्रत्येक विचारशील मनुष्य में नम्रता का भाव आना चाहिए। यह वास्तव में ऐसा आध्यात्मिक भाव है, जिसका रहस्यवाद (मिस्टीसिज्म) से कुछ भी लेना-देना नहीं है।"

"सर्वाधिक अद्‌भुत भाव, जिसे हम अनुभव कर सकते हैं, वह है—रहस्यमय कुतूहल का। सभी कलाओं और सच्चे विज्ञान का मूल इस भावना में है। जिनके लिए यह भाव अपरिचित है, जो इस विषय के भाव का अनुभव नहीं कर सकते और निरंतर भय में जीते हैं, ऐसे मनुष्य मृतक के समान हैं।"

यदि सभी मनुष्यों के आध्यात्मिक विकास की संभावनाएँ साकार करनी हों तो एक प्रकार की स्वतंत्रता की आवश्यकता है। मनुष्य की आत्मा सत्तावादी और सामाजिक पूर्वग्रहों की मर्यादाओं तथा परंपरागत साँचे में ढले जीवन से मुक्त होकर विहार कर सके, वही सच्ची स्वतंत्रता है। यह आंतरिक स्वतंत्रता प्रकृति की दुर्लभ देन है, जिसे सिद्ध करने का प्रयास प्रत्येक व्यक्ति को करना चाहिए।

My religion consist of
a humble admiration of illimitable superior spirit
who reveals himself in the slight details
we are able to perceive with our frail and feeble mind.

~Albert Einstein

अंतरात्मा के साक्ष्य पर

बहुत से धर्म स्त्री को सभी पापों का मूल या नरक की खान कहते हैं। वे उपदेश देते हैं कि स्त्री से दूर रहना चाहिए, स्त्री को अंकुश में रखना चाहिए, स्त्री के हलन-चलन तथा रहन-सहन पर नियंत्रण लगाने चाहिए, ताकि पुरुषों को प्रलोभनों और पापों से दूर रखा जा सके। इसके सिवा, कुछ धर्मों में स्त्री को देवी का दर्जा देकर उसकी पूजा की जाती है। क्या ये धर्म अंततः मनुष्य के दृष्टिकोण ही प्रकट करते होंगे? क्या धर्म पुरुषों के लिए ही है? क्या प्रलोभन बाहर है या फिर मनुष्य के भीतर ही कमजोरियाँ होती हैं?

बुद्धि को ईश्वर न बनाएँ

आइंस्टाइन कहते हैं कि "इस बात का ध्यान रखना चाहिए कि हम बुद्धि को ईश्वर न बना बैठें। बुद्धि के स्नायु शक्तिशाली जरूर हैं, परंतु उनका कोई व्यक्तित्व नहीं है। जो अपने आपको सत्य और ज्ञान का काजी बताते हैं, वे अंतत: ईश्वर के अट्टहास से छिन्न-भिन्न हो जाते हैं।"

ये शब्द विश्व के एक ऐसे प्रखर वैज्ञानिक के हैं, जिसकी आध्यात्मिकता की ऊँचाई भी उतना ही अहोभाव जगाती है। जिसका बुद्धि-अंक सबके लिए आकाशी चंद्र के समान लुभावना है, पर कभी भी हाथ में न आनेवाला। ऐसा अत्यंत तेजस्वी बुद्धिमान व्यक्ति कहता है कि बुद्धि को ईश्वर मत बनाओ। क्या कहना चाहता है वह? यह समझना सरल नहीं है। उसे हम आगामी प्रकरणों में वैज्ञानिक पद्धति से समझेंगे। परंतु यहाँ एक बात गाँठ बाँध लेने जैसी है। सत्य हस्तगत हो चुका है, यह मानने से पहले अनेक बार विनम्रता-अंक की जाँच कर लें, क्योंकि सामान्य तौर पर बुद्धि-अंक के साथ उसकी पटती नहीं है।

हमारे समाज की यही करुणता है। एक ओर अगला जन्म सुधारने के उद्देश्य से, नरक के डर से या बुद्धि को गिरवी रखकर अंधश्रद्धा से जीनेवाले लोग हैं तो दूसरी ओर निरी बुद्धि को वास्तव में ईश्वर बनाकर जीनेवाले 'बुद्धिजीवी' हैं।

ऐसे मनुष्य हमें बहुत विरले ही दिखते हैं, जो अत्यंत बुद्धिशाली हों, साथ ही उतने विनम्र भी; जो अपने मन-बुद्धि-हृदय व अंतरात्मा इत्यादि सभी का समग्र-लक्षी उपयोग करके जीते हों; जिनके जीवन में उद्देश्य हो, संतुलन हो, जो निरंतर सजगता और आनंद की साधना करते हों; जो लगातार सीखते हों, निरंतर विकसित होते हों; जो निर्भयता तथा साहस से जीते हों, फिर भी उनके व्यवहार एवं आचरण से सहानुभूति टपकती हो।

भले यह विषयांतर लगे, परंतु इसका कारण भी संभवत: हमारी शिक्षा-व्यवस्था ही होगी। हमारी शिक्षा-प्रणाली में ककहरा, बारहखड़ी से लेकर बुद्धि और केवल बुद्धि की ही

बात होती है। हृदय की शिक्षा की बात कौन करता है? भावनात्मक बुद्धि अंक की हमें कितनी चिंता है? चरित्र-निर्माण हमारी प्राथमिकता में आता ही नहीं। ऐसी लुंज-पुंज शिक्षा अध्यात्म-केंद्रित मनुष्य नहीं बना सकती।

हमें ऐसे अध्यात्म को अपनाना है, जिसके केंद्र में जीवन हो। जो जीवन-विरोधी है, विकास-विरोधी है, जड़ है, अहंकार-केंद्री है, ऐसे अध्यात्म को त्याग दें। तभी माना जाएगा कि वास्तविक सामाजिक क्रांति हुई।

I wish I could make him understand that
a loving good heart is riches enough,
and that without it intellect is poverty.

~Mark Twain

अंतरात्मा के साक्ष्य पर

मेरा जो ज्ञान और क्षमताएँ हैं, उन सबका कैसा अभिमान मेरे अंदर पैदा होता है? कैसी विचित्र बात कही जाएगी कि मुझे हमेशा वही याद रहता है कि मुझे क्या आता है। मेरे ज्ञान की अपेक्षा अनेक गुना तो मेरा अज्ञान है। परंतु 'मुझे पता है', ऐसा बताना ही मेरा परिचालक बल बन जाता है। यदि मैं निरंतर विकसित होनेवाला मनुष्य बनना चाहता हूँ, तब तो मुझे अपने अज्ञान को सतत याद रखना चाहिए। अज्ञान याद रहे, उसे ही नम्रता कहा जाता होगा। मैं नम्र बने बिना निरंतर सीख ही कैसे सकूँगा? कौन सी बात मुझे निरंतर विकसित होने से रोकती है?

अध्यात्म जैसी सरल, सहज, सुलभ कोई चीज ही नहीं है। 'स्व' को पाने जैसी सरल चीज ही नहीं है। पर हम तो अगम्य, अतींद्रिय और अलौकिक शक्तियों के चमत्कार के नीचे दब गए हैं। इसके साथ कोई 'गढ़' अनुभूतियों का स्वरूप हमने जोड़ दिया है। 'ऑकल्ट पावर' का अध्यात्म के साथ कोई संबंध ही नहीं है। कुछ लोग इसे अध्यात्म मानते हैं, क्योंकि वे कार्य-कारण भाव जानते ही नहीं। उन्हें कार्य-कारण संबंध का पता नहीं है। अतींद्रिय शक्ति का जिसे उपयोग करना हो, वह भले करे। उसे आप अध्यात्म मत मानिएगा। ये सभी शक्तियाँ हमारे भीतर पड़ी हैं। साधना करके कोई विकसित करता है, कोई नहीं करता। इन सभी बातों का आत्मरत जीवन के साथ कोई भी संबंध नहीं है।

~विमला ठकार

प्रकरण 2

स्वाध्याय

मनोविज्ञान की बुनियाद

मननी ताणाताण

पंडना पथारे बेठां अंतराय नाखे रे
मोह, मत्सर, माया, काम रे,
भक्तिमां भड थई आवरण भांगे रे,
शूरवीर खेले संग्राम रे।

लाग्या भाग्यानो भे रहे मनमां रे,
त्यां लगि भगती न थाय रे,
शरीर पड़े तोय धड़ लड़े पानबाई रे,
सोई मरजीवा कहेवाय रे।

शरीर पोतानुं पण माने नहि मनमां रे,
देहनो मोह मटी जाय रे,
सद्गुरु शरणमां शीश नमावे रे,
पूरण निजारी कहेवाय रे।

नवधा भक्तिमां निर्मल रहेता ने,
मेली मननी ताणाताण रे,
पक्षापक्षी नहि हरितणा देशमां रे,
एनुं नाम ओणखाण रे।

अटपटो खेल एनी पत समझाय नहीं रे,
अजाणनी ज्यारे थाय जाण रे,
गगासती कहे सांभणो पानबाई रे,
सत्संगे मटे चारे खन रे।

~ गंगासती

प्रकरण 2

स्वाध्याय : मनोविज्ञान की बुनियाद

मनोविज्ञान क्या है?

हम अध्यात्म के विषय में और गहन चर्चा करें, उससे पहले मनोविज्ञान या साइकोलॉजी यानी क्या, उसे समझना जरूरी है। साइकोलॉजी मूलतः पाश्चात्य देशों से आया हुआ विषय है और वह 'साइकी' एवं 'लॉगोस' शब्दों को मिलाकर बना है। साइकी का अर्थ मूल रूप से आत्मा (सोल) होता है और लॉगोस, यानी वैज्ञानिक अध्ययन (साइंटिफिक स्टडी)। इसलिए हम कहते हैं—मनोविज्ञान; परंतु शब्दों का मूल तो साइकोलॉजी को अंततः आत्मा का अध्ययन ही सूचित करता है। यदि इसे आधार मानकर चलें तो जिन्हें अध्यात्म में रुचि है, उन्हें मनोविज्ञान में रुचि होनी चाहिए। क्या है यह मनोविज्ञान?

मनोविज्ञान, यह आत्मा (सोल), मन (माइंड), चेतना (कांशियसनेस) एवं मनुष्य के (तथा प्राणियों के भी) व्यवहार (बिहेव्यर) के वैज्ञानिक अध्ययन का शास्त्र है। यहाँ हमें यह खास ध्यान रखना चाहिए कि मनोविज्ञान में अनेक बार 'मन' व 'आत्मा' को पर्याय के रूप में प्रयुक्त किया जाता है। हालाँकि अध्यात्म की खोज में हम उन्हें भिन्न ही समझेंगे। तो यदि हम अध्यात्म को 'आत्मा की ओर मुड़ना' या आत्मा संबंधी शास्त्र मानते हों तो उसे मनोविज्ञान की एक विशिष्ट शाखा गिना जा सकता है।

अब प्रश्न यह है कि किसी को अध्यात्म-विज्ञान का अध्ययन करना हो तो उसके लिए मनोविज्ञान की बुनियादी बातों का अध्ययन आवश्यक गिना जाए या नहीं? यह प्रश्न उसी तरह का है कि जिसे राग-रागिनी गाना सीखना है, उसे सरगम का अध्ययन करना जरूरी माना जाए या नहीं? अध्यात्म को जो वैज्ञानिक रीति से समझना चाहते हैं, उन्हें मनोविज्ञान से संबंधित मूलभूत बातों को समझना अवश्य उपयोगी सिद्ध होगा।

वास्तव में तो अध्यात्म के नाम पर जो भी गलत हो रहा है, उसके मूल में इस मनोविज्ञान के बारे में घोर अज्ञान भी है। यह तो ककहरा-बारहखड़ी सीखे बिना भाषा में पारंगत होने के लिए निकलने जैसी बात हुई। हाँ, अनपढ़ लोग भी भाषा बोलते हैं, बातचीत करते हैं और अपना जीवन संबंधी काम अच्छी तरह चला सकते हैं। परंतु वे भाषा विशेषज्ञ होने का दावा नहीं करते। लोग तो क्रिकेट मैच देखकर ऐसा समझने लगते हैं कि स्वयं क्रिकेट

के विशेषज्ञ हैं, और खिलाड़ी को क्या करना चाहिए, उसके लिए सलाह भी देने लगते हैं। वास्तव में तो यह भी संभव हो सकता है कि उन्हें बॉल या बैट पकड़ना भी न आता हो।

अध्यात्म का व्यवस्थित और वैज्ञानिक अनुसंधान करना हो तो बुनियादी मनोविज्ञान का अध्ययन आवश्यक तथा अत्यंत उपयोगी है।

जो मनोविज्ञान का वैज्ञानिक आधार नहीं लेते, उनकी नींव ही इतनी कमजोर होती है कि उस पर कोई निर्माण कार्य नहीं हो सकता। मन क्या है, यह जाने बिना उसके साथ काम लेना, यानी अपनी रक्षा करने के लिए बंदर के हाथ में तलवार थमाना।

Psychology is describing things
which everyone knows
in language
which no one understands.

~Raymond Cattle

अंतरात्मा के साक्ष्य पर

कभी मैं ऐसा मानता था कि मुझे सबकी साइकोलॉजी पता चल जाती है। लोग चाहे जितनी कोशिश करें, उनका इरादा मैं भाप लेता हूँ। अपनी ऐसी होशियारी के लिए मुझे अपने पर गुमान था। अपने संपर्क में आनेवाले सभी का मूल्यांकन करके मन-ही-मन फूलना मुझे अच्छा लगता था। फिर मुझे मेरे जैसा ही कोई मिल गया। वह भी मेरी ही तरह दूसरों को नापते रहनेवाला व्यक्ति था। मुझे वह बहुत बुरा लगा। और फिर, सोचा कि मैं भी तो यही हूँ न! दूसरों का मूल्यांकन करना वास्तव में कौन सा पराक्रम है?

मनोविज्ञान के मूलभूत विषय

मनोविज्ञान का उद्‌देश्य ही मनुष्य के मन को गहराई से समझना है, ताकि मनुष्य के व्यवहार के साथ ही उसके अंतर्जगत को ज्यादा अच्छी तरह समझा जा सके। मनोविज्ञान अभी विकासशील विज्ञान (डेवलपिंग साइंस) कहा जाएगा। उसे गणित या भौतिक विज्ञान जैसा विकसित विज्ञान (डेवलप्ड साइंस) नहीं माना जाता। इसका कारण समझने जैसा है। मनोविज्ञान स्थूल का नहीं, बल्कि सूक्ष्म का विज्ञान है। उसमें हम ऐसी बातों का अध्ययन करते हैं, जो निरी आँखों से देखी नहीं जा सकतीं, नापी नहीं जा सकतीं, केवल तर्क से सिद्ध नहीं की जा सकतीं।

मनोविज्ञान के कतिपय विषयों की झाँकी देखें तो हमें पता चलेगा कि वह हमारे लिए अध्यात्म के सापेक्ष कितना उपयोगी है—

- *प्रेरक बल* (मोटिवेशन)—मनुष्य जो करता है, उसके पीछे उसका इरादा क्या है? उसका प्रेरक बल क्या है? अच्छे इरादे से होनेवाला दुष्कर्म या बदइरादे से होनेवाला प्रत्यक्ष शुभ कर्म? प्रत्येक कर्म के पीछे इरादा कितना महत्त्वपूर्ण है?
- प्रत्येक मनुष्य अपने जीवन में किस क्रम में अपनी आवश्यकता को तुष्ट करता होता है और प्रगति करता होता है?
- विविध *भावनाएँ* किस तरह मानवीय व्यवहार के पीछे प्रेरक बल के रूप में काम करती हैं? मनुष्य का *अवबोध* (विभावन) (पर्सेप्शन) कैसे विकसित होता है?
- मनुष्य किस तरह *पूर्वग्रह* (कंडिशनिंग, प्रेज्युडाइस) बनता है?
- मनुष्य कैसे *सीखता* है? सीखने के प्रकार और सिद्धांत कौन से हैं?
- मनुष्य की *एकाग्रता* (अटेंशन) या ध्यान अर्थात् क्या? उसके लक्षण या प्रभाव क्या हैं?
- मनुष्य का *व्यक्तित्व* (पर्सनालिटी) कैसे गढ़ा जाता है?

- *स्मृति* (मेमोरी) क्या है ? वह कितने प्रकार की होती है ?
- विचार यानी क्या ? विचार-प्रक्रिया के क्या-क्या परिमाण हैं ?
- समस्या अर्थात् क्या ? समस्या हल करने की वैज्ञानिक पद्धतियाँ कौन सी है ?
- मनुष्य के विकास में पारिवारिक, सामाजिक और सांस्कृतिक परिवेश की क्या भूमिका है ?

मनोविज्ञान पर लिखी गई किसी भी पुस्तक में इन बातों का परिचय तथा विवरण होगा। हमारी विचार-प्रक्रियाओं, भावनाओं, धारणाओं, इरादों, स्मृतियों, स्वविकास इत्यादि जैसी बातों को समझे बिना सीधे मोक्ष और मनोनियंत्रण की बात आरंभ करने में क्या बुद्धिमानी लगती है ?

Your handwriting. The way you walk
Which china pattern you choose.
It's all giving you away.
Everything you do shows your hand.
Everything is a self portrait.
Everything is a diary.

~*Chuck Palahniuk*

अंतरात्मा के साक्ष्य पर

दूसरों के इरादे परखने, उनका विश्लेषण करने में वास्तव में कौन-सा शौर्य का काम है ? वास्तविक चुनौती तो इस बात में है कि क्या मैं स्वयं को देख सकता हूँ ? मैं अपना खुद का मूल्यांकन कर सकता हूँ ? अपने इरादों के बारे में मैं सजग हूँ ? क्या मुझे यह पता चलता है कि मैं कहाँ स्वार्थी हूँ और कहाँ नि:स्वार्थी ? मैं कैसे दाँव-पेंच आजमाता हूँ ? वह मुझे दिखता है क्या ? अगर यह सब मुझे पता चलता है तो मुझे उससे लाभ है। दूसरों की त्रुटियाँ देखते रहने से मेरा उद्धार कैसे होने वाला है ? वास्तविक शौर्य कहाँ है ? आईना देखने में या आईना दिखाने में ?

मानवीय व्यवहार की पृष्ठभूमि का रहस्य

कोई भी व्यक्ति जो करता है, वह वैसा क्यों करता है? या कुछ नहीं करता तो क्यों नहीं करता?

कोई बालक परीक्षा जैसे-जैसे समीप आती जाती है, वैसे-वैसे अधिक मेहनत करता है और दूसरा बालक टी.वी., कंप्यूटर आदि द्वारा मौज-शौक करता है। बहुत से लोगों को सुबह जल्दी उठना दुष्कर लगता है तो कुछ लोग सुबह-सुबह अचूक दौड़ने निकल पड़ते हैं। कुछ व्यक्ति अपना कॅरियर बनाने के लिए जी-जान से मेहनत करते हैं, जब कि अन्य लोग यूँ ही बेफिक्र रहकर जीवन जीते होते हैं।

अलग-अलग व्यक्ति अलग-अलग ढंग से व्यवहार क्यों करते हैं? हम जानते ही हैं कि उन्हें प्रेरित करनेवाला या उस दिशा में ले जानेवाला चालक बल उनके मन के भीतर है। मनुष्य अपनी आवश्यकताएँ पूरी करने के लिए कुछ करता होता है। वह कुछ भी करता है (या नहीं करता है) तो उसके पीछे उसका कोई इरादा या उद्देश्य होता है। इस इरादा हेतु को हम चालक (प्रेरक) बल कहते हैं। 'जहाँ चाह, वहाँ राह' और 'नाच न जाने आँगन टेढ़ा' जैसी कहावतें भी इसी हकीकत पर बल देती हैं कि मनुष्य के मन में जो होता है, उसी के अनुरूप उसका व्यवहार होता है। हम घोड़े को जबरदस्ती पानी तक ले जा सकते हैं, पर उसे जबरदस्ती पानी नहीं पिला सकते।

यदि हमें यह जानना हो कि कोई भी मनुष्य जो करता है, वह क्यों करता है? तो हमें उसके प्रेरक बल को समझना ही होगा। उस प्रेरक बल को प्रभावित करके, बदलकर ही हम मनुष्य का व्यवहार बदल सकते हैं। यदि हम इससे अनजान और असजग हैं तो फिर हम इस प्रेरक बल को बदले बिना ही अन्य व्यक्तियों के व्यवहार बदलने की कोशिश करते रहते हैं। पर वैसा करने में हम सफल होने वाले नहीं और अंत में हम थक-हारकर, संयम खोकर हताश हो जाते हैं।

उदाहरण के लिए, माँ-बाप चाहते हैं कि बालक पढ़ाई पर ध्यान दे, समय का अपव्यय न करे। और फिर वे जबरदस्ती या डरा-धमकाकर ऐसा करवाने की कोशिश करते हैं। बालक चुपचाप पढ़ने बैठ भी जाता है। तत्काल तो उन्हें लगता है कि वे सफल हुए, परंतु वास्तव में इस तरह बालक का व्यवहार अवश्य ही नहीं बदलता। जैसे ही माँ-बाप की नजर हटती है कि वह तुरंत पुराना आचरण चालू कर देता है। इसी कारण जाग्रत माता-पिता हमेशा बालक के आंतरिक प्रेरक बल को बदलने की कोशिश करते हैं। एक बार बालक को लगे कि उसे ही कुछ चाहिए तो उसे पाने के लिए खुद ही अपना श्रेष्ठ प्रयत्न करेगा।

संक्षेप में, हम स्वयं तथा अन्य व्यक्ति कैसे प्रेरित होते हैं, यह समझना कितना आवश्यक है! हम अध्यात्म का अध्ययन करने के लिए किस तरह प्रेरित हुए? क्या उसके पीछे हमारी कोई असफलता या दु:ख जिम्मेदार है? हम अध्यात्म में क्या खोज रहे हैं, उसे ही पहले खोजना चाहिए।

The most dangerous psychological mistake is
the projection of the shadow on to others,
this is the root of almost all conflicts.

~Carl Jung

अंतरात्मा के साक्ष्य पर

अध्यात्म मेरे लिए क्या है? मैं आध्यात्मिक साहित्य पढ़ता हूँ तो मुझे ऐसा लगता है कि मेरे जीवन की समस्याओं का हल इसमें है? या फिर कोई आध्यात्मिक प्रक्रिया करने से मेरा दु:ख हलका होता है? या फिर मैंने अब आध्यात्मिकता को भी पलायन वृत्ति का साधन बना दिया है? क्या अपने ज्ञान की शेखी बघारने के लिए मैं अध्यात्म का उपयोग करता हूँ? या फिर सचमुच मुझे विकसित होना है? सचमुच में मेरा इरादा क्या है? यह देखने की ईमानदारी और हिम्मत मेरे पास है क्या? यदि नहीं है तो फिर मेरा अध्यात्म खोखला नहीं है?

मानवीय आवश्यकताएँ–1 : शारीरिक

प्रत्येक मनुष्य की अपनी आवश्यकताएँ होती हैं, जिन्हें पूरा करने के लिए वह तड़पता रहता है। इन आवश्यकताओं को पूरा करना ही उसका प्रेरक बल होता है। मनोवैज्ञानिकों ने यह निरीक्षण किया है कि मनुष्य की इन आवश्यकताओं का एक निश्चित क्रम होता है। अब्राहम मेस्लो नामक वैज्ञानिक ने यह समझाया कि मनुष्य नीचे दिए गए क्रमानुसार (पिरामिड में नीचे से ऊपर के क्रम में) अपनी आवश्यकताओं को संतुष्ट करता है—

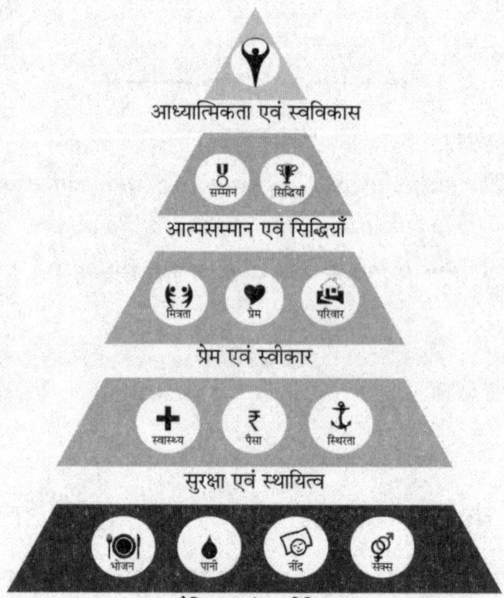

मनुष्य की सर्वप्रथम और मूलभूत आवश्यकता अपने जीवन को टिकाए रखना है। अथवा तो सबसे पहले उसे शारीरिक आवश्यकताओं, जैसे भूख और प्यास को संतुष्ट करना होता है। हमारे यहाँ कहावत है कि 'भूखे भजन न होहिं गोपाला'। मनुष्य भूखा हो तब उसे आहार प्राप्त करके भूख मिटाने तक और दूसरा कुछ नहीं सूझता।

ऐसी ही उसकी दूसरी आवश्यकताओं में नींद तथा आराम, जीव-जंतुओं से सुरक्षा आदि आती है। यौन तथा अन्य इंद्रियों की आवश्यकताएँ वैसे तो जीवन टिकाए रखने के लिए आवश्यक नहीं गिनी जा सकतीं, फिर भी ये इच्छाएँ इतनी शक्तिशाली होती हैं कि उनको संतुष्ट किए बिना मनुष्य रह नहीं सकता।

संक्षेप में, मनुष्य सर्वप्रथम प्राणी है और प्राणिमात्र की भाँति उसके अंदर भी जिजीविषा है। वह सबसे पहले अपने जीवन को टिकाए रखने के लिए जरूरी सबकुछ करने के लिए प्रेरित होता है। सामान्यतया ये आवश्यकताएँ पूरी न हों, तब तक उसे जीवन के अन्य पहलुओं के प्रति कोई दिलचस्पी नहीं जागती।

Your physical self is inspired by
a divine force that beats its heart,
digests its food and grows its fingernails,
and this same force is receptive
to endlessly abundant health.

~*Wayne Dyer*

अंतरात्मा के साक्ष्य पर

यह बात कितनी सच है कि जब तक मेरी मूलभूत आवश्यकताएँ संतुष्ट नहीं हुई थीं, तब तक मेरा मन और किसी में लगता नहीं था। परंतु क्या यह सभी लोगों के लिए सच होगा? मनुष्य भूखा हो तो चाहे कुछ भी करने को तैयार हो जाएगा? पर कभी यह भी सुना है कि भूखा आदमी अपने हिस्से का भोजन दूसरे को दे देता है। यह कैसे संभव होता होगा? यदि कुछ मनुष्य आंतरिक रूप से विकसित होते हों तो फिर वे मूलभूत वृत्तियों के वश में हुए बिना अपने आचरण का चयन कर सकते हैं क्या?

मानवीय आवश्यकताएँ–2 : सुरक्षा

एक बार जब मनुष्य की मूलभूत आवश्यकताएँ संतुष्ट हो जाती हैं तो अब वह मनुष्य सुरक्षा खोजता है। वह आहार तथा अन्य आवश्यकता की चीजों का संग्रह करता है, प्राकृतिक परिबलों से रक्षा की व्यवस्था करता है।

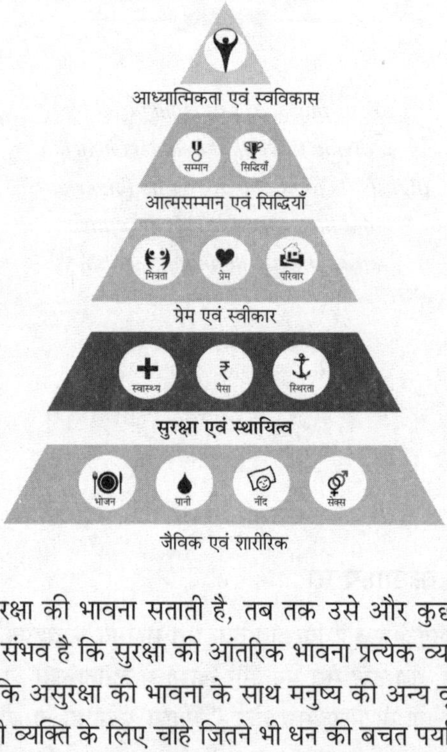

जब तक उसे असुरक्षा की भावना सताती है, तब तक उसे और कुछ भी करने का मन नहीं होता। हाँ, यह संभव है कि सुरक्षा की आंतरिक भावना प्रत्येक व्यक्ति में बदलती हो। ऐसा हो सकता है कि असुरक्षा की भावना के साथ मनुष्य की अन्य वृत्तियों का गुणाकार होता हो। जैसे लोभी व्यक्ति के लिए चाहे जितने भी धन की बचत पर्याप्त नहीं होती। ऐसा भी संभव है कि करोड़पति धन को लेकर भयंकर असुरक्षा से पीड़ित हों और आर्थिक दृष्टि से साधारण स्थितिवाले किसी अदने आदमी में आंतरिक सुरक्षा की भावना हो।

सुरक्षा की ही भाँति मनुष्य की दूसरी आवश्यकता स्वावलंबन की है। परावलंबन मनुष्य को अच्छा नहीं लगता, क्योंकि कुदरत ने ऐसी रचना ही की है कि मनुष्य स्वावलंबन तथा परस्परावलंबन से ही जीवन का सच्चे अर्थों में आनंद ले सकता है। फिर भी, ऐसा क्यों होता है कि कुछ मनुष्य परावलंबी ही बने रहना चाहते हैं? इसका उत्तर भी जटिल है। प्रत्येक मनुष्य के पास अपनी संभावनाओं को चरितार्थ करके जीने के लिए प्रेरणा नहीं होती।

परंतु यहाँ इतना तो स्पष्ट है कि जीवन टिकाने के बाद मनुष्य की तत्काल दूसरी आवश्यकता सुरक्षा का अनुभव करना है। जब तक व्यक्ति सुरक्षा का अनुभव नहीं करता, तब तक सामान्य रूप से वह परोपकार या अन्य प्रवृत्तियों में नहीं जुड़ता।

Security is when everything is settled,
when nothing can happen to you;
security is the denial of life.

~*Germaine Greer*

अंतरात्मा के साक्ष्य पर

धन-संपत्ति और आध्यात्मिकता के बीच वास्तव में क्या संबंध है? बहुत से लोग एकदम लापरवाह और अविचारी होते हैं। वे भविष्य के लिए कोई आयोजन या बचत नहीं करते हैं। बाद के वर्षों में वे बहुत दुःखी होते हैं। और दूसरे लोगों को इकट्ठा करने से ही फुरसत नहीं मिलती। मुझे क्या करना है? वास्तव में जीवन के लिए कितना पर्याप्त है? सुरक्षा क्या वास्तव में धन-संपत्ति से ही प्राप्त होती है? क्या धन मनुष्य को रोग, बुढ़ापा, दुःख, अहंकार और क्लेशों से बचा सकता है? मैं क्यों असुरक्षा से जीवन जीता रहता हूँ?

मानवीय आवश्यकताएँ–3 : स्वीकार

मनुष्य की मूलभूत तथा सुरक्षा की आवश्यकताएँ संतुष्ट होती हैं तो बारी आती है अपने स्वीकार की कामना की। प्रत्येक व्यक्ति प्रेम पाना और देना चाहता है। हम सभी चाहते हैं, हम जैसे हैं वैसा ही कोई हमें स्वीकार करे और प्रेम करे।

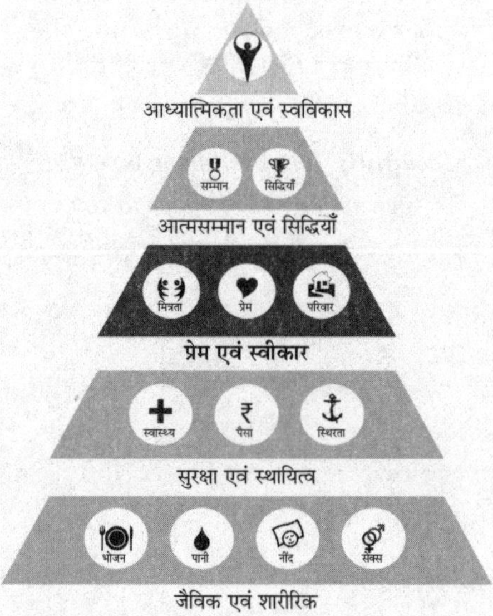

अधिकतर बचपन में ही हमें ऐसा प्रेम मिलता है या कहें कि ऐसा होना चाहिए। परंतु दुर्भाग्य से, ऐसा होता है कि बालकों को शर्ती प्रेम अधिक मिलता है। उन्हें हमेशा ऐसा ही लगता है कि वे अमुक ढंग से व्यवहार करेंगे, तभी उन्हें प्रेम मिलेगा। ऐसे बालक को प्रेम और स्वीकार पाने की लालसा रहती है। वे वयस्क होते हैं तो भी उनका प्रेरक बल केवल यह स्वीकार पाने का होता है। वे जो कुछ भी करते हैं, चाहे वह परिवार में हो या व्यवसाय में, महन्अंश में स्वीकार पाने के लिए ही करते हैं।

यह कैसी दुःखदायी बात है कि बहुत से बालकों में असुरक्षा इस सीमा तक बढ़ी होती है कि वह शांत ही नहीं हों। ऐसे मामलों में बालक अंतः खोज करे, सजग बने, स्वयं को चाहने लगे, तभी वह अपनी असुरक्षा के कारागार से मुक्त हो सकता है।

यदि उनके स्वीकार की आवश्यकता संतुष्ट हुई हो तो वे अपनी उपलब्धियों (एचीवमेंट) द्वारा सम्मान की खोज आरंभ करते हैं। उन्हें अवार्ड या पुरस्कार मिले, सामाजिक रूप से उनकी पहचान बने, उन्हें मान-कीर्ति मिले, ऐसी अपनी आवश्यकताओं को वे संतुष्ट करते हैं।

People work for Money
but go the extra mile
for recognition, praise and rewards.

~Dale Carnegie

अंतरात्मा के साक्ष्य पर

मुझे प्रेम नहीं मिल रहा था, मैं जो हूँ उसका स्वीकार नहीं हो रहा था। उस समय मेरी हालत कैसी थी? मेरी आँखें मेरी ओर देखकर मुसकराते चेहरे को खोजती थीं। मेरे उत्तम पहलुओं को प्रतिबिंबित करनेवाले व्यक्ति मुझे कितने प्रिय लगते थे। कितनी आवश्यकता थी मुझे स्वीकार की! तो आज मेरे आसपास ऐसी तरसती नजरें मुझे दिखती हैं? मैं किसी का स्वीकार करता हूँ? मैं किसी की प्यास बुझानेवाला झरना हूँ? क्या मैं अपने संपर्क में आनेवाले मनुष्यों में शुभ देख सकता हूँ? उनकी संभावनाओं को देख पाता हूँ?

मानवीय आवश्यकताएँ–4 : सिद्धियाँ

मनुष्य की जीवन टिकाए रखने, मूलभूत शारीरिक सुरक्षा और प्रेम के स्वीकार की आवश्यकताएँ संतुष्ट होती हैं तो अब उसकी आगे की आवश्यकताएँ प्रासंगिक बनती हैं। अब उसे कुछ कर दिखाना है। उसे सम्मान मिले, ऐसी उसकी आवश्यकताएँ उत्पन्न होती हैं।

इन सब बातों को हमें मनोवैज्ञानिक सूझ के रूप में विकसित करना है। जब तक मनुष्य भावात्मक रूप से स्वीकृति नहीं अनुभव करता, एक व्यक्ति की ओर से भी उसे प्रेम एवं स्वीकार नहीं मिलता, तब तक वह एक तरह से बेचैन और व्यग्र रहता है। उसे किसी उपलब्धि या सफलता की पड़ी ही नहीं होती। कोई मनुष्य यदि घुट रहा है तो सर्वप्रथम वह घुटन से मुक्त होने का ही रास्ता खोजेगा। पानी के नीचे सिर हो तो मनुष्य सबसे पहले

सिर को पानी के ऊपर निकालने के लिए जूझता है। पहले हवा मिले, गहरी साँस ली जा सके, उस खतरे से बचा जा सके, उसके बाद ही उसे कुछ दूसरा सूझेगा न?

इसलिए जिन बालकों को ऐसा प्रेम एवं स्वीकार प्राप्त होता है, वे पाठशाला जीवन में ही सार्वजनिक स्पर्द्धाओं आदि में भाग लेकर इस सम्मान की खोज शुरू कर देते हैं। जबकि जिन बालकों को लगातार तिरस्कृत किया जाता है या दुत्कारा जाता है, उनका मन अध्ययन या पाठ्येतर किसी प्रवृत्ति में नहीं लगता। जिस बालक की रुचि कुछ भी करने में नहीं होती है तो यह निश्चित है कि अभी उसकी प्रथम तीन चरणों की आवश्यकताएँ संतुष्ट नहीं हुई हैं।

ये आवश्यकताएँ संतुष्ट होने पर अंत में वह अपनी आध्यात्मिक आवश्यकता की ओर मुड़ता है। स्वयं कौन है? मेरे भीतर क्या-क्या संभावनाएँ पड़ी हुई हैं? मैं क्या करूँ कि मुझे अदम्य संतोष और आनंद की अनुभूति होगी? अब पिरामिड के शीर्ष पर इस अंतिम सोपान में मनुष्य का जीवन स्व-अभिव्यक्ति बनता है। उसकी आवश्यकता केवल आत्मसंतोष की है। सच्चे अर्थों में उसका जीवन इसी सोपान पर ही प्रफुल्लित होता है।

If we love for people's acceptance,
we will die from their rejection.

~*Lecrae*

अंतरात्मा के साक्ष्य पर

मुझे सार्वजनिक सम्मान की कुछ भी नहीं पड़ी है, ऐसा कहना बेईमानी है। वास्तव में, क्या कोई ऐसा व्यक्ति होगा, जिसे कभी भी महत्त्वाकांक्षा न हो? मनुष्य की जीवन-यात्रा में महत्त्वाकांक्षा का पड़ाव तो आने ही वाला है—सिवा इसके कि किसी ने यह जड़ मान्यता बना रखी हो कि मुझे उसकी जरूरत नहीं है। सार्वजनिक सम्मान से यदि अहंकार पोषित होता हो तो यह जड़ मान्यता भी तो अंततः अहंकारी ही है न? यदि जीवन-यात्रा है तो यात्रा का कोई पड़ाव बुरा कैसे हो सकता है? उस पड़ाव पर गाड़ी रुक जाए तो वह करुणता जरूर कही जाय।

मानवीय आवश्यकताएँ–5 : स्वविकास

मेस्लो के पिरामिड के संदर्भ से हम ऐसा समझ सकते हैं कि मनुष्य की आवश्यकताओं के क्रम में आध्यात्मिकता अंत में आती है। हमारे शास्त्रों में भी ब्रह्मचर्याश्रम, गृहस्थाश्रम, वानप्रस्थाश्रम और संन्यासाश्रम–जीवन के ऐसे चार चरण गिनाए गए हैं। यह सब निर्देश करते हैं कि मनुष्य को जीवन एक प्राकृतिक क्रम में जीना है।

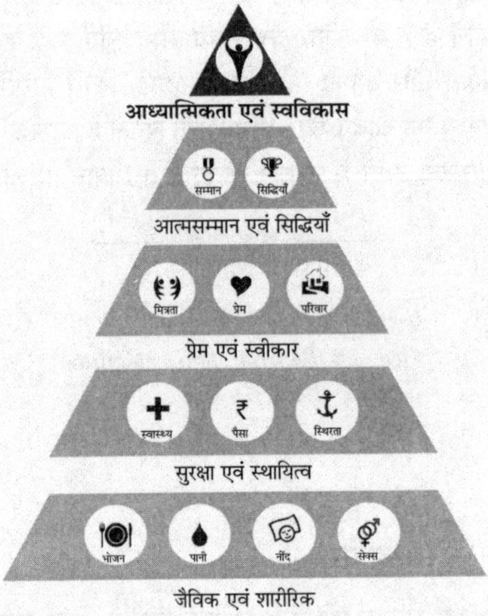

परंतु हम क्या करते हैं? देखा–देखी युवक–युवतियाँ दीक्षा लेते हैं। अमुक–तमुक त्योहारों पर हम उपवास करते हैं और कभी–कभी तो उपवास की भी स्पर्द्धा करते हैं। ईश्वरों, धर्मों, त्योहारों की आड़ में हम क्या कर रहे होते हैं? मेस्लो के पिरामिड के संदर्भ में समझने की कोशिश करें। यदि उपवास भी एक सामाजिक उपलब्धि के लिए किया जाता हो तो उसे क्या कहा जाए? ऐसा हो सकता है कि ये कोमल युवक–युवतियाँ कदाचित् मात्र कुटुंब की ओर से स्वीकार का प्रेम पाने के लिए ही दीक्षा लेते हों या फिर सचमुच

में उनका मन सांसारिक जीवन से उठ गया है? ऐसा कैसे हो सकता है? कहीं ऐसा तो नहीं है कि जिस प्रकार का वातावरण वे अपने घर में रात-दिन देखते हैं, उससे वे त्रस्त हो गए हों? दिखने में लगे दीक्षा, पर हो स्वीकार की कोशिश या पलायन? अध्यात्म में जो दिखता है, वही होना जरूरी नहीं।

मनुष्य की सभी आवश्यकताएँ संतृप्त होने के बाद ही कुदरती कम में आध्यात्मिक विकास का चरण आता है या सत्य शायद यह है कि मनुष्य जिस चरण में स्वयं होता है, उसकी जो आवश्यकताएँ होती हैं, उन्हें परिपूर्ण करने के लिए वह सहृदयी तथा जाग्रत् प्रयत्न करे, उसी में उसकी सच्ची आध्यात्मिकता है।

If you deliberately plan on being less than
you are capable of being,
then I warn you that you'll be unhappy for
the rest of your life.

~Abraham Maslow

अंतरात्मा के साक्ष्य पर

आध्यात्मिकता मनुष्य का ध्येय है या उसकी जीवन-यात्रा? ऐसा कहते हैं कि जीवन की परिपक्वता वास्तव में यात्रा है, ध्येय नहीं। यदि आध्यात्मिकता ध्येय नहीं है तो क्या समग्र यात्रा को आध्यात्मिकता कहा जाए? यात्रा के आरंभ में आनेवाली आसक्ति, मोह-माया, लोभ-लालसा, महत्त्वाकांक्षा—इन सबको आध्यात्मिक कहा जाए? यदि न कहा जाए तो फिर आध्यात्मिकता मनुष्य की किस अवस्था का नाम है? तब तो फिर वह ध्येय ही हो गया न? क्या संन्यासाश्रम ही अध्यात्म है, गृहस्थाश्रम नहीं? वास्तव में क्या है अध्यात्म?

अहं और मनोविज्ञान

जो अध्यात्म के पथ पर चल रहे हैं, वे जानते हैं कि अहंकार-निरसन करना अध्यात्म यात्रा का महत्त्वपूर्ण आयाम है। 'अहंकार' शब्द की सामाजिक धारणा यह है कि मनुष्य अभिमानी हो जाए, घमंडी बन जाए और उसके वाणी व व्यवहार में निरंतर 'मैं' और 'मेरा' का ही रटन चलता रहता हो। सामान्यतया हम ऐसा ही समझते हैं कि मनुष्य का अहंकारी होना, यानी उसका अध:पतन होना, मनुष्य का बिगड़ जाना।

परंतु मनोविज्ञान में अहंकार को अलग ढंग से, अधिक वैज्ञानिक रीति से समझा जाता है। फ्रॉयड नामक मनोवैज्ञानिक के मतानुसार, मनुष्य का व्यक्तित्व तीन तत्त्वों से बनता है—(1) ईड, (2) ईगो और (3) सुपर ईगो।

1. ईड (सुखेच्छा)—मानव की प्राणी वृत्तियाँ मनुष्य-पीड़ा के निवारण और तंत्रण सुख-संतृप्ति पाने की चाह करता होता है। ईड इस सिद्धांत पर काम करती है। भूख, प्यास, सेक्स जैसी वृत्तियाँ झटपट संतुष्ट करना ईड का स्वभाव है। ईड को दूसरे लोगों की, समाज या नैतिकता की कोई परवाह नहीं होती।

2. ईगो (अहं)—ईगो ईड से ही विकसित होता है, पर वह यथार्थ के सिद्धांत पर काम करता है। ईगो ईड की इच्छाओं को संतुष्ट करने हेतु अधिक उचित मार्ग अपनाता है, जो समाज में स्वीकार्य हो।

3. सुपर ईगो—यह मानव मन की नैतिक शाखा है। यह ईड और ईगो से प्रश्न करता है कि क्या अमुक संयोगों में इच्छाओं को संतुष्ट करना नैतिक रूप से उचित है ? सुपर ईगो मनुष्य के मन को सामाजिक रूप से उचित व्यवहार करने की सूचना और मार्गदर्शन देता है। सुपर ईगो के कारण ही मनुष्य मनचाहे वैसा व्यवहार करने से रुकता है। प्रत्येक मनुष्य के भीतर इन तीनों कारकों की खींचतान चलती रहती है। किसी में ईड अधिक शक्तिशाली होती है तो किसी में सुपर ईगो। मनुष्य का बाह्य व्यक्तित्व इन तीन आंतरिक परिबलों की पारस्परिक शक्ति पर आधारित है।

मान लीजिए कि किसी व्यक्ति की ईड सबसे अधिक बलवान है, तो क्या होगा? वह तथाकथित मनुष्य भी वास्तव में तो प्राणी ही बन जाएगा। ऐसे लोगों को जेल जाने में देर नहीं लगेगी। यदि ईगो अधिक बलवान होगा तो मनुष्य थोड़ा संयम रखेगा, बुद्धि का उपयोग करके अपनी इच्छाओं को तुष्ट करने का मार्ग खोजेगा। इसी पैमाने पर सुपर ईगो अभी आगे है। अगर यह बलवान् है तो ईड और ईगो की मनमानी नहीं चलने देगा।

यद्यपि इन तीनों की खींचतान चलती रहती है, उनके संतुलन बदलते रहते हैं; परंतु महत्त्वपूर्ण तथ्य यह है कि इन तीनों ही परिबलों का अस्तित्व हमारे भीतर होता है। और ईड, ईगो, सुपर ईगो की धारणा हमारे अहंकार की धारणा से कितनी भिन्न है! विज्ञान में कुछ भी अच्छा या बुरा नहीं होता। सभी बातों का उद्‍देश्य होता है और उद्‍देश्यों के संतुष्ट हो जाने के बाद ही ये प्रेरक बल बनने बंद होते हैं।

Where id is
Their shall ego be.

~Sigmund Freud

अंतरात्मा के साक्ष्य पर

'मनुष्य एक सामाजिक प्राणी है' का अर्थ संभवत: ऐसा होगा कि अंतत: तो वह प्राणी ही है, परंतु समाज में रहनेवाला प्राणी है। समाज में अराजकता न फैले, इस कारण नैतिकता की धारणाएँ विकसित हुई होंगी। हमारे मन में चाहे जो हो, परंतु अमुक ढंग से व्यवहार करने को हमने सभ्यता नाम दिया है। तो क्या सभ्यता अप्राकृतिक है? मन को नियंत्रण में ही रखना है या मन का रूपांतरण संभव है? ऐसा अनुभव है कि मन की कुछ बातें आमूल बदल गई हैं। तो क्या रूपांतरण ध्येय है और सभ्यता कामचलाऊ व्यवस्था है?

ईड, ईगो और सुपर ईगो की खींचातानी

हम इस बात को एक उदाहरण द्वारा समझने की कोशिश करें।

मान लें कि अतिथि के रूप में पधारे एक परिवार के बालक ने चॉकलेट का डिब्बा अपने सामने पड़ा हुआ देखा। उसे पता है कि यह चॉकलेट उसकी नहीं है। परंतु उसे चॉकलेट खाने की तीव्र इच्छा हो गई। तो वह बालक क्या करेगा ? उसके भीतर की ईड, ईगो और सुपर ईगो की आवाजें उसे क्या कहेंगी ?

बालक की ईड कहेगी कि चॉकलेट सामने ही है, उसे अभी ही ले ले और खा जा। मजा आएगा! ईड तत्काल मजा की माँग करती है और परिस्थिति के यथार्थ की एकदम अवगणना करती है। चॉकलेट खाने के बाद माँ-बाप डाँटेंगे या थप्पड़ मारेंगे, उसके लिए सोचने की उसे जरा भी नहीं पड़ी है।

बालक का ईगो उससे यह कहेगा कि यदि तू बिना पूछे चॉकलेट खाएगा तो कोई तुझे डाँटेगा या सजा देगा। शायद मार भी पड़े। इसलिए पूछकर, अनुमति लेकर चॉकलेट खाना अच्छा है। ईगो जरा धीरज रखने की बात करता है। वह औचित्य का विचार करता है और वास्तविकता को ध्यान में रखकर काम करता है। इसलिए बालक यहाँ प्रतीक्षा करेगा, कोई बुजुर्ग आएगा तो पूछेगा, मना करने पर जिद करेगा; पर देंगे, तभी खाएगा।

बालक का सुपर ईगो, मानो माँ-बाप की सत्ता के बदले में हो, वैसे काम करता है। वह बालक से कहता है कि यदि तू पूछकर चॉकलेट खाएगा, तभी तू नैतिक दृष्टि से सच्चा है। इस तरह चॉकलेट खाने से बालक डर, अपराध-भाव या किसी भी प्रकार की मानसिक अस्वस्थता या आवेश से मुक्त रह सकता है। यह भी संभव है कि अन्य संयोगों में यही सुपर ईगो दूसरी किसी इच्छा को संतुष्ट करने से मना भी कर दे।

हम समझ सकते हैं कि यह उदाहरण भले बालक और चॉकलेट का है, परंतु सभी मनुष्यों पर किसी भी उम्र के लिए लागू हो सकता है।

जिनकी ईड का जोर चलता है, ऐसे मनुष्य असामाजिक बन जाते हैं, इसलिए कि उन्हें समाज की कोई परवाह नहीं होती। समाज उन्हें दंड देता है, जेल भेजता है, मजदूरी करवाता है। यह परिणाम ऐसे मनुष्यों को अच्छा नहीं लगता। इसलिए दूसरी बार मन चाहे, वैसा करने से पहले विचार करेंगे। जेल भेजने का उद्देश्य यह है कि उसके ईगो और सुपर ईगो शक्तिशाली बनें।

मनोविज्ञान की इस समझ के प्रकाश में ईगो जरूरी है या गैर-जरूरी? क्या कोई व्यक्ति कभी भी ईगो-मुक्त बन सकता है क्या? वह ईगो या सुपर ईगो के बिना सामाजिक जीवन जी सकता है क्या? अध्यात्म के साथ जोड़ें तो वह मनुष्य की भीतरी इच्छाओं को मार सकता है क्या? इन इच्छाओं के साथ कैसे काम लिया जाए?

The poor ego has a still harder time of it;
it has to serve three harsh masters,
and it has to do its best to reconcile
the claims and demands of all three
The three tyrants are the external world
the super ego and the id.

~*Sigmund Freud*

अंतरात्मा के साक्ष्य पर

बालक को कुछ मन हो जाए तो वह तत्काल उसके लिए हठ करता है। फिर उसके मन की इच्छा पूरी करो, मन को कहीं दूसरी ओर मोड़ो या फिर इच्छा को जोर-जबरदस्ती से दबा दो। इन सबके परिणाम हैं। इच्छा पूरी करो तो आदत पड़े। मन को दूसरी ओर मोड़ना हमेशा हल नहीं हो सकता और जबरदस्ती प्रतिक्रियाओं को जन्म देगी, तो क्या करना चाहिए? वयस्क उम्र में भी बाल मन तो अपने भीतर होता ही है। बस, अंतर इतना ही है कि अब वह चालाक बन गया होता है। मन को कैसे समझाना और वश में करना है। यह खूब रोचक है!

पीड़ा से पलायन हेतु मन की पद्धतियाँ

मनुष्य की मूलवृत्ति तत्काल आनंद और संतृप्ति की है। इसलिए स्वाभाविक रूप से उसे मानसिक पीड़ा अच्छी नहीं लगती। उसे यदि किसी भी तरह पीड़ा का सामना करना पड़े तो भी वह ऐसी पूरी कोशिश करता है कि पीड़ा से भाग सके।

पीड़ा से भागने के उसके इस व्यवहार को मनोविज्ञान में 'ईगो बचाव पद्धति' (ईगो डिफेंस विहेव्यर) के रूप में पहचाना जाता है। मनुष्य इन पद्धतियों का उपयोग वास्तविकताओं को इस हद तक विकृत करने के लिए करते हैं, जिससे वे पीड़ा का निवारण कर सकें। ऐसी कुछ पद्धतियाँ इस प्रकार हैं—

1. दमन (रीप्रेशन)—मनुष्य अपनी इच्छाओं या भावनाओं का इस हद तक दमन करता है कि वह स्वयं भी उससे असजग रहता है। परंतु इन इच्छाओं का मूल तो अवचेतन में से आता है, इसलिए फिर मनुष्य कुछ कर बैठता है और बाद में कहता है, 'मैंने वैसा क्यों किया, यह मुझे पता नहीं है।'

2. प्रक्षेपण (प्रोजेक्यान)—यहाँ लोग अपनी ही लाक्षणिकताओं को दूसरे पर डालते हैं। जैसे कि कोई व्यक्ति बहुत आक्रामक हो, उसे ऐसा लग सकता है कि अन्य लोग उसके प्रति खूब आक्रामक रुख रखते हैं।

3. नकारना (डिनायल)—इसमें मनुष्य अपने ही सम्मुख उपस्थित वास्तविकताओं को मानने से इनकार करते हैं। उदाहरण के लिए, किसी व्यक्ति का कैंसर का निदान हो तो वह ऐसा ही मान लेता है कि परीक्षण या निदान में कोई भूल होगी।

4. प्रतिक्रिया सृजन (रिएक्सानफॉर्मेशन)—इस बचाव पद्धति में मनुष्य अपनी सच्ची इच्छाओं या भावनाओं की अवगणना करके उनके विरुद्ध क्षेत्र में कुछ करना शुरू कर देता है। उदाहरण के लिए, अपनी यौन इच्छाओं की प्रबलता की अवगणना करके कोई व्यक्ति धार्मिक क्रिया में लिप्त हो जाता है। वह ऐसा मान लेता है कि इन कर्मकांडों द्वारा

वह उस समस्या को हल कर सकेगा। अपनी निजी समस्याओं से पलायन के लिए व्यक्ति 'व्यावसायिक श्रेष्ठता' के पीछे भागता है। वह भी प्रतिक्रिया सृजन का ही एक उदाहरण है।

5. औचित्य-स्थापन (रेशनलाइजेशन)—इस पद्धति में मनुष्य अपनी अनुचित भावनाओं या इच्छाओं को उचित ठहराने की कोशिश करता है। जैसे कि व्यायाम करने का अनुशासन उत्पन्न न कर सकनेवाले व्यक्ति अपने व्यस्त दैनिक जीवन और जिम्मेदारियों को उसके लिए कारणभूत ठहराते हैं।

पीड़ा हमेशा अनुपयोगी नहीं होती। पीड़ा भी मनुष्य के लिए कोई संदेश लेकर आती है। कई बार पीड़ा के पीछे मनुष्य के विकास के संकेत छिपे होते हैं। परंतु मनुष्य इस बारे में सजग नहीं होता, इसलिए यह होता है कि वह सभी प्रकार की पीड़ा से दूर ही भागता है।

The wound is the place
where the light enters you.

~Rumi

अंतरात्मा के साक्ष्य पर

मैं पीड़ा से भागने की कोशिश क्यों करता हूँ? मैं जब पीड़ा को झेल नहीं पाता, दुःख को सहन नहीं कर सकता, उस समय मैं व्यग्र हो जाता हूँ। मैं दुःख या पीड़ा को किसी भी तरह दूर करना चाहता हूँ। उसके लिए मैं कोई-न-कोई रास्ता ढूँढ़ निकालता हूँ। फिर वह पीड़ा मेरे अपने विकास में उपयोगी नहीं बनती। तो क्या इसका अर्थ यह नहीं हुआ कि दुःख सहन कर सकना आध्यात्मिकता है? जब दुःख का अनुभव हो, उस समय कितना जरूरी है कि मैं शांत रहने की साधना करूँ! सहन-शक्ति आध्यात्मिक है!

पीड़ा और बौद्ध धर्म के चार सत्य

मनुष्य अनजाने, अजागति में पीड़ा से भागने का ही नुस्खा खोजता होता है। हालाँकि ये सभी नुस्खे तो अंत में पलायनवाद ही साबित होते हैं। मनुष्य चाहे जितनी कोशिश करे, पीड़ा से भागकर समस्या को हल नहीं कर सकता। उसे लगता है कि दुःख से पिंड छुड़ा लेगा, पर इस तरह दुःख उसका पीछा नहीं छोड़ता। प्रकृति में प्रत्येक बात का प्रयोजन होता है। पीड़ा भी मनुष्य के लिए कोई शुभ संकेत लेकर ही आती है।

बौद्ध धर्म में पीड़ा या दुःख (सफरिंग) के बारे में चार सत्य या सिद्धांत समझाए गए हैं—1. दुःख के विषय का सत्य अस्तित्व है तो दुःख है ही। दुःख वास्तविकता है और उसको स्वीकार करने में ही समझदारी एवं श्रेय है। इसलिए मनुष्य को पीड़ा से भागने के बजाय उसका सामना करना चाहिए।

2. दुःखों का कारण मनुष्य की इच्छाएँ ही उसके दुःखों के लिए कारणभूत होती हैं। मनुष्य के अज्ञान, डर आदि से उसकी इच्छाएँ बहकती जाती हैं। जो व्यक्ति आत्मनिरीक्षण करता है, उसे पता चलता है कि उसके सारे दुःख उसकी इच्छाओं या अपेक्षाओं में से उत्पन्न होते हैं। और उसके मन में अनगिनत इच्छाएँ पैदा होती ही रहती हैं। अपनी इच्छाओं और अपनी पीड़ा व दुःख को जोड़ सकना मनुष्य के लिए एक महत्त्वपूर्ण आध्यात्मिक सिद्धि है।

3. दुःख का निवारण दुःख है तो उसका इलाज है। मनुष्य यह मान ले कि उसके दुःख का कोई इलाज नहीं है, उसके भाग्य में दुःख भोगना ही लिखा है, उसे दुःख सहन करना ही पड़ेगा तो यह उसकी बड़ी भूल है। मनुष्य जीवन में निरंतर दुःख उत्पन्न करनेवाले विष-चक्र से छूट सकता है।

4. दुःख का उपचार—क्या है ? मनुष्य विवेक की साधना द्वारा अपने दुःखों से मुक्त हो सकता है। इसके लिए बौद्ध धर्म में आठ पद्धतियाँ दरशाई गई हैं—सम्यक् समझ, सम्यक् विचार, सम्यक् वाणी, सम्यक् व्यवहार, सम्यक् अर्थोपार्जन, सम्यक् प्रयत्न और सम्यक् ध्यान द्वारा जागृति।

आठों पद्धतियों में एक शब्द, जो सर्वाधिक ध्यानाकर्षक है, वह है सम्यक्। मनुष्य जब सम्यक् रीति से जीने की कोशिश करता है तो अपने आप वह सावधान हो जाता है। अंत में जागृति से ही वह दुःख से मुक्त हो सकता है।

आइंस्टाइन जैसे महान् वैज्ञानिक ने कहा है कि आधुनिक समाज की वैज्ञानिक आवश्यकताओं को संतुष्ट कर सके, ऐसा अनुभवगत धर्म कदाचित् बौद्ध धर्म ही होगा। ऐसा महान् धर्म पीड़ा के बारे में हमें जो सिखलाता है, उस पर चिंतन करें तो हम जीवन के अद्भुत रहस्यों को पा सकते हैं।

Your pain is the breaking of the shell
That encloses your understanding.

~Kahlil Gibran

अंतरात्मा के साक्ष्य पर

पहले तो अपने दुःख के लिए मैं बाहर को ही दोष दे दिया करता था, परंतु उससे दुःख-पीड़ा का आना कम नहीं हुआ। इसलिए अंत में चिंतन की ओर मुड़ना पड़ा। यह दुःख कैसे उत्पन्न होता है? मैंने देखा कि इच्छित कार्य होता है तो दिल खुश रहता है; पर इच्छित नहीं होता हो तो फिर दुःख होता है, चाहे वह कोई परिणाम हो, किसी की ओर से अपेक्षानुरूप व्यवहार हो। यानी 'ऐसे ही होना चाहिए', ऐसी मेरी अपेक्षा संतुष्ट न हो सके तो फिर मुझे दुःख होता है। यह दुःख पैदा न हो, ऐसा कोई मार्ग होगा क्या?

सच्चा धर्म जड़ नहीं होता

बहुत से धर्म या संप्रदाय ऐसे होते हैं, जो अपने अनुयायियों से अंधश्रद्धा का ही आग्रह रखते हैं। उनसे प्रश्न नहीं पूछे जा सकते। बौद्ध धर्म इनमें अपवाद-स्वरूप है। (यह अलग बात है कि कुछ लोग अंधश्रद्धालु और परावलंबी बनकर, किसी भी धर्म या विचार का जड़ता से अनुसरण करके उस धर्म या विचार को बदनाम करते हैं।)

बौद्ध धर्म का कहना है कि पीड़ा संबंधी चार सत्यों का जड़ता या अंधश्रद्धा से अनुसरण नहीं करना है। बौद्ध धर्म का एक सच्चा शिक्षक हमेशा यह कहेगा कि—

- व्यक्ति का नहीं, सिद्धांतों का अनुसरण करो।
- सिद्धांतों के शब्दों को नहीं, उसके मर्म व अर्थ को समझो।
- तोड़े-मरोड़े गए नहीं, बल्कि निश्चित अर्थ को पकड़ो।
- केवल बौद्धिक नहीं, जागृतिपूर्वक समझदारी की अवस्था में अर्थ को समझो।

भगवान् बुद्ध कहते थे कि—

केवल मेरे प्रति आदर से प्रेरित होकर
मेरे धर्म को न समझना और न ही अनुसरण करना।
जिस तरह सुनार सोने को घिसकर-काटकर-पिघलाकर
उसकी जाँच करता है और उसका परीक्षण करता है,
उसी तरह मेरी शिक्षा की आप जाँच कीजिएगा।

कैसे अद्भुत शिक्षक! जिसने अपने अहंकार को पूरी तरह वश में किया हो, जिसका हृदय करुणा से परिपूर्ण हो और जो वास्तव में मनुष्य की उत्क्रांति की गहरी सूझ रखता हो, वही ऐसा प्रगाढ़-प्रगल्भ निवेदन कर सकता है। जो स्वयं अधूरे हैं, अहंकार से मुक्त नहीं हैं, स्वयं जो वृत्तियों के गुलाम हैं, वे ही मतभेद तथा प्रश्नों से बौखला जाते हैं। आज्ञाकारिता का आग्रह आक्रामक और अज्ञानी गुरु ही रखते हैं। जो स्वयं अभी मुक्त नहीं हैं, वे दूसरों को कैसे मुक्ति दिलाएँगे।

प्रश्न पूछना अध्यात्म की बुनियाद है। समझे बिना माथा टेक देनेवालों के लिए यह क्षेत्र नहीं है। श्रद्धा और अंधश्रद्धा के बीच बहुत बारीक भेद-रेखा है। सच्ची जिज्ञासा हो, तभी मनुष्य प्रश्न पूछते हैं, ज्ञान को अपने अनुभवों की कसौटी पर कसते हैं और फिर समझदारी पा सकते हैं।

All religions must be tolerated
for every man must get to heaven in his own way.

~Epictetus

अंतरात्मा के साक्ष्य पर

आज्ञाकारी संतानें माँ-बाप को खूब प्रिय लगती हैं। आज्ञाकारिता का बहुत ऊँचा गुणगान किया जाता है। प्रश्न पूछने को अविवेक और असंस्कार गिना जाता है। ऐसे वातावरण में व्यक्तित्व कुंठित हो जाता है या विद्रोह के सिवा दूसरा कोई मार्ग नहीं बचता। आज्ञाकारिता एक सीमा तक गुण होगी; परंतु भिन्न मत व्यक्त न करने दे, संवाद को प्रोत्साहित न करे, प्रत्येक व्यक्ति की अनन्य यात्रा का स्वागत न करे, वह कैसी संस्कृति? घरों में लोकतंत्र नहीं चलता तो फिर समाज और देश में वह कैसे चलेगा?

मुंडे-मुंडे मार्गभिन्ना

मनुष्य की उत्क्रांति किसी क्रॉसवर्ड की पहेली नहीं है, जिसे थोड़ी माथापच्ची करके हल कर डालें। मनुष्य के विकास को लेकर कितनी सारी धारणाएँ, सिद्धांत, धर्म, पद्धतियाँ और मार्ग हैं। मेरे लिए क्या योग्य है, उसका चुनाव मुझे करना है।

सभी मनुष्यों को सभी आहार माफिक नहीं आते। शक्कर किसी के लिए अमृत तो किसी के लिए विष भी हो सकती है। उसी तरह प्रत्येक मनुष्य को उसके अपने विकास के लिए क्या श्रेयस्कर है, वह स्वयं उसे ही तय करना है। अध्यात्म के मार्ग में सद्गुरु का मार्गदर्शन शुरुआत में सहायक सिद्ध हो सकता है; परंतु अच्छे गुरु या शिक्षक की निशानी ही यह है कि वह अंत में मनुष्य को उसके अंत:करण की तरफ ले जाए। जो शिक्षक अपने शिष्यों को हमेशा अपनी शरण में देखना चाहता है, उनको अपने पर अवलंबित देखना चाहता है, उसे अपने शिष्यों की संभावनाओं पर विश्वास नहीं होगा? जैसे माँ-बाप बालक को अनावश्यक रक्षण देकर उसे कायर बना देते हैं, क्या बाद में वैसा ही इन मनुष्यों की संभावनाओं का नहीं होगा?

"हमारा धर्म श्रेष्ठतर, यह पद्धति श्रेष्ठ, यही सिद्धांत सच्चा, यही मार्ग उचित, बाकी सब बदतर।" ऐसी विचारधारा अत्यंत संकीर्ण तथा अहं-केंद्री है। मेरे लिए क्या अच्छा है, उसका निर्णायक मैं ही हो सकता हूँ; परंतु मेरी समझ और मेरा अनुभव ही अंतिम है, उसके परे कुछ है ही नहीं, यह मानने में छिछलापन है, जागृति या समझदारी नहीं। जो मुझे अनुकूल आता है, वह आपको भी आना ही चाहिए; जो मुझे उपयोगी सिद्ध हुए हैं, वे आपके लिए भी लाभदायक होने ही चाहिए, ऐसा आग्रह वास्तव में नार्सिस्ट (आत्मरत) है। ऐसा कहनेवालों के लिए अन्य मनुष्यों का कोई अलग या अन्य अस्तित्व ही नहीं है। वह अपने पैमाने से ही दूसरों को नापते हैं।

सचमुच में हकीकत तो यह है कि प्रत्येक मनुष्य की अपनी अध्यात्म-यात्रा इतनी अनन्य होती है कि वह बाह्य रूप से चाहे किसी पद्धति का अनुसरण करे, अंत में तो वह प्रभावहीन, व्यर्थ प्रयास या समाधान ही होता है। ऐसे भी लोग हैं, जो एक से अधिक

पद्धतियों या धर्मों में से गुजरते हैं और अंत में सब छोड़-छाड़कर अपनी विशिष्ट राह अपनाते हैं।

जब मनुष्य का दृष्टिकोण व्यापक बनता है, जब वह अपनी संकुचित दुनिया से बाहर निकलकर दूसरों की जिंदगी को आदरपूर्वक समझता है, तब वह उदार बनता है। ज्ञान के क्षितिजों का कोई अंत नहीं है, यह उन्हें समझ में आता है, तब वे वास्तव में विनम्र बनते हैं।

मनुष्य की नम्रता ही उसके ज्ञान और समझदारी का सही लिटमस टेस्ट है। सत्य की खोज में मनुष्य एक ऐसे स्थान पर पहुँच जाता है, जहाँ उसे कोई दुविधा नहीं होती, वह किसी सच-झूठ का तनाव अनुभव नहीं करता। क्या सत्य के प्रकाश में असत्य भी असत्य रहता होगा ?

The shoe that fits one person pinches another;
there is no recipe for living that suits all cases.

~*Carl Jung*

अंतरात्मा के साक्ष्य पर

मुझे बार-बार ऐसी परिस्थिति का सामना करना पड़ता है, जब नैतिकता या आदर्शवाद कुछ और कहते हों, पर मेरा मन उसे मानता ही न हो तथा कुछ और ही चाहता हो। मुझे पता है कि मन का कहा करता रहूँगा तो उसे बुरी आदत पड़ेगी। मन को मारूँगा तो मुझे चैन नहीं पड़ेगा। मन के साथ बहुत चतुराई से काम लेना पड़ता है। मुझे वास्तव में बोध होना चाहिए। ऐसा होना चाहिए कि मन अश्रेयस्कर कामों में से वास्तव में हट जाए, अलिप्त हो जाए। यदि ऐसा हो, तभी उस संघर्ष और कलह का अंत आ सकेगा।

सच्ची आध्यात्मिकता, सच्चे गुरु

ऐसा भी नहीं है कि शरणागति या आज्ञाकारिता एकदम ही निरुपयोगी तथा विकास-विरोधी बातें हैं। बालक को आज्ञाकारिता सिखाने के पीछे भी उद्देश्य है। बालक को असीमित स्वतंत्रता दे दें तो वह मनमानी ही करेगा, स्वच्छंदी हो जाएगा और अंत में यह होगा कि खराब आदतें ही उसके चरित्र में बुन जाएँगी। इसलिए माता-पिता को कुछ बातों में बालक निश्चित रीति से व्यवहार करे, ऐसा आग्रह रखना पड़ता है। उसी तरह ही क्यों व्यवहार करना है, यह बालक से कहना पड़े या न भी कहा जाए। एक बार बालक वैसा व्यवहार करने का अभ्यास करे, वैसा करने में सफल हो, फिर माँ-बाप की उस बात के संदर्भ में नैतिकता की बात उसे सरलता से समझ में आ जाती है।

परंतु ऐसी ही शिक्षा जीवन भर चले तो भयंकर दुर्घटना हो जाए। जो बचपन में सही है, वह युवावस्था में सही नहीं होता। प्रत्येक मनुष्य के व्यक्तित्व की अनन्यता निखरे, इसके लिए उसकी अपनी स्वतंत्रता और भूलें करने, भूलों में से सीखने का अवकाश मिलना चाहिए। संक्षेप में, मनुष्य का जो विकास होना चाहिए, बचपन से ही वह बहुत सूझ-समझ और विवेक की माँग करता है।

मूलशंकर नामक बालक ने मंदिर के शिवलिंग पर चूहे को घूमते देखा। उसने गुरुजी से प्रश्न पूछा कि ईश्वर स्वयं अपना ध्यान तो रख नहीं सकते, फिर हमारा कहाँ से रखेंगे? यह तेजस्वी बालक का तेजस्वी प्रश्न था। गुरु को यह तेजस्विता दिखी। उन्होंने शिष्य को मुसकराते हुए सुना, उसका प्रेम से स्वागत किया। गुरु-शिष्य के बीच एक आदर और आत्मीयता का संबंध बना। फिर मूलशंकर ने आज्ञाकारिता से गुरु के आदेशों को माना भी होगा। परिणामस्वरूप हमें स्वामी दयानंद सरस्वती (पूर्व नाम मूलशंकर) मिले।

तदुपरांत, श्रीरामकृष्ण के बचपन की बात भी रोचक है। उनके गुरु-पद पर थीं भैरवी ब्राह्मणी। रामकृष्ण को बहुत सी स्वादिष्ट चीजें खाने का मन करता था। भैरवी ने उन्हें मना नहीं किया, टोका नहीं, उपदेश नहीं दिया। खाने-पीने के व्यंजनों से भरे एक कमरे में उन्होंने रामकृष्ण को रखा और कहा, 'जितना भाए, जितना खाना हो उतना खा।' एक-दो और

पाँच दिन बीते और रामकृष्ण ने प्रार्थना की कि मुझे बाहर निकालो कि अब मेरा मन भर गया है। भैरवी ने मन का दमन किए बिना ही रामकृष्ण को पाठ मिले, वैसा किया। सच्चे गुरु की यह लाक्षणिकता है। वह बाहर से कुछ लादते नहीं, बल्कि विकास अंदर से हो, वैसा मार्गदर्शन देते हैं। अलबत्ता, यह बात अत्यंत सावधानी और सूक्ष्म परिप्रेक्ष्य में समझनी है। हमें व्यंजनों के भंडार में डाल दिया तो हमारा आध्यात्मिक विकास हो जाए, यह जरा भी जरूरी नहीं। सच्चे गुरुओं में किसे, कब, क्या मार्गदर्शन देना है, इसका विवेक होता है।

ऐसे जीवन शिक्षक बहुत कम होते हैं। उनकी शिक्षा उनके अपने निजी जीवन तथा आचरण में से प्रकट होती है। उनका जीवन ही उनकी शिक्षा का प्रमाण होता है। वे किसी मनुष्य को बदल डालने या कन्वर्ट करने का प्रयास नहीं करते। उनका प्रेम और उनकी करुणा सभी को एक समान रूप से प्राप्य होती है। हजारों वर्षों में शायद ऐसा एकाध शिक्षक जन्म लेता होगा!

You have to grow from the inside out.
None can teach you, none can make you spiritual.
There is no other teacher but your own soul.

~Swami Vivekanand

अंतरात्मा के साक्ष्य पर

मुझे जब भी कुछ सीखने की उत्कट इच्छा होती है, तब मुझे सीखने के लिए कोई शिक्षक मिल ही जाता है। मुझे संगीत सीखना था तो आस-पास शिक्षक मिल गए। मुझे पुस्तकें पढ़नी थीं तो पुस्तकालय मिल गया। मुझे वास्तव में कुछ सीखना हो तो परिस्थिति बन ही जाती है। आसपास प्रेरणास्रोतों की कहाँ कमी है! कमी है तो मेरे सीखने की उत्कटता की ही। प्रश्न यह है कि मुझे क्या सीखने की उत्कट इच्छा है? मेरा जीवन मुझसे क्या चाहता है?

अध्यात्म अर्थात् जीवन के लिए प्रेम

अध्यात्म केवल बुद्धि का विषय नहीं है। हमारे अस्तित्व के अन्य बहुत से आयाम तथा परिमाण हैं। किसी भी अटपटी बात को सरलता से समझा जा सकता है, भले ही उसे समझाया न जा सके। अध्यात्म का पर्याय भी अंततः तो 'जीवन के लिए प्रेम' कहा जा सकता है।

मनुष्य जीवन में रहस्यों की खोज किसलिए आरंभ करता है? उसे सुंदर, सफल और सार्थक जिंदगी क्यों जीनी है? उसे सत्यनिष्ठ होकर क्यों जीना है? अंततः इन सबका प्रेरक बल तो जीवन के लिए प्रेम ही है न! जब हमें यह अहसास हो जाए कि जीवन कितना अमूल्य है और जीवन के ऐसे बहुमूल्य अवसर को बरबाद करने में कलेजा काँप उठे, तब ही हम फिर जीवन को अपने हाथ में उठाते हैं। मनुष्य के हृदय का शुद्ध, सच्चा और उत्कट जीवन-प्रेम ही समस्त शुभ एवं श्रेष्ठ बातों का उद्‌गम-स्थल है।

कबीर ने दो पंक्तियों में इस विवेक का सार कैसी भव्यता से व्यक्त कर दिया है—

पोथी पढ़ि-पढ़ि जग मुआ, पंडित भया न कोय।
ढाई आखर प्रेम का, पढ़े सो पडित होय।।

कबीर द्वारा अपने जमाने में कही गई बात यह बताती है कि जमाना भले ही बाहर से बदलता हो, उसकी तासीर नहीं बदलती। जब इंटरनेट, गूगल, इ-बुक नहीं थे, उस समय भी उनका निरीक्षण था कि पूरी दुनिया में लोग पुस्तक पढ़-पढ़कर मर जाते हैं, पर उससे कोई ज्ञानी नहीं हो जाते। जब तक मनुष्य प्रेम नहीं सीखता, तब तक वास्तव में उसका जीवन सार्थक नहीं होता।

मनुष्य के जीवन में यह प्रेम जाग्रत हो, उसकी ज्योति निरंतर प्रज्वलित रहे, उसके प्रत्येक क्षण में, उसकी नस-नस में यह प्रेम बहे, उसके समस्त वाणी-आचरण-व्यवहार में इस प्रेम को अनुभव किया जा सके, यदि वह आध्यात्मिकता नहीं है तो फिर क्या है?

परंतु इस प्रेम का कैसे जागरण किया जाए? प्रेम को 'पढ़ना' या सीखना कैसे? यही एक प्राण प्रश्न है। जैसा कि पहले कहा है कि जितने सिर, उतने मार्ग हो सकते हैं। किसी के लिए मृत्यु स्मरण, किसी के लिए ध्यान तो किसी के लिए पूजा-पाठ-नमाज भी काम कर सकता है। सब करने के बाद यह बत्ती जलनी चाहिए कि हृदय में प्रेम प्रकट हुआ या नहीं? यह प्रेम अंततः तो अपने ही हृदय में छिपा हुआ है। उसे कहीं बाहर से नहीं लाना है।

इसलिए हमें बार-बार यही रटना होगा कि अंततः अध्यात्म जीवन है। यथार्थ और वास्तविक जीवन केवल मनगढ़ंत खयाल और शास्त्रार्थ नहीं। अपनी भ्रांतियों की दुनिया में हम जो हैं वह नहीं, बल्कि वास्तव में विकास करना है। परंतु अभी समस्याएँ तो अपार हैं ही।

You cannot swim for
new horizons untill
you have courage to lose
sight of the shore.

~William Faulkner

अंतरात्मा के साक्ष्य पर

क्या मुझे जीवन के प्रति प्रेम है? मुझे जीवन की कितनी कद्र है? क्या मैं स्वीकार करता हूँ कि जीवन क्षणभंगुर है? एक क्षण में तो मेरा जीवन था या नहीं हो सकता है? तो क्या मेरी यह समझ मात्र बौद्धिक है या मेरे दैनिक जीवन में दिखती है? क्या मेरा आज का दिन अंतिम हो तो मैं जिस तरह जी रहा हूँ, वैसे ही जीऊँ? अगर नहीं, तो फिर क्या मतलब है मेरी इस समझ का? जीवन के लिए प्रेम को अपने हृदय में किस तरह प्रकट करूँ? मेरा जीवन हर दिन प्रेमांजलि कैसे बना रहे?

विचार संस्कारों की गति का नाम है। विचारों को दिमाग में भरने को शिक्षा कहा जाए। विचार संग्रह को विद्वत्ता कहा जाए। विचारों के आधार पर जीना समाज-मान्य है। ध्यानमार्गी जब विचारों का आधार छोड़ देता है और समझ का मार्ग पकड़ता है, तब अवधान का उदय होता है। एक ओर मौनावस्था की अवधि बढ़े, दूसरी ओर समझ के आधार से जीने का साहस करना। ध्यानावस्था की जागृति के लिए दोनों का संयोग अनिवार्य है। दोनों की संयुक्त शक्ति नए आयाम का सृजन करती है।

~विमला ठकार

प्रकरण 3

प्रवेश

अंतःकरण की समझदारी

प्रकरण 2

स्वाध्याय

मनोविज्ञान की बुनियाद

प्रकरण 3

प्रवेश : अंतःकरण की समझदारी

सूक्ष्म शरीर तथा इंद्रियाँ

जीवन के बारे में कम सोचनेवाले भी इतना तो जानते हैं कि मनुष्य का अस्तित्व केवल भौतिक नहीं है। भले उसका शरीर पंच महाभूतों का बना हुआ हो, परंतु उसके पास मन है, विचार है, कल्पना है, वृत्तियाँ हैं। ये सभी स्थूल या भौतिक नहीं हैं। हम इन्हें निरी आँखों से देख नहीं सकते। हम इन सबके बारे में बहुत कम जानते हैं।

जैसे कि मनुष्य की मृत्यु के बाद उसका शरीर तो राख हो जाता है, पुनः पंचमहाभूतों में मिल जाता है; परंतु उसके मन का क्या होता है? उसके अंदर वाकई आत्मा होती है? क्या आत्मा दूसरा शरीर धारण करती है? क्या सचमुच पूर्वजन्म तथा पुनर्जन्म हकीकत हैं? ऐसे कई प्रश्न हमारे अंदर होते हैं। उनसे संबंधित दावे, धारणाएँ व दलीलें समाज में प्रवर्तमान हैं; परंतु सामान्य मनुष्य को इन सबके सत्य की अनुभूति सरलता से प्राप्य नहीं है।

परंतु मन का अनुभव तो सभी कर सकते हैं। क्रोध मन में आता है, पर उत्तेजना शरीर में फैलती है। डर मन में लगता है, पर रोएँ शरीर के खड़े होते हैं। मनपसंद व्यंजन की कल्पना करने पर मुँह में पानी आ जाता है। शरीर को चीर-फाड़कर भी हम इस क्रोध-डर-कल्पना को खोज नहीं सकते। क्योंकि यह स्थूल नहीं है, सूक्ष्म है। हम इनका अनुभव करते हैं, इसलिए इनके अस्तित्व से इनकार नहीं किया जा सकता। तो क्या जिस तरह मनुष्य का स्थूल शरीर है, उसी तरह उसका सूक्ष्म शरीर भी होगा? क्या है यह सूक्ष्म शरीर?

बालकों को हम शरीर का ज्ञान तो देते ही हैं। जीव-विज्ञान में बालक सीखता है कि मनुष्य के शरीर की पाँच मूल इंद्रियाँ हैं—आँख (देखने के लिए), कान (सुनने के लिए), नाक (गंध के लिए), जीभ (स्वाद के लिए) और त्वचा (स्पर्श के लिए)। ये पाँचों मनुष्य की ज्ञानेंद्रियाँ कहलाती हैं, क्योंकि इन पाँचों इंद्रियों द्वारा ही मनुष्य जीवन का ज्ञान प्राप्त करता है। अगर उसकी कोई इंद्रिय रोगग्रस्त हो, काम न करती हो तो उसे

सामान्य जीवन जीने में बहुत कठिनाई होती है। कोई एक इंद्रिय दूसरे का स्थान नहीं ले सकती या दूसरे का काम नहीं कर सकती।

बचपन में हमें शरीर के अंगों के बारे में भी सिखाया जाता है। मनुष्य अपनी समस्त दैनिक क्रियाएँ अपने दो हाथ, दो पैर और मुख व जीभ द्वारा करता है। इसलिए इन पाँच अंगों को कर्मेंद्रियाँ कहते हैं। इन पाँचों में से भी कोई एक अंग काम न करता हो, तो मनुष्य पंगुता अनुभव करता है। यहाँ भी हाथ का काम पैर, पैर का काम जीभ नहीं कर सकती। काम-काज के लिए इन इंद्रियों या अंगों का उपयोग होने के कारण हम इनको बाह्यकरण भी कह सकते हैं।

मनुष्य अपना जीवन पाँच ज्ञानेंद्रियों और पाँच कर्मेंद्रियों से जीता है। परंतु वास्तव में, वह केवल शरीर से नहीं जीता है, मन से भी जीता है। तो क्या मन की इंद्रियाँ नहीं हैं? क्या मन के अंग नहीं हैं? शरीर के विषय में हमें ज्ञान मिला, परंतु मन के विषय में तो हम अँधेरे में ही रह गए!

To confine our attention to terrestrial matters would limit the human spirit.

~Stephen Hawking

अंतरात्मा के साक्ष्य पर

मन क्या है? मन कहाँ है? पहले मुझे ऐसा लगता था कि मन मस्तिष्क के अंदर है। परंतु मस्तिष्क में जैसे श्रवण, स्वाद, दृष्टि आदि के केंद्र ज्ञात हैं, वैसा तो मन के लिए नहीं है। मुझे कोई इच्छा होती है, कुछ करने का मन हो आता है तो वास्तव में वह कहाँ होता है? अगर वह इच्छा पूरी करूँ और उससे पूर्ण संतोष होता हो तो वह कहाँ होता है? अगर हृदय में संतोष की भावना होती है तो क्या मन हृदय में है? मनोबल यह मन का बल है तो वास्तव में वह मस्तिष्क में है या हृदय में?

अंतःकरण एवं अंतर्वृत्तियाँ

हम शरीर से बाहर जीते हैं और कार्य करते हैं। वैसे ही मन के अंदर भी जीते हैं और कार्य करते हैं। जैसे हम बुद्धि से विचार करते हैं, मन में कल्पना करते हैं। संक्षेप में, बाह्यकरण की ही भाँति हमारे पास अंतःकरण भी होते हैं। परंतु उनके बारे में हमें किसी ने कभी भी कुछ सिखाया नहीं है।

हमारे चेतना-तंत्र में मस्तिष्क, मेरुदंड तथा चेतनाएँ होती हैं, ऐसा हम जानते हैं। अध्यात्म-विज्ञान में मनुष्य को तीन मस्तिष्कोंवाला प्राणी माना जाता है।

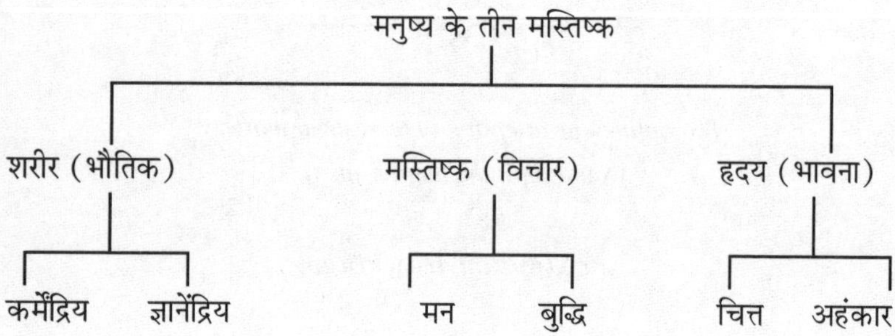

हमारे पास चार अंतःकरण (सूक्ष्म इंद्रियाँ) हैं—मन, बुद्धि, चित्त तथा अहंकार। जिस तरह बाह्य इंद्रियों तथा करणों की निश्चित भूमिका एवं कार्य है, उसी तरह इन चारों अंतःकरणों की भी अलग-अलग भूमिकाएँ तथा कार्य हैं। मन में इच्छा व विचार पैदा होते हैं, बुद्धि तर्क एवं शंका करती है, चित्त राग-द्वेष के अनुभव तथा अंतर्दर्शन के लिए है एवं अहंकार द्वारा हम अपने विषय में मान्यताएँ बनाते हैं। ये चारों अंतःकरण यदि मनुष्य के वश में न हों तो उसकी जिंदगी नरक बना सकते हैं, व्यर्थ कर सकते हैं।

इसी तरह हमारे भीतर छह चित्तवृत्तियाँ होती हैं—काम (विषय-वासना), क्रोध (क्रोध),

मद (अभिमान), लोभ (असंतोष), मोह (आकर्षण) और मत्सर (ईर्ष्या)। ये वृत्तियाँ भी यदि मनुष्य पर सवार हो जाएँ और मनुष्य को गुलाम बना लें तो मनुष्य के समग्र जीवन पर ग्रहण लगा सकती हैं।

ये अंत:करण और अंत:वृत्तियाँ हमारे वश में नहीं होतीं। इन्हें अपने नियंत्रण में रखे बिना जीवन हमारे नियंत्रण में नहीं आता। हम सब के लिए यही समस्या और चुनौती है, अंत:करण तथा चित्तवृत्तियों का स्वामी किस तरह बना जाए?

Reality exists in the human mind,
and nowhere else.

~George Orwell

अंतरात्मा के साक्ष्य पर

मुझे ईर्ष्या होती है तो मेरा जी जलता है। मुझे ऐसा क्यों होता है? यदि किसी के पास कुछ भी है, जो मेरे पास नहीं है तो उसकी जलन मुझे क्यों होती है? मुझे इस तरह ईर्ष्या होती है, वह जरा भी अच्छा नहीं लगता। मेरा वश चले तो कभी भी ऐसा भाव अनुभव ही न करूँ। परंतु अपने आप ऐसा भाव हो ही जाता है। मुझे अचरज तो इस बात का होता है कि जैसे ईर्ष्या से मेरा जी जलता है, वैसा औरों का नहीं जलता। तो फिर मुझमें ही ऐसा भाव क्यों आता है? इस भावना पर मेरा वश क्यों नहीं चलता?

मन : इच्छाओं और विचार-स्मृति का उपद्रव

अंत:करण यानी हमारी भीतरी इंद्रिय। सामान्यतया हम अंत:करण को ही मन कहते होते हैं; परंतु अध्यात्म-विज्ञान की दृष्टि से वास्तव में मन तो चार अंत:करणों में से एक है।

यह मन इच्छाओं का जन्म-स्थान है। हमारा मन करता है कि ऐसा करें, उसे पा लें, उसे भोग लें¨। ये सभी इच्छाएँ जहाँ पैदा होती हैं, वह क्षेत्र है मन। मन के भीतर विचार भी निरंतर चलते रहते हैं। सामान्यतया इन विचारों पर हमारा अंकुश नहीं होता है। विचार-शृंखला की कड़ियाँ तार्किक नहीं होतीं। बस, विचार निरंतर चलते रहते हैं। ये विचार वास्तव में जीत में से बनते हैं। हमने कुछ सुना तो वे शब्द हमारी स्मृति में अंकित हो जाते हैं और बाद में इस स्मृति में से विचार उत्पन्न होते रहते हैं। उदाहरण के लिए, कोई मनपसंद गीत सुना हो तो उसकी पंक्तियाँ मन में घुमड़ती ही रहती हैं, ऐसा अनुभव आपको हुआ है? निरीक्षण कीजिएगा कि मन में कैसे-कैसे विचार आते हैं और उस विचार, उन शब्दों का उद्‌गम-स्थल क्या था?

साथ ही जीवन में हमें खट्टे-मीठे अनुभव होते हैं। उनकी छाप भी मन पर रह जाती है। हम अनुभव में से कोई मान्यता बना लेते हैं, उस विचार के साथ बँध जाते हैं। ऐसी ग्रंथियों को हम पूर्वग्रह के रूप में भी पहचानते हैं। यदि आग से जल जाने का अनुभव हो तो आग से दूर रहने का मनांकन (बिंब) बनता है।

मन का यह प्राथमिक परिचय हुआ। पर यह समझना बहुत जरूरी है कि मन का हमारे जीवन पर कैसा वर्चस्व है।

मन का स्वभाव ही इच्छाएँ पैदा करना है। मनुष्य को कुछ-न-कुछ चाहिए होता है। उसे लगता है कि इच्छा पूरी करने से उसे जीवन में सुख और संतोष मिलेगा। किसी को डॉक्टर बनना है तो किसी को कलाकार, किसी को धनवान बनने की इच्छा है तो किसी को विख्यात होना है। किसी को मोटर-कार चाहिए तो किसी को घर। यह खाना है, वह पीना है, फलाँ चीज चाहिए है—ऐसी-ऐसी इच्छाएँ मन में उठती ही रहती हैं।

एक बालक को कोई इच्छा होती है तो उसे पूरा करने के लिए वह कैसी जिद करता है! यह मन की बालदशा है। जो इच्छा मन में हुई, वह पूरी होनी ही चाहिए! बालक के

मन को तो बड़े लोग कुछ भी करके नियंत्रित करते हैं; पर बालक बड़ा हो, स्वतंत्र हो, उसके बाद परिस्थिति बदल जाती है। अब उसे कोई रोकने-टोकनेवाला नहीं है। मान लें कि वयस्क शरीर के व्यक्ति का मन तो अभी बालदशा में ही है। बचपन में खिलौने की इच्छा थी, अब नया मोबाइल या नई कार चाहिए। इच्छाओं पर मनुष्य का काबू नहीं है, मनुष्य पर इच्छाओं का कब्जा है।

आगे चलकर इच्छाएँ स्वामी बन जाती हैं और मनुष्य गुलाम। और फिर इच्छाएँ मनुष्य को मजदूर बना देती हैं। इच्छाएँ जैसी आज्ञा करें, वैसे ही मनुष्य बेचारा काम में जुट जाता है। मनुष्य वास्तव में परिपक्व हो जाता है तो वह इच्छाओं के वश में यूँ ही नहीं हो जाता। वह इच्छाओं से प्रश्न पूछता है, उनकी उपयोगिता जानता है, उनकी सार्थकता की जाँच करता है। और इस तरह वह उचित इच्छाओं को ही परिपूर्ण करने के लिए मेहनत करता है।

The real problem is the mind itself,
and not the problem which
the mind has created and tries to solve.
If the mind is petty, small, narrow,
limited, however great and complex.
the problem may be, the mind approaches that
problem in terms of its own pettiness.

~J. Krishnamurti

अंतरात्मा के साक्ष्य पर

मुझे कैसी-कैसी इच्छा होती है, उसकी रीति बहुत अजीब है। कभी मुझे कुछ खाने की बहुत उत्कट इच्छा हो जाती है। मैं उसे खा लूँ तो उस समय तो वह इच्छा पूरी हुई; परंतु फिर थोड़े समयांतराल पर उसे खाने के लिए इच्छा होती ही रहती है। तो साथ ही कुछ समय के बाद मन ऐसा भर जाता है कि उस वस्तु को खाने का जरा भी मन नहीं होता। कभी-कभी तो उस वस्तु से जुगुप्सा भी हो जाती है। थोड़े समय के बाद फिर वही की वही इच्छा जन्म ले! कभी किसी व्यक्ति के लिए भी ऐसा ही अनुभव होता है। ऐसा क्यों होता है ?

इच्छाओं के चरम : दमन एवं स्वच्छंदता

जो जीवन तथा अध्यात्म के विषय में बिल्कुल अजाग्रत एवं अज्ञानी हैं, उनका जीवन उलझनों और दुविधाओं से भरा हुआ होता है। उन्हें पता ही नहीं होता कि उनके मन में इच्छाएँ क्यों और कैसे पैदा होती रहती हैं और उनका क्या करना चाहिए?

एक तरफ मन की इच्छाएँ निरंतर कुलबुलाती रहती हैं। ये इच्छाएँ मनुष्य को चैन से नहीं रहने देतीं। जैसे कोई मनुष्य इंद्रिय-सुखों के पीछे दौड़ता है। जब वह सुख भोग रहा होता है, तब उसे ऐसा लगता है कि वह स्वर्ग में है। तत्काल ऐसा भ्रम भी होता है कि प्राप्ति हो गई, संतोष मिल गया। परंतु उसे संतोष होता नहीं। थोड़े समय के बाद पुनः और अधिक तीव्रता से वह इच्छा उठती है। उसकी इच्छाएँ और अधिक भड़कती रहती हैं। इंद्रिय-सुख के विषयों की मानो लत लग जाती है। और इच्छा-पूर्ति की ऐसी लत में ही जीवन बरबाद हो जाता है। यह स्वच्छंदता की राह है। यहाँ मनुष्य इस तरह सोचता है कि इच्छाओं को मारना नहीं चाहिए, उन्हें भोग लेना चाहिए। उनको दबाने से क्या लाभ?

मन की इच्छाओं की शरणागति का ऐसा अंजाम होता देख दूसरे मनुष्यों के अंदर प्रतिक्रिया का जन्म होता है और वे इच्छाओं के विरुद्ध विद्रोह करते हैं। वे सारी इच्छाओं को दबाते हैं, सादगी भरा जीवन अपनाते हैं। वे मन से कहते हैं कि तुझे कुछ नहीं मिलेगा, जा। मन को वे इच्छा-वृत्तियों के सुख से वंचित रखते हैं। उन्हें लगता है कि मन को पता चले कि बॉस कौन है! तू नहीं मैं, यह दमन की राह है। दमन से मन की इच्छाएँ केवल उसी समय तक के लिए दब जाती हैं। जो दमन करते हैं, उन्हें इच्छाओं की शक्ति का कोई अंदाजा नहीं होता। अगर मान लें कि कोई दमन करने में सफल होता है तो भी उसे यह बात समझ में नहीं आती कि इच्छाओं के साथ वह सुख और आनंद का भी दमन करता है। यदि जीवन में आनंद नहीं है तो फिर जीवन का उद्देश्य क्या है?

दमन, यानी मानो कोई ऊँची चढ़ाई चढ़ना। मनुष्य चाहे जितनी कोशिश करे, थोड़ी देर में उसकी साँस फूल जाती है। वह हाँफ जाता है। फिर वह वहीं पर बैठ जाएगा या फिर

मंद गति से आगे जाएगा। स्वच्छंदता, यानी ढलान पर दौड़ने जैसा है। उसमें लुढ़कने या प्राणघातक दुर्घटना का भय रहता ही है।

स्वच्छंदता और दमन दोनों से अंतत: मनुष्य को कोई लाभ नहीं होता। जीवन में हमेशा की तरह मनुष्य को दो चरमों की जगह कोई तीसरी उच्च राह अपनानी होती है।

जो मनुष्य जाग्रत हैं, वे दमन एवं स्वच्छंदता के चरमों से दूर रहते हैं। वे संयम की राह अपनाते हैं। वे मन की सारी इच्छाओं को मार भी नहीं देते, न ही बुद्धि को गिरवी रखकर मन की शरण में जाते हैं। यह एक जागृतिपूर्वक होनेवाली यात्रा बन जाती है, जिसमें मनुष्य समझदारी को गढ़ते-गढ़ते अंत में मन एवं इच्छाओं पर विजय प्राप्त करता है।

The greatest wealth is
a poverty of desires.

~Lucius Annoeus Seneca

अंतरात्मा के साक्ष्य पर

जीभ का चटोरापन कैसे भयंकर परिणाम देता है! तीखा, तला हुआ खाना अच्छा लगता है और पेटू की तरह खाने से पेट खराब हो जाता है। कड़ी चाय-कॉफी पीना मुझे बहुत पसंद था। इच्छा बेकाबू हुई। दिन में अनगिनत कप पीने लगा। जब स्वास्थ्य खराब हुआ तब मनमाना खाने-पीने का परिणाम समझ में आया। अभी भी खाने-पीने की इच्छाएँ होती हैं; परंतु अत्यंत हानिकारक पदार्थों को छूने का मन नहीं होता। मन बदलता है! परंतु मैं देखता हूँ कि सभी का मन नहीं बदलता! ऐसा क्यों?

शब्द, स्मृति और संस्कारों की मर्यादा

जन्म के समय बालक का मन शब्दों से मुक्त होता है। बालक का नामकरण होने के साथ उसके कानों में शब्द पड़ने शुरू हो जाते हैं। धीरे-धीरे वह भाषा सीखता है। उसका यह भाषा-शिक्षण जीवन व्यवहार में महत्त्वपूर्ण भूमिका निभाता है।

परंतु इस समग्र प्रक्रिया का गौण उत्पाद यह है कि शब्दों एवं भाषा से उसके मनांकन भी गठित होते जाते हैं। इन मनांकनों का ऐसा चश्मा बन जाता है, जिससे मनुष्य विश्व को देखना शुरू कर देता है। जैसे आँखों को मोतियाबिंद हुआ हो तो कैसा क्षार जम गया होता है और सबकुछ धुँधला दिखता है! या फिर अलग-अलग रंग के गोगल्स से वस्तुओं का रंग भी अलग-अलग दिखता है। इसी तरह हमारे मन में भी शब्दों, अनुभवों और विचारों से मनांकन बनते हैं। कल्पना कीजिए कि आँख पर ऐसा चश्मा है, जिसका काँच अनेक प्रकार का है और जो देखते हैं, उसके मुताबिक बदलता ही रहता है। इसके कारण हम कभी भी वस्तु को वैसा तो देख ही नहीं पाते, जैसी कि वह है। हम उसे 'कंडीशनिंग' भी कहते हैं। जो गौण उत्पाद था, अब बड़ी-बड़ी आफत बन जाता है।

अब हम पूर्वग्रह-ग्रस्त हो गए हैं। यानी कि हम मनांकनों से मुक्त होकर विश्व को नहीं देख सकते हैं। मनांकनों से ही देखने के कारण हम अस्तित्व को, वह जैसा है वैसा, नहीं देखते हैं।

अब हम अपनी स्मृति, अपने विचार अपने मनांकन के अनुसार सब देखते हैं। हम सबकुछ जिस तरह देखते हैं, उसमें हमारे चश्मे के काँच की बात अधिक रहती है।

उदाहरण के लिए—बालक से कहें कि यदि तू दूध नहीं पिएगा तो पुलिस या साधु उसे पकड़ ले जाएगा। बालक के मन में एक विचार का बीज पड़ता है। वह दूध तो पी लेगा, परंतु पुलिस और साधु के लिए पूर्वग्रह-ग्रस्त हो जाएगा। पुलिस को वह उन शब्दों, वाक्यों, स्मृति और उनमें से उत्पन्न हुए पूर्वग्रह द्वारा ही देखेगा। पुलिस या साधु को देखकर उसे कभी भी सुरक्षा या मैत्रीभाव अनुभव नहीं होगा। दूध तो पिया जा चुका, पर मन विकृत हो गया, डरपोक बन गया। केवल देखने से नहीं, बल्कि 'पुलिस' या 'साधु'

शब्द से ही वह स्मृति और प्रतिमा मन में आ जाने वाली है। बालक को प्रतिदिन ऐसा डर दिखाकर दूध पिलाया जाए तो विचार कीजिए कि हम बालक के मन की कैसी दशा कर डालते हैं? हम जाग्रत नहीं होते, परंतु ऐसी बातों से हम बालक को संस्कारित करते हैं।

जन्म से ऐसे लाखों मनांकन बनते हों तो मनुष्य की क्या हालत होती होगी, उसकी कल्पना करके देखें।

बस, अंधे लोग हाथी के एक अंग को हाथी का स्वरूप मान लें, उसी तरह हम अपनी सीमित दृष्टि को सत्य मानकर जीते रहते हैं। ये सारी बातें गहराई से तभी समझ में आती हैं, जब हम अपने जीवन की भूमिका से यह सब समझ सकें। हमारी स्मृति, हमारी मान्यताएँ, हमारे डर, हमारे संस्कार क्या हैं, उसका पता आत्मावलोकन किए बिना कहाँ से चलेगा!

Linguistic danger to spiritual freedom,
every word is a prejudice.

~Friedrick Nietzsche

अंतरात्मा के साक्ष्य पर

मुझे कई तरह के डर लगते हैं! बहुत से डर समझ में आएँ, ऐसे हैं; जैसे कि आग का डर, तैरना न आता हो तो गहरे पानी का डर, साँप का डर समझ में आता है, पर छिपकली या तिलचट्टे का डर? यह तो कोई उचित डर नहीं है! इन सभी डरों के पीछे बचपन का कोई अनुभव है? कोई घटना, कुछ पढ़ा हो, कोई फिल्म देखी हो या किसी ने डराया था, उससे यह डर पैठ गया है? क्या विवेक व समझदारी से यह डर दूर हो सकता है? संपूर्ण रीति से भयमुक्त होना संभव है? क्या है यह डर?

बुद्धि : शंका, तर्क एवं अनिर्णायकता

अंतःकरण की दूसरी इंद्रिय है—बुद्धि। बुद्धि द्वारा हमें विश्लेषण करके निर्णय लेने होते हैं। परंतु बुद्धि हमारे नियंत्रण में नहीं है। इसलिए वह दोनों तरफ दलीलें करती रहेगी। वह एक तरफ जोरदार दलीलें करती है तो हमें ऐसा लगने लगता है कि इसके पक्ष में निर्णय ले लें। तभी वह दूसरी तरफ के लिए ऐसे तर्क देने लगेगी कि हमें ऐसा लगे कि नहीं, इस तरफ का निर्णय ज्यादा अच्छा है। इस तरह, मानव-बुद्धि घड़ी के लोलक की भाँति दोनों तरफ के लिए दलीलें देती रहती है और मन की इच्छाओं के साथ शंकाओं को जोड़ देती है।

जब हम कोई वस्तु खरीदने के लिए दुकान पर जाते हैं, तब दुकानदार हमें विकल्प देता है। एक में कुछ अच्छाई है तो दूसरे में कुछ और अच्छाई है। दोनों में कुछ-न-कुछ नहीं है। एक को खरीदने का निर्णय लेने जाएँ तो दूसरे को लेने पर क्या खोएँगे, इसकी दलीलें बुद्धि आरंभ कर देती है। दूसरी को खरीदने की ओर बढ़ें, तब बुद्धि पहले विकल्प की अच्छाइयाँ बताने लगती है। हम उलझ जाते हैं और सिर खुजलाते हैं।

यह तो छोटी बात का उदाहरण हुआ। जो अध्यात्म के पंथ पर हैं, उन्हें तो बुद्धि के प्रताप का परचा मिला करता है। कभी ऐसा हो जाता है कि सबकुछ छोड़-छाड़कर निःस्वार्थ भाव से काम करें। तब बुद्धि तुरंत बताने लगती है कि पेंशन नहीं बनेगी, अभी पर्याप्त पूँजी नहीं है, जिससे पूरी जिंदगी मौज कर सकें। अभी जरा रुक जाएँ, थोड़े वर्षों में थोड़ा और जमा कर लें। यानी 'मनपसंद कार्य आरंभ करने' पर ब्रेक लग जाती है। वापस अभी संसार में जुड़े नहीं कि बुद्धि तुरंत कहने वाली है कि इन सबका क्या अर्थ है? उलझन का चक्र आरंभ हो गया। यह सब अजाग्रत बुद्धि का प्रताप है।

बुद्धि भी मनुष्य के जीवन में एक साधन बनने की जगह उसके जीवन की कर्ता-धर्ता बन जाए तो क्या-क्या हो सकता है? एक तो मनुष्य का जीवन अनिर्णायकता में फँस जाएगा। वह चिंतित तथा असमंजस में ही रहेगा। अथवा वह निर्णय ले ले तो भी बुद्धि की दूसरी ओर की दलीलों से वह शंकित रहेगा, असंतुष्ट रहेगा, निर्णय पर पछताता रहेगा। साधु

के दोनों बिगड़े ? माया मिली न राम। निर्णय लो या न लो, अंत में तो जी जलाना ही है।

बुद्धि की अन्य भूमिकाएँ भी हैं। एक तरफ का चरम बिंदु है असंतोष में जीते रहना। तो दूसरी ओर वह गलत एवं अविचारी निर्णयों से सीखने के बजाय उन्हें उचित ठहराया करती है। पीड़ा से भागने के लिए मनुष्य बुद्धि के जाल में फँस सकता है। साथ ही बुद्धि 'समझदारी' का भी स्वाँग रचती है। अहंकार तथा बुद्धि के संयुक्त मोरचे के सामने बड़े-बड़े लोग गुमराह हो जाते हैं। उसकी बात बाद में करूँगा।

यहाँ फिर से यह उल्लेख कर दें कि वाचक यह सब पढ़कर बुद्धि द्वारा ही सब समझ रहा है। परंतु यदि वह अपने जीवन की भूमिका में यह सब समझेगा, तभी उसे मन के बारे में वास्तविक ज्ञान प्राप्त होगा। आंतरिक जीवन को समझने की कोशिश में वह ध्यान की यात्रा आरंभ कर देता है।

Watch out for intellect,
because it knows so much it knows nothing
and leaves you hanging upside down,
mouthing knowledge as your heart
falls out of your mouth.

~Anne Sexton

अंतरात्मा के साक्ष्य पर

जब भी कोई निर्णय लेना हो तो मैं अपने भीतर कश्मकश अनुभव करता हूँ। यह लूँ या वह लूँ? कभी-कभी तो यह कश्मकश इतनी लंबी चलती है कि मैं त्रस्त हो जाता हूँ। यह होता है कि झट से निर्णय ले लूँ तो क्या फर्क पड़ता है? एक बार ऐसा ही किया। तो बाद में पछताना पड़ा, क्योंकि निर्णय एकदम गलत था। बिना विचार किए लिया गया था। विचार करने की जरूरत तो होती ही है। किस बारे में कितना विचार करने की आवश्यकता है, उसकी सीमा तय करनी चाहिए। कितना विचार करना वाजिब है?

चित्त : चंचलता एवं राग-द्वेष

अंत:करण का तीसरा अंग है चित्त। यूँ तो चित्त का काम स्थिर एवं एकाग्र होकर जानना, ज्ञान संपादन तथा दर्शन का है। परंतु हमें विरासत में मिला चित्त तो इतना चंचल होता है कि स्थिर होकर एक जगह पर ध्यान दे ही नहीं सकता। वह इधर-से-उधर, एक विषय से दूसरे पर भटकता ही रहता है। पाठशाला में होते हैं, तब से शिक्षक टोकते होते हैं कि 'तेरा चित्त कहाँ है ? उसे ठिकाने रख।' शिक्षक भी कैसे भोले होते हैं कि इस तरह सूचना देने या टोकने से चित्त ठिकाने आ जाए तो फिर और क्या चाहिए था ?

चित्त कितना चंचल है, इसकी उपमा एक श्लोक में दी गई है। उसमें चित्त की तुलना बंदर से की गई है। बंदर स्वभाव से ही चंचल होते हैं। ऊपर से आप बंदर को खूब दारू पिला दें तो उसकी चंचलता कितनी बहकेगी! और नशे में धुत्त की दशा में उसे बिच्छू डंक मारे तो वह कितना चिल्लाए, कूदमकूद मचा दे ? मन की दशा दारू के नशे में धुत्त और बिच्छू का डंक लगे बंदर से भी अधिक चंचल है।

यह चित्त यदि एकाग्र हो, तभी हम उससे जीवनोपयोगी कार्य करवा सकते हैं। चित्त को एकाग्र करने के लिए अनेक पद्धतियाँ आजमाई जाती हैं। परंतु यह सब करने से पहले चित्त की चंचलता को जानना व समझना अत्यंत जरूरी है। तूफानी बालक ऊधम क्यों मचाता है, उसकी मानसिकता समझकर ही उसे सुधार सकते हैं। चित्त को भी टोकने या धमकाने से कुछ नहीं होता। भटके हुए होशियार विद्यार्थी को समझदारी से ही सही दिशा में मोड़ा जा सकता है।

चित्त की प्रकृति जुड़ने एवं चिपकने की है। वह निरंतर भटकता तो है, पर उसे निरंतर आकर्षण तथा अपाकर्षण भी होता रहता है। जिससे उसे भूतकाल में सुख मिला था, उसे बार-बार भोगने की वासना रहती है। यह आकर्षण इतना चुंबकीय होता है कि अब उसे विषय-वस्तु के बिना चैन नहीं मिलता। ऐसा हो जाता है कि उसके बिना जीवन जीना संभव ही नहीं है। इस तरह जुड़ने को हम 'राग' या 'आसक्ति' के रूप में भी पहचानते हैं।

परंतु यह तो अधूरी कहानी ही है। जिससे उसे भूतकाल में दु:ख हुआ हो, दु:ख के समस्त निमित्तों एवं साधनों के प्रति उसे खीझ या क्रोध अथवा तिरस्कार होता है। ऐसी स्थिति को हम द्वेष या धिक्कार कहते हैं। जब चित्त द्वेष का अनुभव करता हो, तब थोड़े समय बाद इस स्थिति से ऊबकर पुन: किसी जगह आकर्षण राग अनुभव करनेवाला ही है।

यदि मनुष्य चित्त को नियंत्रण में न लें तो राग-द्वेष के ये चक्र चलते ही रहते हैं। बस, होता इतना है कि उसकी विषय-वस्तु बदलती रहती है। चित्त इस तरह भटकता रहे तो मनुष्य किसी बात पर ध्यान नहीं दे सकता, जीवन-दर्शन और समझदारी नहीं बना पाता। जीवन यूँ ही व्यर्थ जिया जाता रहता है।

The key to growth is the introduction of
higher dimensions of
consciousness into our awareness.

~Lao Tzu

अंतरात्मा के साक्ष्य पर

मेरा कोई मनपसंद व्यक्ति है। उसके साथ समय गुजारना मुझे अच्छा लगता है। इस कारण मैं उस व्यक्ति के सान्निध्य की कामना करता हूँ। परंतु जब उस व्यक्ति के निकट जाता हूँ तो ऐसा कुछ-न-कुछ होता है कि मेरा मन खट्टा हो जाता है। उस समय तो ऐसा लगता है कि अब उसका मुँह नहीं देखना है। परंतु उससे अलग होने के बाद पुन: वह याद आता है कि और मन उसकी कामना करता है। यह क्रम यूँ ही चलता रहता है। कभी आकर्षण तो कभी धिक्कार। यह वास्तव में है क्या? यह रुचि-अरुचि क्यों होती है?

अहंकार : मान्यताएँ एवं ग्रंथियाँ

अंतःकरण की चौथी इंद्रिय है अहंकार। हमने देखा कि अहंकार यानी 'अहं' मैं और मेरा का 'मकार', 'मैं ऐसा' और 'मैं वैसा' इसकी रट। यह रटन हमारे अंतःकरण में चलती रहती है।

अहंकार यानी मनुष्य की अपनी आत्म-विषयक मान्यताओं का समूह। इन मान्यताओं के साथ संवेदनाएँ जुड़ी हुई हैं। मनुष्य के जन्म के साथ ही ये मान्यताएँ बननी शुरू हो जाती हैं। बालक का नामकरण होने पर वह अपने साथ एक शब्द जोड़ता है। इस शब्द के साथ मनुष्य की आसक्ति इतनी प्रबल होती जाती है कि उसे ऐसा लगने लगता है कि अपनी मृत्यु के बाद भी वह शब्द जीवित रहे! फिर तो वह अपने नाम से पेढी बनाता है, संस्था बनाता है, दान देकर अपने नाम की तख्ती लगाता है, भले ही वह कोई बेंच ही क्यों न हो।

जैसे हवा गरमी से फैलती है और ठंडी से सिकुड़ती है, वैसे ही अहंकार भी संवेदनाओं में फैलता-सिकुड़ता रहता है। वह प्रशंसा से फूलता है और निंदा से मुरझाता है। जब मनुष्य अपनी मान्यताओं से खिलने की संवेदना अनुभव करता है, उस समय हम उसे 'अभिमान' कहते हैं। जब उसकी निंदा होती है, तब वह मुरझाता है। उसे हम अहंकार के आहत होने का भाव कहते हैं।

अहंकार का काम है मनुष्य को अपनी मान्यताओं में भटकाना। इसलिए वह हमारे बारे में अवास्तविक मान्यताएँ बनाता रहता है और उसके अनुसार हम संवेदनाएँ भी अनुभव करते हैं। हमारी ये मान्यताएँ मानो बँधी हुई कंठी हैं, ग्रंथि हैं। जैसे कि वह वास्तव में जैसा है, वह स्वयं को उससे बहुत अधिक मानने लगता है। हम उसे 'गुरुता ग्रंथि' के रूप में पहचानते हैं। यदि अधिक पढ़ लिया हो तो मैं डॉक्टर हूँ, पी-एच.डी.। हूँ। यदि नौकरी मिली तो मैं बॉस हूँ, मैं सीनियर हूँ, फलाँ जगह महत्त्वपूर्ण पद पर हूँ। अपना व्यवसाय है तो मैं उद्योगपति हूँ। धन मिला तो मैं करोड़पति हूँ। चमड़ी गोरी है तो मैं स्वरूपवान हूँ। अमुक धर्म का अनुकरणकर्ता हूँ। मैं मंत्री हूँ, मंत्री का सेक्रेटरी हूँ, मंत्री का चपरासी हूँ,

मंत्री का ड्राइवर हूँ, मंत्री का दूधवाला हूँ। जितना मंत्री का अहंकार फूलता है, उतना ही अहंकार चपरासी का भी फूलता जाता है।

या फिर मनुष्य वास्तव में स्वयं जैसा है, उससे अपने को कम मानता है। अहंकार की इस संवेदना को हम 'लघुता ग्रंथि' के रूप में जानते हैं। मैं सुंदर नहीं हूँ, पढ़ा-लिखा नहीं हूँ, नीची जाति का हूँ। मेरा परिवार हीन है। मुझे कुछ आता नहीं। मैं गरीब हूँ, बेकार हूँ, निकम्मा हूँ। मेरी अपनी कोई पहचान नहीं है। मुझसे कुछ होने वाला नहीं है।

करोड़पति भी किसी लघुता ग्रंथि से पीड़ित हो सकता है तो कामगार भी वैसी ही ग्रंथि से पीड़ित होता है। अहंकार किसी को नहीं छोड़ता, कोई भेदभाव नहीं रखता।

All bad qualities centre round the ego.
When the ego is gone, realisation results by itself.
There are neither good or bad qualities in the self.
The self is free from all the qualities.
Qualities pertain to the mind only.

~Raman Maharshi

अंतरात्मा के साक्ष्य पर

कोई मेरी प्रशंसा करता है तो मुझे अच्छा लगता है। मुझे अपने भीतर मानो बड़प्पन का भाव आता है। परंतु जब मुझसे कोई भूल-चूक हो जाए या किसी तरह का खराब व्यवहार हो जाए और कोई निंदा करे तो भीतर खूब वेदना भी होती है। ऐसा लगता है मानो किसी ने तलवार से वार किया हो। जब भीतर ऐसी वेदना होती है, उस समय प्रशंसा के प्रति भी अभाव हो जाता है। इस प्रशंसा तथा निंदा का असर जो अनुभव करता है, वही मेरा अहंकार है ? वह मेरे वश में आ सकता है क्या ?

अंतःकरण अंततः ऊर्जा है

हमने भले ही समझने के लिए अंत:करण की चार इंद्रियाँ गिनाईं, परंतु वास्तव में अंत:करण कोई पदार्थ नहीं है, चीज-वस्तु नहीं है। हम उसके विभाग कर नहीं सकते। बाह्य करण तो शरीर के अवयव हैं। बाह्य इंद्रियाँ भौतिक हैं। उन्हें भी अलग कर सकते हैं। परंतु अंत:करण अंतत: तो ऊर्जा है, शक्ति है। यह ऊर्जा सुषुप्त नहीं है, निष्क्रिय नहीं है। वह निरंतर प्रवृत्त है। वह अभी प्रशिक्षित नहीं है, इस कारण वह अनियंत्रित रूप से भटक रही है। इधर-उधर टकराती है और इस तरह भटकने से अंतत: अंत:करण के चारों सूक्ष्म अंगों में फँस जाती है।

पुनः हमने समझने के लिए भले ही अंत:करण के चारों घटकों की प्रकृति को अलग किया, परंतु अंतर की यह ऊर्जा चाहे जैसे संयोजनों का स्वरूप धारण करती है। मन में कोई विचार आता है और चित्त वहाँ आकर्षित होता है, चित्त वहाँ जुड़े और अहंकार उसके साथ अपनी मान्यताएँ बनाने और संवेदनाएँ उत्पन्न करने लगता है। अमुक कंपनी में ही नौकरी चाहिए। इच्छा हुई। चित्त वहाँ लगा। हम फलाँ को पहचानते हैं। सिफ़ारिश कीजिए। अहंकार काम में लग गया। काम होगा या नहीं ? बुद्धि भी प्रवृत्त हुई। अंत:करण में उथल-पुथल मच गई।

मनुष्य का अस्तित्व अंतत: शरीर, हृदय और मस्तिष्क से बनता है। भौतिक शरीर की पाँच ज्ञानेंद्रियाँ और पाँच कर्मेंद्रियाँ हैं। वे मनुष्य के भौतिक शरीर का भाग हैं। मनुष्य के सूक्ष्म शरीर के भी एक-दूसरे से एकदम भिन्न दो मुख्य हिस्से हैं—विचार और भाव। विचार मनुष्य के मस्तिष्क से जुड़ा है और भाव को हम हृदय के साथ जोड़ते हैं। विचार एवं भाव परस्पर संबद्ध हैं, परस्पर प्रभावित कर सकते हैं।

अंत:करण के दो घटक—मन तथा बुद्धि—मस्तिष्क से संबंधित हैं। उनकी इकाई विचार है। मन की इच्छाएँ अंतत: तो मन के विचार ही हैं। बुद्धि से तर्क और शंकाएँ भी विचार के स्वरूप में ही होती हैं। अंत:करण के बाकी दो घटक—चित्त और अहंकार हृदय से संबंधित हैं। उनकी इकाई संवेदना या भाव है। चित्त के आकर्षण, द्वेष, वृत्तियों आदि की

संवेदना हम अनुभव करते हैं। अहंकार की ग्रंथियाँ, उनका फूलना या आहत होना भी संवेदना है। यह सब हृदय के क्षेत्र में आएगा, मस्तिष्क के नहीं।

मनुष्य के शरीर के अंग तथा इंद्रियाँ मस्तिष्क और मन, बुद्धि, हृदय एवं चित्त, अहंकार— इस तरह मनुष्य का समग्र अस्तित्व निर्मित होता है।

आज एक इच्छा हुई तो कल दूसरी। आज अहंकार फूला तो कल आहत होने वाला है। चित्त भटकता रहता है और बुद्धि शंका या तर्क कर-करके हमें थका डालती है। हमारे भीतर के इन अंत:करणों के कलह से ही अशांति, दु:ख और तनाव पैदा होते हैं।

Spirit is the essence of consciousness,
the energy of the universe that creates all things.
Each one of us is a part of that spirit-a divine entity.
So the spirit is the higher self,
the eternal being that lives with us.

~Shakti Gawain

अंतरात्मा के साक्ष्य पर

कई बार हमने कुछ किया नहीं होता तो भी खूब थकान लगती है। मन में विचारों का ऐसा घमासान मच गया हो कि चिल्ला-चिल्लाकर कहने का मन हो कि विचार, प्लीज रुक जाओ। फिर भी किसी तरह से विचार रुके नहीं, ऐसी विवशता अनुभव हो। विचारों की इतनी धमा-चौकड़ी से बेचारा मन थक जाए, इसलिए नींद आ जाए, परंतु नींद में भी विचार चैन न लेने दें। स्वप्नों के स्वरूप में उथल-पुथल चलती रहे। क्या कोई ऐसा उपाय नहीं है कि इन विचारों को जब चाहें तब बंद किया जा सके ?

जीवन बन जाता है अंतःकरण का मजदूर

अधिकांश व्यक्ति यह तो समझते हैं कि हमारे मन है, विचार है; परंतु वे यह नहीं जानते होते कि मनुष्य के मन का उनके शरीर पर प्रभुत्व होता है। अध्यात्म की भाषा में कहें तो मनुष्य के अंतःकरण की अवस्था पर से हमें इस बात का अनुमान लग सकता है कि उसके जीवन की दशा क्या है।

मनुष्य मन की इच्छाओं का गुलाम है? या उसकी बुद्धि उसे नियंत्रित कर रही है? क्या मनुष्य निरंतर राग-द्वेष के चक्र में फँसा हुआ है? या फिर वह निरंतर अहंकार के जाल में उलझा हुआ है? मनुष्य की ऊर्जा उसके अंतःकरण में जहाँ फँस गई हो, उसके अनुसार उसकी बाह्य जिंदगी परिणाम भोगती होती है। जब तक अंतःकरण मनुष्य की जागृति के वश में नहीं आता, तब तक मनुष्य का जीवन मानो अपहृत होता है।

मान लीजिए कि मनुष्य की जिंदगी एक वाहन है, जिसका चालक मनुष्य स्वयं है। उसकी जागृति होनी चाहिए। परंतु होता यह है कि मन, बुद्धि, चित्त, अहंकार—ये सब उछल-कूद करके बारी-बारी से चालक की सीट पर बैठ जाते हैं और वाहन को जैसे घुमाना चाहें वैसे घुमाते हैं। कई बार हमें भी ऐसा लगता है कि मुझे ऐसे करना है, तो वह वास्तव में अहंकार से उत्पन्न होता हो या मन की निरर्थक इच्छा हो अथवा चित्त की उठा-पटक हो सकती है। मनुष्य ने अभी इन सबकी करतूतों को देखना नहीं सीखा है। इसलिए वह या तो ऐसा मानता है कि सबकुछ मैं ही करता हूँ या यह जानकर विवशता अनुभव करता है कि जीवन उसके नियंत्रण में नहीं है।

हाथ, पैर और जीभ हमारे बाह्य अंग हैं। प्रत्येक अंग का कोई-न-कोई निश्चित कार्य है। जीवन जीने में मदद करने की प्रत्येक अंग की भूमिका है। पैर का उपयोग स्थलांतर के लिए है। हाथ का उपयोग खाने-पीने और अन्य कार्यों के लिए है। ये सभी अंग मनुष्य के साधन ही हैं न! पर कल्पना कीजिए कि ये साधन अपनी इच्छा के अनुसार काम करने लगें तो? हाथ कभी भी किसी को थप्पड़ मार दें, धक्का दे दें। पैर यूँ ही बेमतलब उछलता रहे, जीभ चाहे जैसा अंड-बंड बोलती रहे तो क्या दशा हो? कितनी दुर्घटनाएँ हों? कैसे-कैसे

भयंकर परिणाम आएँ? और पूरे दिन ऐसा होता रहे तो बेचारा शरीर कितना थक जाए?

जो कल्पना हमें शरीर के लिए विचित्र और हास्यास्पद लगती है, वही अंत:करण के अंगों की असलियत है। मनुष्य का मन, बुद्धि, चित्त तथा अहंकार इसी तरह लापरवाही से, स्वच्छंद होकर काम करते रहते हैं। पूरे दिन अविरत ऐसा चलते रहने के बाद क्या दशा हो, उसका अनुभव हम प्रतिदिन करते हैं, पर उसे समझते नहीं।

अंतत: मनुष्य के जीवन पर अंत:करण का प्रभुत्व है। मनुष्य का शरीर तो अंत:करण की ऊर्जा का वाहन बन जाता है। ऊर्जा जैसे चलाती है, शरीर वैसे काम पर लग जाता है। मनुष्य की जिंदगी अंत:करण की मानो गुलाम बन जाती है। मनुष्य मजदूर की तरह बेगार करने लगता है। मन को यही चाहिए। चित्त उसके पीछे दौड़ता है तो वास्तव में मनुष्य इन सबके पीछे दौड़ने लगता है। याद रहे, करुणता तो इसमें है कि मनुष्य को ऐसा लगता है कि यह सब 'मैं' करता हूँ; क्योंकि यह 'मैं' कौन है, यह तो वह जानता ही नहीं।

To ignorant
try to escape suffering
by accumulating knowledge,
in this way increasing
their ignorance.

~Tao

अंतरात्मा के साक्ष्य पर

ऐसा सुना है कि मनुष्य अपनी वृत्तियों का गुलाम है। अहंकार जैसा कहे वैसा ही मुझे करना है। मुझसे भूल हो जाए तो भी मुझे माफी नहीं माँगनी है। सामनेवाले व्यक्ति को ही दोष देना है! ईर्ष्या आए तो पीठ पीछे षड्यंत्र करना। क्रोध आए तो अंट-शंट बोलना। अभिमान में दूसरों को अपने से नीचा गिनना। तो क्या पूरी जिंदगी मुझे गुलामी ही करनी है? क्या इसी तरह मुझे जिंदगी को फेंक देना है? क्या मैं वृत्तियों पर विजय नहीं पा सकता? मैं वृत्तियों की बेगार क्यों करूँ?

अंतःकरण की सही भूमिकाएँ

अंत:करण मनुष्य के जीवन का अपहरण कर जाते हैं, उसे भ्रमों में डालते हैं, उसे अत्यंत दु:खी कर डालते हैं, उसकी शांति छीन लेते हैं। अंत में उसे रोगिष्ठ बना देते हैं और उसके जीवन को व्यर्थ कर डालते हैं। फिर भी, इन सब में अंत:करणों की गलती नहीं निकाली जा सकती। मनुष्य के पास विकल्प है। अंततः वह मालिक है और सजगता से अपनी जिंदगी को दिशा दे सकता है।

किन्हीं साधनों की ही भाँति अंत:करणों की भी उपयोगिता है। ऐसा मानना ठीक नहीं कि मन की सभी इच्छाएँ और विचार फालतू हैं। मनुष्य अपने जीवन में कुछ करना चाहे (या कुछ न करना चाहे), उससे ही उसका जीवन गति करता है। प्रश्न यह है कि उसकी कौन सी इच्छाएँ उचित हैं और कौन सी अनुचित हैं, इसका विवेक उसे होना चाहिए।

बुद्धि भी उपयोगी ही है। जो एकदम प्रश्न नहीं पूछ सकता, उसकी बुद्धि निर्बल है। कायरता हमारा आदर्श नहीं है या नहीं है अहंकारी पहलवान बनना। प्रश्न पूछना, खोज करना—यह स्वस्थ बुद्धि की भूमिका है। सवाल यह है बुद्धि हमारे नियंत्रण में है या नहीं? उसे रुक जाने को कहें तो वह रुकती है?

अहंकार का भी व्यावहारिक उपयोग है। मेरा पहचान-पत्र है, मैं किसी का पति हूँ, मैं किसी की पत्नी हूँ, मैं किसी का पिता हूँ। यह सब संसार के लिए जरूरी है। इसके बिना हमारा व्यवहार कैसे चलेगा? परंतु इन सब में घमंड करना कहाँ आया? मेरी पत्नी रूपवती है या मेरा पति उच्च पदाधिकारी है या मेरी संतानों ने कोई स्पर्द्धा जीती तो इससे हमें घमंड क्यों हो? जिन कारणों से हम बहुत फूलते हैं, उन्हीं कारणों से हम सकुचानेवाले भी हैं। पत्नी कुछ क्षोभजनक काम करती है, पति परिवार को समय नहीं देता, संतान स्पर्द्धा हार जाएगी तो फिर सकुचना होगा न! तो फिर नि:स्वार्थ और शर्तहीन प्रेम कहाँ गया? अहंकार और प्रेम दोनों साथ नहीं रह सकते।

चित्त चंचल है; परंतु अंत में समस्त स्वज्ञान चित्त के कारण ही संभव होता है। चित्त

एकाग्र हो, तभी स्वनिरीक्षण संभव होता है। ध्यान-साधना अंततः चित्त रूपी साधन द्वारा ही हो सकती है।

साधना यानी अभ्यास। वायलिन सीखना हो तो दो-चार माह में विशेषज्ञ नहीं बना जा सकता। धन कमाना सीखने में भी मनुष्य को वर्षों लग जाते हैं। फिर, यह तो अध्यात्म की बात है। यहाँ उत्साह और धैर्य के संगम की आवश्यकता रहती है। अविरत प्रयत्न करने हैं, पर अधीर नहीं होना है।

यानी अंतःकरण हमारे जीवन का अंग है, हमारे अस्तित्व का अंश है। वह हमारे लिए उपद्रवी है या उपयोगी, यह हमें तय करना है। अध्यात्म का अभिगम यह है कि इस जीवन में कुछ भी खराब नहीं है, कुछ भी फालतू नहीं, कुछ भी निरर्थक नहीं। प्रत्येक का उद्देश्य हमें समझ में आना चाहिए।

To know yourself as the being underneath the thinker,
the stillness underneath the mental noise,
the love and joy underneath the pain,
is freedom, salvation, enlightenment.

~Eckhart Tolle

अंतरात्मा के साक्ष्य पर

मुझे ऐसी प्रबल अनुभूति बारंबार होती है कि मेरे हृदय में जीवन के लिए जो शुद्ध एवं उत्कट प्रेम है, उससे मैं अपनी वृत्तियों पर विजय पा सकता हूँ। अगर मैं आहार-विहार पर संयम रखता हूँ, मन खुला रखकर जी सकता हूँ, भूल होने पर क्षमा माँग सकता हूँ तो यह इस प्रेम की शक्ति द्वारा ही संभव होता है। हाँ, यह सब आसान नहीं है और वृत्तियों के आक्रमण कई बार थका डालते हैं। परंतु हृदय में अगर प्रेम जीवित है तो मेरा विकास अविरत जारी ही रहता है। क्या प्रेम ही ज्ञान है?

साधना चित्त का विषय है

हम जिसे अध्यात्म साधना कहते हैं, अंततः वह है क्या? हमारे अंत:करणों को वश में करना तथा उन्हें आज्ञाकारी बनाना, उनका स्वामी बनना और रहना, यही हमारा प्रयोजन है तो स्वाभाविक है कि इसके लिए किए जानेवाले प्रयत्न और पुरुषार्थ ही साधना हैं।

यह साधना करना मन का विषय नहीं है। मन में तो अध्यात्म संबंधी इच्छाएँ भी होती हैं। 'अध्यात्म' शब्द से यह इच्छा कोई अलग नहीं हो जाती। हाँ, अहंकार के संयोजन से मनुष्य गुरुता अनुभव करने लग जाए कि वह अध्यात्म मार्गी है। जैसे गाड़ी, बँगला, कुछ बनना, खाने-पीने की इच्छाएँ हैं, उसी तरह धर्म, गुरु, पुस्तकों आदि से संबंधित इच्छाएँ भी होती हैं। जैसे—'मैं डॉक्टर हूँ', 'मैं सत्ताधीश हूँ', 'मैं सुंदर हूँ', ऐसा मानकर मनुष्य फूलता है, उसी तरह 'मैं अमुक धर्मवाला हूँ', 'मैं फलाँ का शिष्य हूँ', 'मैं अध्यात्म का साधक हूँ' इत्यादि संवेदनाओं से भी फूलता है। यह सब आखिर में है तो अहंकार ही। भौतिक बातों की अपेक्षा आध्यात्मिक बातों के अहंकार ज्यादा खतरनाक सिद्ध हो सकते हैं।

साधना बुद्धि का विषय भी नहीं है। विचार केवल विचार हैं, जीवन नहीं। दलीलों से जीवन सुधर नहीं सकता। उसी तरह यह भी स्पष्ट है कि साधना अहंकार का भी विषय नहीं है। साधक को सावधान होकर केवल चित्त का उपयोग करना सीखना है। परंतु यह साधना वास्तव में है क्या?

मान लीजिए कि एक अँधेरे कमरे में चार अत्यंत शरारती बालक हैं, जो एक सेकंड के लिए भी शांत नहीं बैठ सकते। वे अँधेरे में देख सकते हैं और उन्हें केवल विध्वंसक प्रवृत्तियों में रुचि है। कमरा अँधेरा है। उन्हें कोई देख नहीं सकता, यह उन्हें मालूम है। तो अब वे क्या करेंगे? कमरे को सिर पर उठा लेंगे न? कमरे की एक-एक वस्तु को उलटा-पुलटा किए बिना नहीं छोड़ेंगे।

मान लीजिए कि कमरे में एक कैमरा लगा हुआ है और यह उन्हें मालूम है। अँधेरे में तो कैमरा व्यर्थ है, इसलिए वे शैतानी में पूरी तरह से लगे हुए हैं। परंतु अब मान लीजिए कि

कमरे में हलका प्रकाश हुआ। अभी आँखें फाड़कर देखना पड़ता है, पर घनघोर अँधेरा नहीं है। तो अब शैतान बच्चे जरा सचेत होंगे; पर अभी भी उनके कारनामे तो किसी-न-किसी रूप में जारी ही रहेंगे। अब मान लीजिए कि कमरे में क्रमशः उजाला बढ़ता जाता है। अंत में इतना प्रकाश हो जाता है कि सबकुछ एकदम स्पष्ट दिखे। अब उन्हें पता है कि उन्हें कोई देख रहा है। वे उलटा-पुलटा करेंगे तो पकड़े जाएँगे और सजा होगी। अब वे बच्चे मनमानी नहीं कर सकेंगे। यदि कमरे में शिक्षक प्रवेश करेगा और उन्हें काम देगा तो वे कोई रचनात्मक काम भी करेंगे।

ये बालक है मन, बुद्धि, चित्त और अहंकार। अंतःकरण के अंधकार का वे खूब फायदा उठाते हैं। इसके लिए हमें कमरे में प्रकाश करना है। अध्यात्म में यह प्रकाश जागृति और सजगता का ही होता है।

People only see what
they are prepared to see.

~Ralph Waldo Emerson

अंतरात्मा के साक्ष्य पर

समाज में खूब अज्ञान, अंधश्रद्धा तथा सुषुप्तता दिखाई देती है। यह समझ में आता है कि सभी अनिष्टों के मूल में ये सब ही है। क्या जन-समुदाय की मदद करने की मेरी इच्छा अहंकार है? या फिर यह अहंकार मेरे द्वारा किए जा सकने योग्य प्रयत्नों को न करने का मेरा एक बहाना है? और इस बहाने के पीछे ही मेरा असली अहंकार छिपा हुआ है। मेरे अहंकार से किसी का अहित न हो, यह ठीक है; परंतु किसी को मदद करने की इच्छा में अहंकार का कोई लक्षण है क्या? मुझे परखना चाहिए। कहीं अहंकार मेरा जीवन निरर्थक न कर दे।

जागृति से जीवन कैसे उबरता है?

अंत:करण रूपी कमरे में उजाला होता है, तब क्या होता है? एक दूसरी उपमा से समझें। मान लें कि एक अत्यंत विशाल हॉल है। उस हॉल में घोर अँधेरा है। ऐसा भी मान लीजिए कि उस हॉल में जगह-जगह पर छोटी-बड़ी चीजें और अवरोध पड़े हैं, जिनके साथ टकराने पर मनुष्य को नुकसान हो सकता है। यह मनुष्य के जीवन का प्रतीक है। अँधेरे हॉल में एक सिरे से दूसरे सिरे तक जाना मनुष्य की जिंदगी है। वह चलना शुरू करता है, पर उसे कुछ दिखता नहीं। इसलिए यह स्वाभाविक है कि वह कहीं भी टकराएगा, चोट लगेगी। कभी गिरेगा, ठोकर खाएगा। यदि उसे कोई छोटी-बड़ी चोट आएगी तो उसे वहीं बैठ जाना पड़ेगा और आराम होने पर पुनः खड़े होकर चलने का प्रयत्न करना पड़ेगा।

जीवन है, इसलिए एक सिरे से दूसरे सिरे जाना तो होगा ही। बीच में रुक जाना संभव नहीं है। कठोर परिश्रम करते रहना ही होगा। कभी वह उलटी दिशा में चलने लगेगा। उसे पता ही नहीं चलेगा कि वह कहाँ है। कहाँ जा रहा है, दूसरे सिरे की ओर उसकी प्रगति हो रही है या वह गोल-गोल घूम रहा है।

परंतु यदि अब उसके हाथ में एक मोमबत्ती या पेंसिल टॉर्च आ जाए तो उसका टकराना व भटकना प्राय: रुक जाएगा न। हॉल बहुत विशाल है और टॉर्च बहुत मद्धिम। इसलिए अभी वह दूर का कुछ भी देख नहीं पाता। अभी उसे यह पता नहीं चल रहा कि वह सही दिशा में जा रहा है या नहीं। परंतु उन दुर्घटनाओं से वह जरूर उबरेगा। छोटे-छोटे अवरोधों को भी वह देख सकेगा। बार-बार वही अवरोध दिखेंगे तो उसे यह भी समझ में आएगा कि वह एक ही क्षेत्र में घूम रहा है। दूसरे सिरे की तरफ उसकी सही प्रगति नहीं हो रही है।

स्वाभाविक है कि उसके हाथ में अत्यंत शक्तिशाली टॉर्च आ जाए तो अब वह एकदम निश्चित और सुरक्षित रूप से कमरे का सफर पूरा कर सकेगा। पेंसिल टॉर्च की अपेक्षा यह टॉर्च अधिक पावरफुल है, इसलिए उसका प्रकाश अधिक है और दूर तक पहुँचता भी है। अब दूसरे सिरे की ओर जाने की उसकी गति भी बढ़ सकती है, क्योंकि दुर्घटनाओं

की संभावना कम हो गई है।। अब वह अवरोधों को पहले से ही देख लेता है और उनकी बगल से होकर आगे बढ़ जाता है और अंत में, अब मान लीजिए कि पूरे हॉल में प्रकाश संपूर्ण रूप से फैल गया है, तो ? तो अब उसकी एक से दूसरे सिरे जाने की प्रवृत्ति कितनी सरल तथा कार्यक्षम हो जाएगी !

यह प्रकाश, यह उजाला मनुष्य की जागृति है। जो मनुष्य संपूर्ण रूप से अजाग्रत है, वह तो टकराया ही करेगा। थोड़ा जाग्रत होगा तो भी उसे फायदा होने वाला है। जागृति जितनी बढ़ेगी, उतनी अधिक स्पष्टता से वह अपनी जिंदगी का संचालन कर सकेगा। यह जागृति लाना ही अध्यात्म-साधना का प्रयोजन है।

The more light you allow within you,
the brighter the world you live in will be.

~Shakti Gawain

अंतरात्मा के साक्ष्य पर

मैं अध्यात्म की बातें खूब करता हूँ। परंतु जीवन में बातों के सिवा कुछ न करूँ तो इस अध्यात्म का कोई मतलब है क्या ? अथवा जीवन में मैं लोगों की मदद करने की प्रवृत्तियाँ खूब करता हूँ, परंतु मेरी आंतरिक प्रगति की मुझे दरकार नहीं है। तो उन प्रवृत्तियों का भी कितना अर्थ ? दूसरों की मदद करके मैं अगर अभिमानी ही होता रहता हूँ तो अंततः मैंने क्या किया और मुझे क्या मिला ? सच्चा हृदय, सच्चा इरादा, सच्चा विचार, सच्ची रीति, सच्चे साधन और सच्चे कर्म—तभी सच्चा विकास और सच्चे परिणाम !

स्वनिरीक्षण ही उपाय

अँधेरे हॉल की उपमा से यह समझ में आया होगा कि जागृति का जीवन में कितना महत्त्व है और प्रकाश ही अंतःकरण के 'शरारती' घटकों को सयाना-समझदार बना सकता है। परंतु उदाहरण में जितनी लगती है, बात उतनी सीधी-सरल-आसान नहीं है।

मनुष्य के अंदर प्रकाश हो या जागृति आए, ऐसा किस तरह संभव हो? स्वनिरीक्षण ही इसका रास्ता है, उपाय है। मनुष्य के पास एक ऐसी आंतरिक क्षमता है कि वह अपने भीतर अपने विचारों और वृत्तियों को देख सकता है। दूसरे शब्दों में कहें तो मनुष्य अपने भीतर के विचारों, भावनाओं, वृत्तियों, संवेदनाओं आदि द्वारा सजग बन सकता है।

मुझे क्रोध आता है, पर मुझे इसका भान नहीं और क्रोध मुझे भयंकर बाढ़ की तरह बहा ले जाता है। क्रोध के प्रवाह में मैं कुछ भी बोल जाता हूँ, कर डालता हूँ। पर यदि इस क्रोध को मैं देख सकूँ, मुझे क्रोध आता है और मैं देख रहा हूँ कि मुझे क्रोध आ रहा है तो यह सजगता भीतरी उजाले की शुरुआत है। यह भले नगण्य लगे, परंतु वास्तव में एक ठोस प्रगति है। मनुष्य अपने अंतःकरणों को देखता रहे, परखता रहे तो धीरे-धीरे प्रकाश की मात्रा बढ़ती जाती है। उसका गिरना-टकराना बंद हो जाता है। वह हॉल में अधिक-से-अधिक दूरी तक देख सकता है। वह अवरोधों को पहले से देख सकता है।

स्वनिरीक्षण और सजगता द्वारा ही मनुष्य की जिंदगी धीरे-धीरे नियंत्रण में आ सकती है।

स्वनिरीक्षण से ऐसा क्या होता है कि मनुष्य के अंतःकरण मनुष्य के वश में आने लगते हैं? यह कोई जादुई चमत्कारी पद्धति जैसा नहीं लगता? इसमें विज्ञान कहाँ है?

पुनः एक अन्य उदाहरण से समझें। हम प्रेतात्माओं और भूतों की कहानियाँ पढ़ते हैं। किसी जीवित व्यक्ति के शरीर में कोई प्रेतात्मा प्रवेश करती है और उसके बाद उसके शरीर का उपयोग करके अपनी अधूरी इच्छाएँ तुष्ट करती है। हम ऐसी फिल्में भी देखते हैं। अंतःकरण में भी कुछ वैसा ही होता है। मनुष्य की ऊर्जा ही मनुष्य का जीवन है।

शरीर तो केवल वाहन या माध्यम है, जिससे हम जीवन जीते और भोगते हैं। इस ऊर्जा में मन, बुद्धि, चित्त व अहंकार के प्रेत घुस जाते हैं और अपनी मनमानी करते रहते हैं। वे ऊर्जा का उपयोग लापरवाह रहकर चाहे जैसे करते हैं और ऊर्जा शरीर को मजदूरी में लगा देती है। साथ ही वह मनुष्य की आँखों पर भी भ्रम की पट्टी बाँध देती है। मनुष्य को ऐसा ही लगता है कि यह सब मैं अपने होश में कर रहा हूँ।

इन प्रेतों को बाहर निकालने का उपाय इनकी पहरेदारी करना है। उनसे आँख मिलाकर देखने पर वे रुक जाते हैं। नजर चूकी तो तुरंत फिर से वे हाथ से निकल भागते हैं। उन्हें देखते रहने से मनुष्य को समझ में आने लगता है कि वह किसके हाथ में है। उसके अंत:करण किस तरह व्यवहार करते हैं, उसे कैसे परिचालित करते हैं, वह किस तरह उनका गुलाम बन गया है। स्वनिरीक्षण से यह स्व-ज्ञान उत्पन्न होता है। जीवन जीने के लिए यह मूलभूत ज्ञान है, जो पुस्तकों को पढ़ने या प्रवचनों को सुनने से कदापि नहीं मिलता।

Your vision will become clear only
when you look into your heart.
Who looks outside...dreams.
Who looks inside... awakens.

~Carl Jung

अंतरात्मा के साक्ष्य पर

वर्षों पहले मुझे क्रोध आता था। वाणी-व्यवहार उथल-पुथल एवं हाहाकार मचाता; मुझे क्रोध बाहरी कारणों से आता है, ऐसा कहकर दूसरे को दोष देकर उसे न्यायसंगत ठहराता था। बाद में एकांत में तो 'स्व' को देखना होता था। धीरे-धीरे समझ में आया कि क्रोध बहुत बार अयोग्य कारणों से और अनुचित मात्रा में आता है। फिर समझ में आया कि क्रोध स्वभाव है। वह निमित्त ढूँढ़ ही लेता है। स्वनिरीक्षण बढ़ता गया तो क्रोध का स्वरूप और उसका ढाँचा समझ में आता गया। क्रोध क्रमशः शांत भी होता गया। किस तरह ?

बौद्धिक एवं आध्यात्मिक समझदारी में अंतर

जीवन में समझदारी का बहुत महत्त्व है। इसलिए अध्यात्म में भी स्वाभाविक रूप से समझदारी की महिमा है। हमें यह बारंबार याद करते रहना होगा कि यह बौद्धिक समझ की बात नहीं है, भाषिक समझ की यह बात नहीं है। समाचार-पत्र में खबर पढ़कर पता चलता है कि किसी ने हिम्मत दिखाकर दूसरे की जान बचाई। तो यह पढ़कर हमें रोमांच, आदर, प्रेरणा आदि संवेदनाएँ हो सकती हैं; परंतु उन संवेदनाओं से हम साहसी बनें, यह आवश्यक नहीं है।

बालक जब आग से अपरिचित होता है, उस समय वह अज्ञानी होता है। उसे कोई कहे कि आग से जल जाते हैं, तो यह सूचना है। वह अपनी आँखों से आग की घटनाएँ देखे और संवेदित हो तो उससे उसे आग के बारे में ज्ञान मिलता है। जब वह वास्तव में जलता है, आग का प्रत्यक्ष अनुभव करता है, तब जाकर वास्तव में उसकी समझ में आता है कि आग वास्तव में क्या है? यह आग के बारे में अनुभव प्राप्त समझ है। आग अर्थात् क्या, यह उसका बोध हुआ कहलाएगा। आग की इस सूचना, ज्ञान और बोध से मनुष्य पूर्वग्रह के बिना उसका अपने जीवन में उपयोग कर सकता है तो उसे हम मनुष्य की विवेक-बुद्धि कहते हैं।

बुद्धि से जो पता चलता है, वह एकांगी है। आध्यात्मिक समझदारी सर्वांगीण है। मानो मनुष्य के-अणु अणु में यह समझदारी व्याप्त हो जाती है। फिर उस समझदारी को व्यवहार में लाना उसके लिए सहज बन जाता है। इसलिए सही समझदारी का निर्माण अध्यात्म में अत्यंत महत्त्वपूर्ण है।

कोई यंत्र बिगड़ गया है। वह काम नहीं कर रहा। उसकी मरम्मत करनी है, फिर से काम करने योग्य बनाना है तो उसके लिए सर्वप्रथम क्या करना होगा? सीधी व सरल बात है। पहले उस यंत्र की संरचना, कार्य प्रणाली समझनी पड़ेगी। जिसे यह अच्छी तरह मालूम है कि यंत्र कैसे बना है, उसके पुरजे या भाग किस तरह जुड़े हुए हैं, यह कैसे काम करता है, वही यह खोज सकेगा कि खराबी कहाँ है। जिसे यंत्र का ज्ञान है, वह यंत्र को सुधार सकेगा। जिसे भी यंत्र की मरम्मत करनी है, उसे पहले उस यंत्र की रचना-कार्य का ज्ञान प्राप्त करना ही पड़ेगा।

किसी भी रोग का अक्सीर इलाज तभी हो सकेगा, जब उसका निदान एकदम सटीक हुआ हो। पेट दुख रहा हो, उस समय सिरदर्द की गोली लेने से क्या फायदा ? जहाँ समस्या है, वहाँ पर ही उसका उपाय है। रोग का लक्षण त्वचा पर हो, पर रोग की जड़ अगर अशुद्ध रक्त है तो रक्त को ही शुद्ध करना होगा न।

तो अब मन, बुद्धि, चित्त, अहंकार की समस्याओं के लिए यह सिद्धांत क्यों नहीं लागू हो सकता ?

जिसे अंत:करण की समस्या हल करनी है, उससे योग्य काम लेना है, उसे सुधारना है तो पहले उसको अंत:करण को समझना ही पड़ेगा। पुस्तकों का वाचन इस विषय में जानकारी देगा। परंतु यदि मन, बुद्धि, चित्त और अहंकार का निरीक्षण करें तो फिर हमें साक्षात् अनुभव होगा कि वे सब क्या करते हैं, किस तरह करते हैं, समस्याएँ क्यों पैदा होती हैं और वास्तव में समस्या कहाँ है ?

The intellect has little to do on the road of discovery.
There comes a leap in consciousness,
call it intuition or what you will,
and the solution comes to you
and you don't know how or why.

~Albert Einstein

अंतरात्मा के साक्ष्य पर

मुझे जब पता चला कि मेरा स्वभाव खूब क्रोधवाला है, तब क्षोभ और व्यथा हुई। क्रोध में जो आचरण हो जाता है, वह कितना अभद्र है, यह समझने पर बड़ी शर्मिंदगी होती थी। बाद में समझ में आया कि शर्म भी अहंकार की ही उपज थी। परंतु स्वनिरीक्षण से क्रोध में फर्क आता गया। पहले क्रोध आने पर मैं असजग हो जाता था। फिर पता चला कि खिंच जाता हूँ। धीरे-धीरे क्रोध आने के समय, बाद में और आने के पहले होश रहने लगा। सजगता से ही स्व-नियंत्रण आता है, यह कैसी अजीब बात है !

जागृति के प्रकाश में अंतःकरण

अंत:करण में अंधकार है, यानी कि मनुष्य अपने अंत:करण की गतिविधियों से अनजान है। इसी कारण उसके मन, बुद्धि, चित्त, अहंकार मनमाने भटककर व्यवहार करके अंत में मनुष्य के जीवन को बरबाद कर डालते हैं। जब जागृति का प्रकाश हो, तब क्या होता है?

मनुष्य अब अपने अंत:करणों की प्रवृत्तियों से सजग होता है। उसे समझ में आने लगता है कि उसे कौन और कैसे चला रहा है और उससे जीवन में क्या परिणाम आ रहे हैं। अब उसके भीतर घोर अंधकार नहीं है। धीरे-धीरे उजाला हो रहा है। वह अंतर के कमरे में अंत:करणों और चित्तवृत्तियों को देख सकता है।

उसे अब समझ में आता है कि अंत:करणों की वास्तविकता क्या है? अब वह समझता है कि मन की इच्छाएँ किस तरह पैदा होती रहती हैं। वह मन की इच्छाओं को शांति से मुसकराते हुए देखता रहता है। वह मन से झगड़ा नहीं करता, इच्छाओं का दमन नहीं करता; परंतु इच्छाओं की शरण में भी नहीं जाता। वह उचित-अनुचित का विचार करता है और क्या सार्थक है, क्या निरर्थक; क्या उपयोगी है, क्या हानिकारक—उसका विचार करता है। फिर तय करता है कि मन की इच्छा पूरी करनी है या नहीं।

बुद्धि भी अब उसके लिए साधन बन जाती है। पहले यह बुद्धि बेकाबू होकर उसे या तो सताती थी या उलझाया करती थी, अनिर्णायक बनाती थी, असंतुष्ट रखकर जी जलाती थी या वेदना से भागने की पद्धति आजमाती थी। परंतु अब वह बुद्धि के षड्यंत्र को समझ गया है। उसे पता चल गया है कि अंतत: जीवन में चयन करना है और वह पैकेज में ही आता है। वह अपने अंतर को शिक्षित करता है कि अफसोस करना या जी जलाना व्यर्थ है। वह अपने आपको भी यह समझाता है कि भूलें हो जाएँ तो उन्हें स्वीकार करके सुधारना है। उनसे सीख लेकर भविष्य की पीड़ा का निवारण किया जा सकता है। इसलिए अब वह बुद्धि रूपी साधन को अपने पर हावी नहीं होने देता। अब यह साधन उसके हाथ में है। वह जब चाहे, उसे उठाकर, उपयोग करके फिर वापस रख देता है।

अब बुद्धि बेकाबू बनकर उसे परेशान नहीं करती। यही है जागृति का प्रकाश।

जब अंत:करण में प्रकाश फैल जाता है, तब मनुष्य अहंकार की गतिविधियाँ भी देखता है। फूलना किसे अच्छा नहीं लगता! पर फूलने के साथ मुरझाना जुड़ा है। खुश होना जितना सुखद लगता है, उतना ही कठोर अहंकार के आहत होने का दु:ख भी आने वाला है। साथ ही मनुष्य को आनंद की तलाश है, जो अहंकार को पोषित करने से नहीं मिलता। वह तो प्रेम में अहंकार के निरसन से मिलता है।

चित्त अभी भी सुख की ओर आकर्षित और दु:ख से दूर भागता रहेगा। परंतु चित्त के भटकने की निरर्थकता के संदर्भ में भी ध्यान द्वारा मनुष्य की जागरूकता बढ़ती जाती है। तलवार पहले बंदर के हाथ में थी! अब मानो वह सयाने, समझदार और परिपक्व मनुष्य के हाथ में आ जाती है।

Yoga is cessation of movement of the mind.
Then there is abiding in the Seer's own form.

~Patanjali

अंतरात्मा के साक्ष्य पर

जब मुझसे असजग रूप से कुछ हो जाता था, तब सबकुछ मानो अंधकार था। मुझे कुछ भी समझ में नहीं आ रहा था कि मैं क्या कर रहा हूँ और मुझसे क्या होता जा रहा है। ऐसे व्यवहार के जो परिणाम आते, वे खेदजनक ही रहते थे। अंत: निरीक्षण से कर्म और फल का सिद्धांत समझ में आता गया। जैसे-जैसे सजगता का प्रकाश बढ़ता गया, वैसे-वैसे मानो समय धीमा होता गया। अब सबकुछ मानो स्लो मोशन में हो रहा हो, इस तरह मुझसे कुछ हो जाए, उसके पहले ही मुझे सबकुछ दिखने लगा है।

विवेक एवं प्रतिभावात्मकता

बुद्धि अब तक शंका-कुशंका करती थी, दलीलें करके उलझाती थी। मनुष्य को दोनों ओर चिंता में ही डालती थी। धन कमाता हूँ, पर अंदर दलील चलती रहे कि वास्तव में जो करना है, वह नहीं हो रहा और जिंदगी बरबाद होती जा रही है। परिणामस्वरूप अफसोस और बेचैनी रहा करती है, जीवन संतोषपूर्वक जिया नहीं जा रहा। लगता है कि सब छोड़ दूँ और हृदय को तृप्त करनेवाले काम करने लगूँ। पर बाद में जीवन की सुविधाओं, मासिक खर्चों का क्या होगा? तो बचत करो, धन जमा करो। थोड़ा जीवन अभी भी बरबाद हुआ। अफसोस और मजबूरी से धनोपार्जन करके पूँजी एकत्र की। पर क्या यह पर्याप्त है? मुद्रास्फीति है तो 5-10-15 वर्ष बाद पर्याप्त हो जाएगी? जिंदगी बीत रही है। बुद्धि मनुष्य को चैन नहीं लेने देती।

अब जब मनुष्य सजग बनता है, तब वह बुद्धि का खेल देखता है। संसार भोगना है, सुविधाएँ चाहिए तो कितनी मात्रा में? कितना पर्याप्त है? वह संयम से सजगता के प्रकाश में, उसी बुद्धि के उपयोग द्वारा तय करता है कि उसकी सीमा कहाँ तक है। दृढ़ता से सरहद बाँधता है कि इतना ही चाहिए। यदि वह न मिले तो भी क्या? क्या कम पड़ता है? कौन रोकता है हमें खुशी से जीने में?

बुद्धि में जब सजगता जुड़ जाती है, तब हम उसे विवेक कहते हैं। बुद्धि अँधेरे में थी, अब प्रकाश हुआ, इसलिए मानो बुद्धि का रूपांतरण हो गया। काले घने अँधेरे में वृक्ष भी काला दिखता है, पर सूर्य का प्रकाश होने पर उसका सही रंग, सही स्वरूप हम देख सकते हैं। जो अनियंत्रित हथियार का काम करती थी, वह अब हमारे लिए अत्यंत उपयोगी साधन बन जाती है।

जब मनुष्य अंत:करण का गुलाम होता है, तब तो वह वास्तव में प्राणी स्तर पर ही जी रहा होता है, ऐसा कहा जा सकता है न। इंद्रिय-सुख ही उसका ध्येय होता है। चित्त जैसे भी भटकता है, उसे भटकने देता है। मन की इच्छाओं के पीछे वह दौड़ा करता है और अंत में हाथ में तो असंतोष व दु:ख ही आते हैं।

परंतु वह सजग होता है। भीतर जागृति आती है, फिर उसके अंदर विवेक भी पैदा होता है। अब वह बुद्धि के उपयोग से चयनकर्ता की भूमिका में पहुँच जाता है। समस्या आती है तो उसका हल ढूँढ़ता है। मुझे तय करना है कि मैं उसे किस तरह हल करूँगा। कोई मेरा अपमान करता है ? अपशब्द बोलता है ? मैं सजग हूँ और देखता हूँ, उससे मेरा अहंकार आहत होता है, मेरे 'मैं' को चोट पहुँचती है। उससे ही मैं मानहानि अनुभव करता हूँ। यदि उन शब्दों से अहंकार विचलित नहीं होता हो तो फिर दु:ख कहाँ है ? जो बोलता है, वह उसका शील है। मेरी शांति मेरे भीतर, मेरे ही हाथ में है।

मनुष्य जब वृत्तियों के हाथों खेलता होता है, उसी समय ही वह प्रतिक्रियायित होता है। जैसे ही वह सजगता के प्रकाश में विवेक का उपयोग करता है, वह प्रतिभावात्मक हो जाता है। अब वह अंत:करणों का यथोचित उपयोग करता है। परिस्थितियों को योग्य प्रतिभाव देता है। उसे पता है कि वह स्वयं ही अपना स्वामी है। इसलिए अब उसे किसी को दोष देने की जरूरत नहीं है। अब वह वास्तव में जिम्मेदार मनुष्य बनता है, संसार में रहता है, सभी भूमिकाएँ निभाता है, प्रेम करता है, नौकरी-धंधा करता है; परंतु वह अपने आंतरिक और बाह्य जीवन की बागडोर अपने ही हाथ में रखता है।

To those who have conquered themselves,
the will is a friend. But it is the enemy of those
who have not found the Self within them.

~Bhagvad Geeta

अंतरात्मा के साक्ष्य से

मुझे जीना है, अत: व्यवहार तो करने ही हैं। संबंधों में ही जीना है, इसलिए व्यवहार का चयन तो करना ही है। जीवन का कब्जा अगर वृत्तियाँ ले लें तो व्यवहार में काम, क्रोध, मद, मोह, लोभ, ईर्ष्या, द्वेष आदि ही प्रकट होने वाले हैं। उसका परिणाम तो दु:ख ही होना है। यदि मैं जाग्रत हूँ तो जीवन को सही ढंग से जीना चाहता हूँ। हृदय की सच्चाइयों से ही मूल्यों का जन्म होता है। साथ ही ये मूल्य जड़ नहीं होते। उनमें हमेशा समझ की सौरभ रहती है। अध्यात्म से मूल्य-निष्ठा जन्म लेती है।

अंतःकरण के रोग एवं व्याधियाँ

शरीर रोगी हो जाता है, उस समय उसके लक्षण दिखते हैं। मेरा सिर दुखता है, जलन होती है, चक्कर आता है, कमजोरी लगती है, बुखार आया है, कफ भर गया है आदि कहकर हम इन लक्षणों का वर्णन करते हैं। इसी तरह अंतःकरण के भी रोग होते हैं और उनके लक्षण भी हम प्रकट करते होते हैं।

क्या आप यह बता सकते हैं कि नीचे दिए गए विधान अंत:करण के किन घटकों का रोग बतलाते हैं?

- मैं उसके बिना जी नहीं सकूँगा।
- मन में बहुत बेचैनी रहती है।
- उसका अहंकार आहत हुआ है।
- तुम्हारा चित्त ढंग से नहीं रहता है।
- मुझसे कुछ होने वाला नहीं।
- लोग कितनी गंदगी फैलाते हैं।
- मेरी बुद्धि सुन्न हो गई है।
- अंदर बहुत घबराहट होती रहती है।
- लगातार विचार आते रहते हैं, रुकते ही नहीं।
- क्या करूँ, यह पता ही नहीं चलता।
- मैं अब उसका मुँह भी नहीं देखना चाहती।
- उसे कुछ भी नहीं आता।
- मुझे किसी बात से संतोष ही नहीं होता।
- मिठाई मेरी कमजोरी है।
- मुझे खूब तनाव रहता है।
- मुझे उसके ही विचार आते रहते हैं।
- मैं उसे कभी माफ नहीं करूँगा।

- मैं कौन हूँ, उसे यह पता ही नहीं है।
- वह अपने आप को समझता क्या है ?
- मुझे तो पूरी जिंदगी सहना ही है।

अपना उत्तर सावधानीपूर्वक दीजिएगा। क्या प्रत्येक विधान यह बताता है कि अंत:करण के किस भाग में व्याधि है ? क्या व्याधि है ? राग है, द्वेष है, ईर्ष्या है, अभिमान है, लघुता ग्रंथि हैं ?··· आवश्यक लगने पर पिछले पलों को फिर से देखने में संकोच मत कीजिएगा।

The true definition of mental illness is when
the majority of your time is spent in
the past or future but rarely live in the realism of NOW.

~Shannon L. Alder

अंतरात्मा के साक्ष्य पर

अब मुझे जब भी बेचैनी होती है, जी जलता है, दुविधा या द्वंद्व अनुभव होता है, दु:ख या पीड़ा होती है तो मैं तुरंत अंत:करण की जाँच करने लगता हूँ। ये सारे लक्षण खतरे की घंटी का काम करते हैं। ये मुझे सूचित करते हैं कि भीतर कुछ गड़बड़ हो रही है, जिससे मुझे तुरंत सजग हो जाना है। एकांत में उसका अध्ययन करके, खोज करके यह पता लगा लेना है कि अभी भी कहाँ पर सुषुप्तता का साम्राज्य है। मुझे पता है कि जैसे ही मेरी समझ में यह आ जाएगा, तब फिर से अंतर में संवादिता उत्पन्न हो सकेगी।

जहाँ रोग, वहाँ उपाय

मनुष्य अध्यात्म के क्षेत्र में प्रवेश करता है, यानी ध्यान–साधना के द्वारा अपने अंतःकरण की प्रवृत्तियों और प्रकृति से परिचित होता है। अब उसे यह खोजना रहता है कि उसके अंतःकरण में कहाँ स्वस्थता है और कहाँ अस्वस्थता।

यदि मनुष्य की समस्याएँ उसके विचारों, मन की बेकाबू इच्छाओं, भूतकाल के अनुभवों से बने मनांकनों में हो तो उसे समस्याएँ वहाँ पर ही हल करनी हैं।

यदि उसे निरंतर तनाव रहता हो, उलझनें रहती हों, निर्णय नहीं ले सकता हो, दबाव अनुभव करता हो तो फिर उसे अपनी बुद्धि के क्षेत्र को परखने की जरूरत है। बुद्धि पर सजगता का प्रकाश पड़े तो बुद्धि नियंत्रण में आ सकती है।

यदि उसे मनुष्यों या वस्तुओं के प्रति प्रगाढ़ आकर्षण होता हो, भूतकाल में किसी इंद्रिय–सुख का अनुभव था, वह बारंबार याद आता हो, उसके ही विचार व कल्पना में रत रहा हो तो ये सारी समस्याएँ राग की हैं। जिसको भूतकाल में दुःख होता हो, उसके विचारों से अंतर में कटुता भर जाती हो, क्रोध और तिरस्कार उभरते हों, चाहे वे जितने भी सूक्ष्म हों तो यह सब भयंकर द्वेष के हमले हैं। चित्त एक स्थान पर स्थिर न रह पाता हो, एकाग्रता की समस्या हो तो उसे अब समझ में आएगा कि ये चित्त के क्षेत्र की समस्याएँ हैं।

उसी तरह बारंबार मद से फूलना और बारंबार कोई हमें हानि पहुँचाता हो, आत्मविश्वास का अभाव हो या आत्मसम्मान कमजोर हो या फिर अपने सत्ता–स्थान इत्यादि का अभिमान हो तो यह अहंकार के करण को जाँचने का समय है।

हमें पहले यह जाँच करनी है कि समस्या कहाँ है? प्रत्येक व्यक्ति की समस्याएँ एवं उनके संयोजन अलग–अलग होते हैं। उसमें से व्यवहार का एक पैटर्न उभरता है। स्वनिरीक्षण द्वारा पहले मनुष्य इन लक्षणों को पहचान सकता है, फिर अपने अंतःकरण के ज्ञान के उपयोग से अपनी समस्या के क्षेत्र को भी पकड़ सकता है।

निदान हो जाने पर रोग के उपचार का उपाय सरल बन जाता है।

अंततः अंतःकरण स्वस्थ होना चाहिए। मनोव्यापार किस तरह चल रहा है, उसका निरीक्षण करें तथा समस्याग्रस्त अंतःकरण से जीवन में कैसे भयंकर व दुःखद परिणाम आते हैं, उनका भी अवलोकन करें तो निदान सामने आने लगता है। वह अपने बाह्य सांसारिक व्यवहारों का अपहरण न कर जाए, उसका हम ध्यान रख सकते हैं।

The roots of the problems we face in the world
in our national life,
and in our family and personal lives are spiritual.

~Stephen Covey

अंतरात्मा के साक्ष्य पर

चित्त की वृत्तियों से सजग रहते हैं। कई बार चूक जाते हैं, परंतु अधिक-से-अधिक जाग्रत रहने का प्रयास जारी ही है। यह प्रयास आसान नहीं है। पता चलता है कि वृत्तियों का जोर, उनकी शक्ति का हमें अनुमान ही नहीं होता है। जरा सी ढील दें कि वे हम पर हावी होने का मौका ही ताकती होती हैं। दुश्मन सोता ही नहीं है, इसलिए हम भी कैसे सो सकते हैं? बस, जागते रहना है। जिसकी पलक झपकी, वह हार जाने वाला है। जागृति का यह अत्यंत रोचक खेल है।

रोग का निदान और उपचार

शरीर में रोग तभी होता है, जब हम प्रकृति के नियम को भंग करते हैं। अपर्याप्त नींद लेना, असंतुलित आहार लेना, अनियमित व अनियंत्रित जीवन-शैली होना—इन सबके कारण शरीर की संवादिता का क्रम टूट जाता है और हम रोग का शिकार हो जाते हैं।

अंतःकरण में भी ऐसे ही होता है। मन, बुद्धि, चित्त, अहंकार के निश्चित प्रयोजन हैं; उनके उपयोग हैं; परंतु उनकी मर्यादाएँ भी हैं। उन मर्यादाओं का उल्लंघन हो तो अंतःकरण में भी विसंवादिता उत्पन्न होती है।

जिस तरह डॉक्टर की दवा लेने पर हम फिर से स्वस्थ-नीरोग हो सकते हैं; परंतु पुनः गलत आदतों एवं जीवन-शैली का अनुसरण करें तो फिर से बीमार भी पड़ने वाले ही हैं, उसी तरह अध्यात्म के क्षेत्र में भी यदि अस्वस्थता है तो उसके उपाय भी हैं। मनुष्य फिर से स्वस्थ हो सकता है। मंत्रोच्चार करना, माला जपना, त्राटक करना, आसन व प्राणायाम करना, श्वासोच्छ्वास का निरीक्षण करना, पूजा-अर्चना करना··· । लोग भाँति-भाँति के कार्य करने में जुट जाते हैं। परंतु समस्या क्या है? समस्या कहाँ स्थित है? वह कैसे पैदा हुई है? उसका हल कैसे आ सकता है? उससे संबंधित कौन सी पद्धति कैसे सहायक हो सकती है? उसे जाने बिना अँधेरे में हाथ-पैर मारने से क्या लाभ हो? किसी को दिखाई नहीं दे रहा था, उसने पाँच नंबर का चश्मा पहन लिया तो उसे दिखने लगा। तो जिसे भी देखने की तकलीफ हो, उन सबको वह चश्मा थोड़े ही काम आने वाला है!

यदि क्रोध आता है तो अहंकार के घायल होने का कारण हो सकता है। अथवा यह संभव है कि दुःख की स्मृति में से क्रोध आता हो। तो मनुष्य को अपने अहंकार के बारे में सजग होना है; भूतकाल के दुःखद अनुभवों को अपने ध्यान में लेकर उन्हें पचाना है। कोई हवन-यज्ञ करने से क्रोध किस तरह शांत होगा?

हाँ, बहुत सी ऐसी पद्धतियाँ अवश्य होती हैं, जिनसे मनुष्य को सामान्य रीति से ऐसी सजगता बढ़ाने में मदद मिलती है। उदाहरण के लिए, अतःनिरीक्षण करने के लिए डायरी

लिखने से जागृति में अवश्य वृद्धि होती है। परंतु यहाँ भी प्रत्येक व्यक्ति को डायरी लेखन की पद्धति अनुकूल रहे, यह जरूरी नहीं है। सीखने तथा साधना की पद्धति व्यक्तित्व की तासीर देखकर तय की जानी चाहिए।

हमारे शास्त्रों में भी राजयोग, कर्मयोग और भक्तियोग या प्रेमयोग के अलग-अलग पंथ बताए गए हैं। जो विचारवान हैं उन्हें राजयोग, भावुक हैं उन्हें भक्ति योग, प्रगतिशील हैं उन्हें कर्मयोग अनुकूल आएगा। अंतत: ये सभी मार्ग हैं और इनका ध्येय मनुष्य जीवन की सार्थकता ही है।

अंत:करण की व्याधियों का उपाय है। मनुष्य को अंतर में साधना करनी है; परंतु किस पद्धति से मनुष्य को साधना स्वयं है, उसका निर्णय वैज्ञानिक दृष्टि से करना चाहिए। इसके लिए सर्वप्रथम उन्हें स्वयं को, अपनी आवश्यकताओं को, अपने व्यक्तित्व को समझना है। उसे स्वयं क्या अनुकूल है, उसका पता चल ही जाएगा। हाँ, प्रज्ञावान सद्गुरु इसमें अंगुलि-निर्देश द्वारा मदद अवश्य कर सकते हैं।

You See.
I don't mind what happens.

~J. Krishnamurti

अंतरात्मा के साक्ष्य पर

रहस्य तो मेरी समझ में आ गया है। वह इस तरह है। मैं जीवन जीता हूँ, यानी कि जीवन की परिस्थितियों के संपर्क में आता हूँ। बाहर घटनाएँ घटित हो रही हैं, उनसे मैं किस तरह संबद्ध होता हूँ? क्या उन घटनाओं के साथ मेरा मन या अंत:करण जुड़ जाता है? मेरी अजागति में मेरा अंत:करण मेरा जीवन जीने लगता है? या फिर मैं इस मन की वृत्तियों को बाहर की घटनाओं से दूर रख पाता हूँ? वृत्तियों से परे होकर मैं घटनाओं के साथ संबद्ध हो सकता हूँ या नहीं? मेरा जीवन किस तरह जिया जा रहा है?

मन का कभी भी नाश नहीं होता। मन तो संस्कारों का पुंज है। मन भूतकाल की उपज है। मनुष्य ने मन को अनेक प्रकार से संस्कारित किया है। मानव जाति मनोभूमि को जोतती ही रही है। मन का स्वभाव अतिसंवेदनशील तथा शीघ्र आंदोलित होना है। मन में स्मृति, बुद्धि और एकाग्रता ध्यान की शक्तियाँ रही हुई हैं। आप जो कुछ सीखते हैं, वह स्मृति में संग्रह होता है। आपका बाह्य व्यवहार चलाने में यह मन अत्यंत महत्त्वपूर्ण है। इसकी प्रत्येक शक्ति संबंधों में काम करने के लिए बहुत उपयोगी है। वह बहुत सहायक बनता है। स्थूल भौतिक वृत्तियों के स्तर पर तथा थियोलॉजिकल स्तर पर इसका काम है; परंतु आध्यात्मिक स्तर पर इसका कोई काम नहीं है। जहाँ इसका काम नहीं है, वहाँ भी यह सक्रिय रहे तो गड़बड़ होती है।

~विमला ठकार

प्रकरण 4

साधना

अध्यात्म-विज्ञान की बारहखड़ी

भीतरनो सुर (भीतर का सुर)

भीतरनो सुर तारो म्हेजे मळे तो भले
दुनियानो सूर जाय दूर।

एकांते बाजतुं जे आतमनुं बीन,
एनो कोईनी संगाथ तार बांधे!
लाख-लाख वार ए तो तूटी पड़े ने
तुं तो तूटे तूटे ने फरी सांधे!
ऊंडो अंधार तने मौनमां डुबाड़े ने
अंदर तो नादनां नूर।

बीजानी साथ तने संवादे गूँथतो
बंधु, ए तार नथी बीजे,
हैये हजार रमे तारो झंकार,
एक पोतानो राम जो रीझे;
मनमाँ बेठेल तारा मानवीनुं एकलुं
सांभळने, मीठुं : 'मंजूर!'

सामे जुए तो हशे वमळो विषादनां,
सामे तो शंकानी खाई,
अंतरनो सूर तारो सेतु बनीने वणे
सामेथी नेहनी सगाई;
आंकड़ा भीड़ीने अहीं आवे आनंदमां
सूरना संबंध भरपूर।

भीतरनो सूर तारो म्हेजे मळे तो भले
दुनियानां सूर जाय दूर।

~मकरंद दवे

प्रकरण 4

साधना : अध्यात्म-विज्ञान की बारहखड़ी

अकेलापन, एकांत और अध्यात्म

मनुष्य सामाजिक है, संबंधों में जीता है। उसे मिल-जुलकर जीना अच्छा लगता है। इसलिए स्वाभाविक है कि जब तक वह संबंधों से जुड़ा हो, तब तक सुरक्षित अनुभव करता है। परंतु जैसे ही वह संबंधों से अलग होता है, भले ही थोड़े समय के लिए भी, तो वह तुरंत अकेलापन अनुभव करने लगता है। उसे अकेला-अकेला लगता है। बहुत से लोग तो अकेलेपन से इतने आकुल-व्याकुल हो जाते हैं कि उसे दूर करने के लिए नशेड़ियों की भाँति कुछ भी करने को तैयार हो जाते हैं। प्रियजनों का साथ न मिले तो यंत्रों और उपकरणों का साथ टेलीविजन, मोबाइल, मीडिया प्लेयर तो आजकल शीघ्र प्राप्य है। मनुष्य उसमें लीन होकर जाने-अनजाने अकेलेपन को भूलने की कोशिश करता है।

परंतु करुणता यह है कि एकांत तो अध्यात्म, सजगता, समझदारी की पूर्व शर्त है। मनुष्य आखिरकार तो अकेला ही है। वह जहाँ-जहाँ कुछ देर अकेला पड़ता है कि अंदर की वास्तविकताएँ उसके सम्मुख आकर खड़ी ही रहती हैं। वह पुनः व्यस्तता की शरण लेकर उनसे भागता है। पर अंततः तो 'अकेला होना' मनुष्य के साये की तरह उसके साथ-साथ ही चलता रहता है।

मनुष्य अकेला ही आया है, अकेले ही जाना है, एक स्तर पर जीवन-पर्यंत अकेला ही रहता है। फिर भी वह आजीवन किसी तरह अकेला पड़ने से भागता रहता है। जैसे पीड़ा मनुष्य के लिए आवश्यक है, अनिवार्य है, अंततः विकास के लिए शुभ संकेत ही है; फिर भी मनुष्य अज्ञानतावश पीड़ा से भागता रहता है, उसी तरह वह एकांत से भी भागता है। किसलिए?

मनुष्य आजीवन जो कुछ करता है, वह अंततः उसके अंतरतम की अभिव्यक्ति है। मनुष्य का आंतरिक विश्व जैसा होता है, उसके अनुरूप ही बाह्य जीवन निर्मित होता है। इसलिए प्रतिदिन पूरे जाग्रत घंटों में मनुष्य जो व्यवहार करता है, उसमें मन व हृदय व्यस्त रहते हैं। यदि वह सभी व्यवहारों को एकदम बंद कर दे तो? तो स्वाभाविक है कि अब मन व हृदय में विचार भावनाएँ उफनती रहेंगी, परंतु अब उनके बाहर अभिव्यक्त होने का रास्ता तो बंद हो गया।

यही स्थिति जारी रहे तो क्या हो?

मनुष्य समस्त प्रवृत्तियाँ बंद करे तो फिर वह एक ही कार्य कर सकता है—स्वनिरीक्षण, यानी आत्मनिरीक्षण। अपने मन व हृदय को देखने के लिए अपने विचारों एवं भावनाओं का निरीक्षण करना, आंतरिक विश्व को समझना—और यहाँ से ही उसके स्व-ज्ञान तथा समझदारी की शुरुआत हो सकती है।

पर मन की वृत्तियाँ देखना आसान नहीं है। दर्पण में अपना बदसूरत चेहरा देखना किसी को पसंद नहीं है। विकृत चेहरेवाला व्यक्ति शीशे में मुँह देखना टालता है। उसी भाँति मनुष्य एकांत से भागता रहता है। फर्क इतना ही है कि मन की बदसूरती की धारणा हमने समाज से उधार ली है। साथ ही 'मेरा मन बुरा है', ऐसा देखने तथा स्वीकार करने की हिम्मत नहीं है। जीवन-प्रेम अभी इतना उत्कट नहीं हुआ है कि मनुष्य किसी भी कीमत पर सत्य की खोज करे।

If you're lonely when you're alone,
you're in a bad company.

~Jean-Paul Sartre

अंतरात्मा के साक्ष्य पर

मुझसे एकांत में क्यों रहा नहीं जाता? मुझे अब मालूम है कि एकांत में रहना कितना आवश्यक है। फिर भी एकांत में जाने से मुझे क्यों घबराहट होती है? मुझे पता है कि किसी-न-किसी तरह व्यस्त रहकर मैं अपने आपसे ही भागता हूँ। क्या मुझे ही अपना साथ पसंद नहीं है? क्या मुझमें इतनी हिम्मत है कि मैं अपना सामना कर सकूँ? या फिर मेरे लिए वास्तविक स्वविकास प्राथमिकता ही नहीं है? मुझे केवल वाचन-चर्चा से ही संतोष है? किंतु फिर क्या यह अपने आपसे छल नहीं है? एकांत में रहे बिना यह कैसे सिद्ध होगा?

एकांत का प्रयोजन है मौन

अध्यात्म में मनुष्य के हेतु तथा उनके प्रेरक बल अत्यंत महत्त्वपूर्ण हैं। सही इरादे से किया गया सच्चा कर्म ही सच्चा परिणाम देता है। इसीलिए सुंदर जीवन जीने की अभिलाषा से प्रेरित हों, तभी अध्यात्म-साधना जीवन को सुंदर बनाती है। प्रदर्शन करने का इरादा हो तो फिर जीवन दंभ ही हो जाता है। उसमें कोई सुगंध नहीं होती।

एकांत में क्यों जाना है, भाई? एकांत में जाने से, बंद हो जाने से कोई चमत्कार होने वाला नहीं है। स्वयं को चाहते हो? जीवन को चाहते हो? खूब विकसित होना चाहते हो? जीवन को समझने के लिए तड़पते हो? बाकी, सच्चे इरादे के अभाव में तो एकांत भयावह लगेगा, उबाऊ लगेगा। मनुष्य उससे भागेगा। फिर तो वह एकांत को किसी-न-किसी तरह दूर करने का ही प्रयास करेगा। आसपास देखेगा तो कुछ तो आसानी से मिल सकेगा—मोबाइल, कंप्यूटर, पुस्तकें, पत्रिकाएँ। तो फिर निज के साथ मिलाप किस तरह से होगा?

एकांत का प्रयोजन ही मौन है। जब सभी इंद्रियों को विषय मिलने बंद हों, मनुष्य इंद्रियों को आहार देना बंद करे, उसके बाद ही वह स्व-निरीक्षण करने के लिए मुक्त होता है। मेकैनिक को किसी यंत्र की जाँच करनी हो तो वह पहले यंत्र को बंद कर देता है। रोगी का ऑपरेशन करने से पहले डॉक्टर उसे बेहोश करता है। रोगी होश में हो और हलन-चलन या उछल-कूद करे तो डॉक्टर ऑपरेशन कैसे करेगा? जिसका भी अध्ययन करना है, उसे कामचलाऊ रूप से स्थगित करना ही पड़ता है।

मौन चुप्पी नहीं है, खाली चुपचाप बैठना नहीं है। चुप रहने से मुँह बंद हुआ, पर आँखें, कान, नाक तो खुले हैं। कोई व्यक्ति अकेले बैठकर चुपचाप टेलीविजन देख रहा है तो उसे थोड़े ही मौन कहा जाएगा! केवल जीभ निष्क्रिय है; परंतु आँख व कान सक्रिय हैं, दिलोदिमाग भी देखने की प्रवृत्ति में लगे हुए हैं। इसलिए मौन का अर्थ होता है—सभी इंद्रियों का निष्क्रिय होना, उन्हें विषय न देना।

'पातंजल योगसूत्र' में चित्तवृत्तियों के निरोध के लिए अष्टांग योग का वर्णन है, जिसके आठ अंग हैं—यम, नियम, आसन, प्राणायाम, प्रत्याहार, धारणा, ध्यान और समाधि। प्रथम चार योगों द्वारा मनुष्य अपने शरीर व मन को साधना के लिए तैयार करता है। पाँचवाँ चरण प्रत्याहार का है। इसमें मनुष्य को अपनी समस्त इंद्रियों को उनके विषयों में से वापस खींचना होता है। जब अपनी-अपनी वासना के पदार्थों से इंद्रियों का संबंध कट जाता है, उस समय ऐसी भूमिका पैदा होती है कि चित्त स्व की ओर मुड़ सके। यह है मौन का सच्चा प्रयोजन!

मौन, यानी सभी इंद्रियों का अपने-अपने विषयों के विरुद्ध गति करना और शांत होना। शांत वातावरण है। मनुष्य को अंत:निरीक्षण में ही रुचि है। वह सभी विक्षेपों एवं अवलंबनों से दूर बैठता है, तब जाकर उसके मौन की शुरुआत होती है।

The quieter you become,
the more you're being able to hear.

~Rumi

अंतरात्मा के साक्ष्य पर

कभी अकेले हो जाते कि तुरंत मोबाइल लेकर उसमें लग जाना, या फिर टी.वी. के सामने बैठ जाना, या फिर तरंगी विचारों में खोए ही रहना होता था। बाद में पता चला कि अकेले पड़ जाने से एकांत का उद्‌देश्य सिद्ध नहीं होता था। फिर डायरी लेकर जीवन की भूमिकाओं एवं घटनाओं के संदर्भ में स्वयं से प्रश्न करना शुरू किया। डायरी के कारण एकांत को कोई प्रयोजन तो मिला। यह समझ में आने लगा कि जीवन मेरे चयनों की ही श्रृंखला है। जिम्मेदारी के स्वीकार के साथ शांति जुड़ी हुई है!

मौन का प्रथम प्रयोजन है–स्व-निरीक्षण

मनुष्य एक बार मौन में प्रवेश करे, आसपास के व्यवधानकर्ता परिबलों से विलग हो जाए तो अब वह अध्यात्म–साधना की शुरुआत कर सकता है। उसका प्रथम चरण है स्व–निरीक्षण। वह स्वयं को देखना–जानना चाहता है, समझना चाहता है। वह सब समझना चाहता है कि उसके अंत:करण किस तरह काम करते हैं, उसके जीवन को कैसे प्रभावित करते हैं। उसे पता चल गया है कि इन सबको समझकर ही वह अपने अंत:करण तथा जीवन को नियंत्रण में ले सकेगा।

यह आसान नहीं है। हमारे भीतर कितने ही पूर्वग्रह पड़े हुए हैं। मन की वृत्तियाँ निरंतर उछलती रहती हैं। उदाहरण के लिए, मन में ऐसी इच्छाएँ पैदा होती हों, जिन पर हमने 'खराब' का लेबल लगा दिया हो। अहंकार को यह देखना पसंद नहीं है। अहंकार को वास्तविकता में रुचि नहीं है। उसे फूलने में रुचि है। संकुचित होने से वह दूर भागने की कोशिश करता है। इसीलिए 'मैं खराब हूँ' की बात उसे बिल्कुल पसंद नहीं आती।

बहुत से व्यक्ति ऐसी वास्तविकताओं के साथ रू–ब–रू होते हैं, तब वे अत्यंत वेदना अनुभव करते हैं। मैं ऐसा ? मैं ऐसी ? अहंकार आहत होता है, उस समय पीड़ा होती है, आँसू बहते हैं। यदि ऐसा होता है तो अपने अंदर के विचारों और वृत्तियों को कौन देख रहा है ? अहंकार ही न, और कौन ? अहंकार कितना चालाक है ! जो आँखें उसे देखकर वश में करना चाहती हैं, वह उन्हीं आँखों में घुस जाता है। इसलिए हमें पहली सीख यह गाँठ में बाँधनी है कि स्व–निरीक्षण की प्रक्रिया में होनेवाली सभी हिचकिचाहटें, पीड़ा तथा दर्द अहंकार की ही लीला हैं।

इस तरह देखने की प्रक्रिया को मन, चित्त, बुद्धि, अहंकार प्रभावित करने की पूरी कोशिश करते हैं। चित्त कहाँ–से–कहाँ पहुँच जाता है। मन पीड़ा से बचने के लिए मार्ग ढूँढ़ने लग जाता है। बुद्धि तर्क करने लगती है। देखने की प्रक्रिया वापस अजाग्रत जीवन में विलीन हो जाती है।

किंतु अगर साधक सावधान है, धैर्यपूर्वक जागृति बनाए रखने की कोशिश करता रहता है तो अंत में वह अपने अंत:करण का साक्षी भाव से निरीक्षण कर सकता है। वह जैसे-जैसे समझता जाता है, वैसे-वैसे वह अधिक-से-अधिक मुक्ति, अधिक-से-अधिक जागृति अनुभव करता है। उसे पता है कि यह आँखमिचौनी जैसा खेल है।

ऐसा स्व-निरीक्षण एवं जागृति ही मौन के प्रयोजन हैं। ध्यानावस्था में भी मनुष्य अन्य बहुत सी प्रक्रियाएँ कर ही सकता है। इसलिए ऐसा मानना भी पूर्वग्रह है कि केवल यही ध्यान है। अध्यात्म की खोज में हमें सावधानी रखनी है कि किसी भी शब्द के अर्थ को जड़ता से न पकड़े रखें।

Many peoples suffer from
the fear of finding oneself alone,
and so they don't find themselves at all.

~Rollo May

अंतरात्मा के साक्ष्य पर

स्व-निरीक्षण करते समय भी कितनी उलझन होती है! मेरे अंदर इतने सारे 'मैं' हैं कि उनमें से कौन सा 'मैं' कब क्या करने लगता है, उसका ध्यान रखना पड़ता है। जैसे कि 'मैं' साधक हूँ, यह 'मैं' का अहंकार है। वह स्व-निरीक्षण कैसे करेगा? वह तो अपने को श्रेष्ठतर सिद्ध करने के लिए अब स्व-निरीक्षण की प्रक्रिया का उपयोग करने लगा है! मैं साधक हूँ, किंतु और दूसरे सभी नहीं हैं, ऐसा प्रदर्शन करेगा। कितना महत्त्वपूर्ण है कि मुझे अपने इरादों को देखते रहना होगा। सच्ची अभीप्सा का मुझे सावधानीपूर्वक पालन-पोषण करना चाहिए।

दूसरों का निरीक्षण आसान है

हम जीवन में कोई प्रवृत्ति या प्रयत्न करते हों और हमें विपरीत परिणाम मिलते हों, तो वह दरशाता है कि हम उलटी दिशा में जा रहे हैं। यदि कल्पित, इच्छित परिणाम चाहिए तो फिर वहाँ से यू-टर्न लेने की जरूरत होती है। जैसा कि गांधीजी कहते थे कि हम अपने दोष टेलीस्कोप से तथा दूसरों के दोष माइक्रोस्कोप से देखते हैं। इससे 'स्व' का तथा जीवन का विकास नहीं होता। दूसरों का काजी बनना, उनकी भूलों का विश्लेषण करना, यही तो चित्तवृत्तियों का फास्टफूड है। अहंकार को तो स्वयं दूसरों की अपेक्षा कैसा श्रेष्ठतर है, वही देखना और फूलते रहना है। अपने दोषों को सूक्ष्मता से देखना तथा दूसरों के दोष ऊपर-ऊपर से देखना, उनकी अवगणना करना, यह वास्तव में सच्चा मनुष्य बनने की दिशा की निशानी है। अध्यात्म की खोज को इससे अलग नहीं किया जा सकता।

हम सब दूसरों का निरीक्षण करने में कुशल हैं। सामनेवाला व्यक्ति क्या कर रहा है, क्यों कर रहा है, उसका इरादा क्या है, उसका व्यवहार किस तरह हीन है, उसके अंदर क्या कमियाँ हैं, उसके चरित्र में क्या-क्या दोष हैं, उसके विचार, वाणी, व्यवहार में क्या अंतर है, वह किस तरह भिन्न स्तर की जिंदगी जीता है, उसे क्या पता नहीं चलता, वह कैसे मूर्ख है, वह अपने आप को क्या समझता है···। यह सब निरीक्षण-विश्लेषण करने में हम अपने को होशियार मानते हैं। इन सबका मनोमन अभिमान भी करते हैं। अहंकार को तो यही करना अच्छा लगता है। अपने को श्रेष्ठतर साबित करना और दूसरों को नीचा दिखलाना अहंकार के लिए जरूरी है। दूसरों के दोष और भूलें खोजते रहने में अपनी ओर देखने से भागा जा सकता है। और अंततः तो सभी हाड़-मांस के मनुष्य हैं। कमियाँ-त्रुटियाँ किसमें नहीं होतीं? विश्व की महान् विभूतियों को भी हम नहीं छोड़ते, तो फिर आसपास के लोग तो किस खेत की मूली हैं!

हम यह नहीं जानते होते हैं कि दूसरों का निरीक्षण तो अत्यंत आसान है, कठिन तो है खुद को आईने में देखना। असल में स्व-निरीक्षण तथा आत्मविश्लेषण करने में ही पुरुषार्थ की जरूरत है। जीवन की यथार्थ सिद्धि और सच्ची सफलता उसी में है।

दूसरे के चरित्र और वाणी-व्यवहार का विश्लेषण करने से न तो मनुष्य एक अच्छा व्यक्ति बनता है, न ही वह अध्यात्म का यात्री बनता है। जैसे-जैसे मेरे हाथ में अधिक-से-अधिक ज्ञान आता जाता है, वैसे-वैसे उसका उपयोग मैं दूसरों की खिल्ली उड़ाने में करता हूँ। दूसरी सीख, जो गाँठ बाँधनी है कि केवल विकृत निंदा इस अहंकार का ही बदसूरत और भद्‌दा रूप है। दूसरों का काजी बनना, यह अहंकार का ही खेल है, जिसमें से अंततः क्लेश, अशांति और दुःख ही उत्पन्न होने वाले हैं।

अध्यात्म के साधक औरों का निरीक्षण करते हैं, पर उन्हें गहराई से संवेदित करने तथा समझने के लिए। उनकी कद्र करने तथा उनके भीतर के सौंदर्य को पहचानने के लिए, न कि उनके रेशे-रेशे को उधेड़ने के लिए।

Criticism of others is thus on oblique form of self-commedation.
We think we make the picture hang straight
on our wall by telling our neighbours that
all his pictures are crooked.

~Fultan J. Sheen

अंतरात्मा के साक्ष्य पर

मैं जजमेंटल क्यों हो जाता हूँ? मैं मानता हूँ कि मेरे भीतर क्या चल रहा है? मैं बाहर क्या करता हूँ, मेरे इरादे क्या हैं, मेरी भूलें किस तरह प्राथमिक और निर्दोष हैं, कमियों के बावजूद मैं कितना चाहने लायक व्यक्ति हूँ? यह सब कोई पूरे-का-पूरा समझ ही नहीं सकता। तो फिर मैं औरों की ऐसी बातों को कैसे जज कर सकता हूँ? अन्य व्यक्तियों को नापने, मूल्यांकन करने का अभिगम अंततः मेरे पलायनवाद का ही सूचक है। जजमेंटल होना कितना हीन है, यह अगर मेरी समझ में आए तो ही मैं बदल सकता हूँ।

एकांत और आत्मसम्मान

अकेलापन (लोनलीनेस) तथा एकाकीपन (एलोननेस) दोनों भिन्न अवस्थाएँ हैं। जब मनुष्य बिना किसी के साथ के नहीं रह सकता, उस समय वह यदि अकेला हो तो तरसता है। ऐसा अकेलापन मनुष्य को अंदर-ही-अंदर करोकर खा जाता है; जबकि एकाकीपन मनुष्य के एकांत में आनंदपूर्वक रह सकने की क्षमता है।

अकेलापन, यानी साथ पाने की तड़प या संगत के बिना अनुभव होती एक अप्रिय भावना। एकांत, यानी मनुष्य जब अपनी संगत में रहना पसंद करता है। मनुष्य जिसे चाहता होता है, उसी की संगत में रहना पसंद करता है। इसलिए स्वाभाविक है कि वह खुद को चाहता हो, तभी वह अपनी संगत में, एकांत में जाना और रहना पसंद करता रहता है। जो एकांत को गले लगा सकते हैं, उन्हें अकेलेपन की भावना उतना नहीं सताती है।

आज के जमाने में हम आत्मसम्मान की कीमत ऊँची मानते हैं। व्यक्ति के आत्मसम्मान की भावना को हम उसके विकास और व्यक्तित्व के महत्त्वपूर्ण मानदंड के रूप में देखते हैं। और यह उचित ही है। आत्मसम्मान तथा आत्मविकास मनुष्य के चरित्र के अत्यंत महत्त्वपूर्ण लक्षण ही हैं। फिर भी हम एकांतप्रिय बालकों या व्यक्तियों को मानसिक रूप से अस्वस्थ समझते हैं। कैसी विचित्र बात है!

जिसकी आत्मसम्मान की भावना ऊँची है, उसका अर्थ ही यही हुआ कि वह स्वयं को चाहता है, स्वयं को पसंद करता है, अपने लिए उच्च आदर एवं सम्मान रखता है। इसलिए स्वाभाविक है कि उसे अपने साथ रहना अच्छा लगेगा। उच्च आत्म-सम्मानवाले व्यक्ति ही एकांत में आनंदपूर्वक रह सकते हैं और ऐसे ही व्यक्ति संबंधों में भी अधिक सफल होते हैं।

कैसा विरोधाभास! कैसी करुणता! हमने तो अकेले रहनेवाले को एक सामाजिक विकृति मान लिया है। जीवन को अकेले भोग सकनेवाले बालक मानो असामाजिक हों, ऐसा माता-पिता मानने लगते हैं तथा उनको और सामाजिक बनने, अधिक संबंध जोड़ने के लिए लगभग जबरदस्ती करते होते हैं।

जो मनुष्य अपने को पसंद नहीं करता, वह ऐसी अपेक्षा कैसे रख सकता है कि दूसरे उसे पसंद करें? जो स्वयं को प्रेम नहीं करता, वह दूसरों का प्रेम कैसे पा सकेगा? जो स्वयं को आदर नहीं देता और वह ऐसी इच्छा करे कि दूसरे उसे आदर-सम्मान दें, तो वह इच्छा कैसे परिपूर्ण हो सकती है?

एरिक फ्रॉम कहते हैं कि एकांत में रह सकना, एकांत का आनंद लेना, यह मनुष्य के प्रेम कर सकने की क्षमता की महत्त्वपूर्ण शर्त है। हम भी एक समाज के रूप में एकांत को अपवाद के बजाय जीवन-शैली बनाने की ओर प्रगति करेंगे, तभी समाज वास्तव में आध्यात्मिकता की दिशा में आगे बढ़ा हुआ माना जाएगा।

You yourself, as much as anybody in the entire universe,
deserve your love and affection.
~Gautam Buddha

अंतरात्मा के साक्ष्य पर

हमारी संतान हमें कितना प्रिय होती है। हम उसे लाड़ करते हैं, उत्तम आहार देते है, यथाशक्ति उसे सर्वोत्तम वस्तुएँ देते हैं। उसके उत्कृष्ट पालन-पोषण के लिए क्या नहीं करते! तो क्या मुझे अपने लिए ऐसा प्रेम नहीं है? मेरा विकास मेरे लिए कितना महत्त्वपूर्ण है? मैं स्वयं को कितना प्रेम करता हूँ? मुझे अपनी संगति में रहना अच्छा लगता है? क्या मैं एकांत में मधुर जीवन जी सकता हूँ? मैं जीवन को केवल जीवन के लिए चाह सकता हूँ, किसी को दिखाने के लिए नहीं। मैं अपनी अंतरात्मा के लिए जी सकता हूँ?

एकांत की भव्यता

अकेलापन यह दरशाता है कि
मनुष्य अकेला होता है तो बेचैनी अनुभव करता है।
जिस समय अकेला होता है, उस समय जो स्वस्थता अनुभव करता है,
वह दरशाता है कि मनुष्य एकांत को पचा सकता है।

जो परिपक्व हैं, उनके लिए एकांत सौंदर्यपूर्ण है।
जो नादान हैं, उनके लिए एकांत भयावह है।
एकांत मनुष्य का स्वावलंबन भी दरशाता है।
जो दूसरों को दोष देने में रत हैं,
वे परावलंबी हैं और एकांत से भागेंगे ही।

जब तक मनुष्य को एकांत से प्रेम नहीं होता,
तब तक वह मुक्त नहीं है, वह स्वतंत्रता को भी नहीं चाहता।

मनुष्य की आंतरिक स्थिति जितनी अधिक दृढ़ होती जाती है,
उतना ही एकांत उसका सच्चा धर्म बनता जाता है।

मनुष्य अगर विश्व को समझना चाहता है
तो उसे भी समय-समय पर विश्व से दूर जाना जरूरी है।

मनुष्य अगर जीवन को समझना चाहता है
तो उसे नियमित रूप से 'स्व' को समझना जरूरी है।
समाज तथा दूसरों से जरा सा विलग होकर
एकांत में ही वह अपने आप पर काम कर सकता है।
एकांत में ही वह अपने दुर्विचारों के स्थान पर

सुविचारों का आरोपण और संवर्धन कर सकता है।
एकांत में ही मनुष्य स्वयं को पाता है।
एकांत में ही उसे अपना धर्म मिलता है।
एकांत में ही उसे अपना जीवन मिलता है।
एकांत की यह अद्‍भुत भव्यता है!

Cling to the one
who cling to nothing;
and so clinging,
cease to cling.

~Thiruvalluvar Kural

अंतरात्मा के साक्ष्य पर

अध्यात्म एक विज्ञान है, तो एकांत ही मेरे अध्यात्म जीवन की प्रयोगशाला है। जीवन के छोटे-छोटे टुकड़ों को इस प्रयोगशाला में लाकर मैं उनका निरीक्षण-परीक्षण कर सकता हूँ। एकांत में ही मैं कल्पना द्वारा अपने जीवन का पुनः सृजन कर सकता हूँ। एकांत में जीवन के हिस्से को पचाकर मैं उसमें से नया रक्त, नई ऊर्जा पैदा कर सकता हूँ। एकांत में मैं और अधिक व्यापक होकर, अधिक समृद्ध होकर फिर अपने जीवन को अधिक सार्थक ढंग से, अधिक संतोष और अधिक आनंदपूर्वक जी सकता हूँ। एकांत अनिवार्य है!

एकांत में दुःख से संबंधित प्रश्न

मनुष्य यदि खुश हो, सुखी हो, संतुष्ट हो, उसे कोई समस्या न हो तो उसे कुछ भी सोचने की आवश्यकता पैदा नहीं होती और न ही परिवर्तन के लिए उसे कोई प्रेरणा होने वाली है।

इसलिए ही दुःख, समस्याएँ, संकट और निष्फलताएँ अंततः मनुष्य के लिए छिपी आशीर्वाद ही होती हैं।

एक युवक ने एक सूफी संत के पास जाकर विनती की कि "मुझे प्रेम सिखाइए।" संत ने उससे पूछा, "तुम कभी प्रेम में पड़े हो?" युवक ने कहा, ''नहीं।'' संत ने उसे सलाह दी, "भाई, पहले लौट जाओ, प्रेम में पड़ो और जब दिल टूटे तब मेरे पास आना!"

बात का सार यह है कि दुःख अधिकांश किस्सों में अध्यात्म के क्षेत्र का प्रवेश-द्वार होता है। भगवान् बुद्ध द्वारा बताए गए वे चार सत्य दुःख के बारे में ही हैं, यह हमने देखा। दूसरे प्रकरण में हम इस बात से भी परिचित हुए कि पीड़ा से भागने के लिए मनुष्य कितनी कोशिशें करता है और कैसे-कैसे रास्ते अपनाता है! परंतु पीड़ा एवं दुःख किसी को नहीं छोड़ते। जिंदगी का नियम है कि जिससे डरकर हम दूर भागने की कोशिश करते है, वे बातें विशेष रूप से हमारा पीछा नहीं छोड़ती हैं। इसलिए मनुष्य जितनी जल्दी दुःख को स्वीकार करे, उसे दूर करने की साधना करे और उसको दूर करने का उपाय ढूँढ़ने की साधना करे तो उसका जीवन उतना ही बरबाद होने से बचेगा।

जैसे ही उसके भीतर दुःख का निवारण समझने की अभीप्सा जागती है, तुरंत ही वह स्वाभाविक रूप से एकांत की तरफ मुड़ेगा। मनुष्य एकांत में जाएगा तो सर्वप्रथम वह अपनी पीड़ा या दुःखों की जाँच-पड़ताल कर सकेगा। वह यदि उलझन में हो, घबराया हुआ हो, शोकग्रस्त हो या फिर किसी कारण से दुःखी हो तो उसे अपने आप से कुछ प्रश्न पूछने चाहिए, "मेरे जीवन में यह दुःख क्यों है? मेरे इस दुःख का कारण क्या है? मेरे किस विचार या मान्यताओं के कारण यह दुःख पैदा हुआ है? मेरी किन इच्छाओं या

अपेक्षाओं से यह दुःख उत्पन्न हुआ है? मैंने कौन से बीज बोए थे, जिसके परिणाम अब सामने आ रहे हैं? दूसरों के प्रति मेरा अभिगम कैसा है? मेरी इच्छाएँ कितनी उचित एवं संतुलित हैं? जिन विचारों से मैं परिचालित हुआ हूँ, क्या वे आदर्श हैं? प्रकृति के सिद्धांतों के साथ उनकी संवादिता है?"

मूल रूप से मनुष्य को इस बात के लिए स्व-निरीक्षण तथा जीवन के अवलोकन का संधान करके एक दर्शन बनाना है, समझ पैदा करनी है कि उसके जीवन में दुःख किस तरह पैदा होता है। जैसे ही मनुष्य इस तरह स्व-निरीक्षण या स्व-विश्लेषण की शुरुआत करते हैं कि उन्हें आंतरिक विश्व के बारे में समझ आने की शुरुआत होती है। अपने ही विचारों में से अपने जीवन में दुःख कैसे पैदा होता है, यह समझने से उसे दुःख का हल मिलना भी शुरू हो जाता है।

And could you keep your heart in wonder
at the daily miracles of your life,
your pain would not seem less wondrous than your joy.

~*Kahlil Gibran*

अंतरात्मा के साक्ष्य पर

यदि मेरे जीवन में दुःख न होता, संताप न होता तो क्या मैं कभी भी आत्मनिरीक्षण करता? यदि मैं सदैव खुश ही होता तो दुनिया से घड़ी भर के लिए दूर जाकर जीवन या खुद को जाँचने का कष्ट उठाता? मेरे जीवन में दुःख की भूमिका कितनी महत्त्वपूर्ण है! दुःख के द्वार से ही समझदारी की दुनिया में प्रवेश हो सका है। दुःख श्रेष्ठ मित्र नहीं है? दुःख से बड़ा कोई शुभचिंतक होगा? दुःख न होता तो जीवन होता क्या? मुझे दुःख क्यों इतना विषम और असह्य लगता है? दुःख को जीवन-मित्र कैसे बनाऊँ?

साधना एवं पुरुषार्थ

जैसे किसान बिना मेहनत के खेती नहीं कर सकता, वैसे ही मनुष्य भी बिना पुरुषार्थ के जीवन सफलतापूर्वक नहीं जी सकता। डॉ. एमस्कॉट पेक कहते हैं कि जीवन मुश्किल है, जीवन कठिन है, जीवन संकुल है। उसका अर्थ यह है कि जीवन में पुरुषार्थ अत्यंत आवश्यक शर्त है। मनुष्य अपने प्रमाद से प्रेरित होकर कितना चाहे, उसका जीवन बिना पुरुषार्थ के कभी आगे नहीं बढ़ सकता।

बहुत से लोग अध्यात्म के खयालों में सहजता 'कुछ न करने की कला' (आर्ट ऑफ डूइंग नथिंग), शून्यता का पक्ष लेते हैं। यह बहुत ही खतरनाक मामला है। जो प्रमादी हैं, उन्हें यह खूब माफिक आ जाता है, मन को पसंद था और शास्त्रों का आधार मिल गया! जिसकी अमराई आमों से लदी हुई है, उसे देखकर जिसकी जमीन बंजर है, वह 'कुछ न करने की कला' सीखेगा तो उसकी जमीन बंजर ही रहेगी या नहीं? हमें अंतिम सफलता दिखाई देती है; परंतु उसके पीछे की दीर्घकालीन पूर्व तैयारियाँ और परिश्रम जल्दी नहीं दिखते।

जिनके अंदर अभी विवेक अंकुरित नहीं हुआ है, उन्हें सहजता की ऐसी सानुकूल धारणाएँ बरबाद कर सकती हैं। अध्यात्म की बहुत सी धारणाएँ सर्प जैसी हैं। जिनको उन्हें पकड़ना नहीं आता, उनके लिए वे प्राणघातक सिद्ध हो सकती हैं।

हाँ, पुरुषार्थ पशु-श्रम या मिथ्या प्रयास नहीं है। बुद्धि गिरवी रखकर किया जानेवाला कर्मकांड नहीं है। पुरुषार्थ केवल शरीर या बुद्धि द्वारा की गई यांत्रिक मेहनत-मजदूरी नहीं है। सच्चा कलाकार अपनी पेंटिंग में एक भी अनावश्यक रेखा का प्रयोग नहीं करता। कुशल कारीगर कम-से-कम हलन-चलन करके कार्य-कुशलता से अपना काम सिद्ध करता है।

वैसे ही पुरुषार्थ भी समझ से पैदा होना चाहिए। पुरुषार्थ आवश्यक है, श्रेयस्कर है और इसीलिए जिन मनुष्यों का वह प्रिय बनता है, उनके लिए पुरुषार्थ सहज बन जाता है,

उनका स्वभाव बन जाता है। जो हमारा आंतरिक अनुशासन बन जाता है, उसके बाद उसका भार हमें नहीं लगता, फिर तो वह हमारे लिए सहज बन जाता है।

यह वास्तविक सहजता है। जो पुरुषार्थी हैं, उनके लिए पुरुषार्थ जीवन-शैली ही है। पुरुषार्थ के बिना जीना उनके लिए नरक हो जाएगा। पुरुषार्थ ही उनके जीवन की सफलता है, परिणाम नहीं।

शरीर जब काम करता है, तब हम उसे मेहनत कहते हैं। मनुष्य का हृदय जब काम करता है, तब उसे हम पुरुषार्थ कहते हैं। हृदय धड़कता है तो ही जीवन संभव है, चाहे वह जैविक हो या आध्यात्मिक।

Some people think only intellect counts :
knowing how to solve problems, knowing how to get by,
knowing how to identify an advantage and seize it.
But the functions of intellect are insufficient
without courage, love, friendship, compassion and empathy.

~Dean Koontz

अंतरात्मा के साक्ष्य पर

जीवन आसान बनना चाहिए? या जीवन कठिन बनना चाहिए? मुझे झटपट हो जाए, ऐसे आसान काम चाहिए या जो मेरी कसौटी करें, ऐसे कठिन काम चाहिए? जल्दी सफलता मिले, ऐसा ध्येय मुझे पसंद है या फिर भले न असफलता की शृंखला निर्मित हो, पर लक्ष्य ऊँचा ही होना चाहिए? जैसा मेरा अभिगम है, वैसा ही अध्यात्म का मार्ग भी मैं पकड़ूँगा ही न! सुरक्षा मिलने के बाद उसे पैरों की बेड़ी बना लूँ तो फिर क्या लाभ? पुरुषार्थ ही मेरा स्वभाव क्यों न बने!

साधना के सोपान और ढाई अवस्था

मनुष्य की साधना का उद्देश्य है—अधिकाधिक सजग बनना, अधिकाधिक उच्च समझ के साथ जीवन जीना। मनुष्य की इस सजगता के चार सोपान हैं। यानी कि चार प्रकार की चित्त की दशाओंवाले मनुष्य हो सकते हैं—निद्रावस्था, दिवास्वप्नावस्था, जाग्रतावस्था एवं तुरीयावस्था।

निद्रावस्था, यानी रात को हम सो जाएँ, उस समय की हमारी अवस्था। हम सो जाएँ, तब हमारे मस्तिष्क का अमुक भाग काम करना बंद कर देता है। शरीर की इंद्रियाँ निष्क्रिय हो जाती हैं। पूरे दिन भर दौड़-धूप थी, पर अब कोई कर्ता नहीं है। नींद में स्वप्न आएँ, परंतु चित्त और अहंकार सोए होते हैं।

मनुष्य नींद से उठता है तो ऐसा लगता है कि वह जाग गया है। पर वास्तव में तो उसका शरीर जागता है, अहंकार जागता है, कर्ता जागता है; परंतु वह सजग नहीं है। वह अतीत भविष्य में ही भटकता रहता है। शायद ही उसका चित्त वर्तमान में होता है। चित्त का यह भटकना, यानी दिन में सपने देखना। इस मनोदशा को *दिवास्वप्नावस्था* के रूप में पहचानते हैं।

जब मनुष्य स्व-निरीक्षण आरंभ करता है तो उसका चित्त वर्तमान में आता है। वह कर्ता के साथ-साथ द्रष्टा भी बनता जाता है। वह अपने अंतःकरण की गतिविधियों से परिचित होने लगता है। यह मनुष्य की जागृति की शुरुआत है और हम इसे *जाग्रतावस्था* कह सकते हैं। इस अवस्था में अभी भी मनुष्य का चित्त वर्तमान से भटकता है; पर उसके प्रति वह सजग है।

अंत में, मनुष्य का चित्त जब साधना एवं पुरुषार्थ के प्रताप से निरंतर वर्तमान में टिका रहे, वह जीवन में लीन हो सके तो उसकी इस चरमावस्था को *तुरीयावस्था* के रूप में पहचाना जाता है।

मनुष्य की साधना के इन चार सोपानों से निद्रावस्था एवं दिवास्वप्नावस्था का अनुभव तो सभी मनुष्य करते हैं। इनमें किसी पुरुषार्थ की जरूरत नहीं है। यह संभव है कि जीवनानुभवों से हम सभी थोड़े-बहुत जाग्रत् हुए हों। यह आधी-अधूरी जागृति की दशा सर्वसामान्य है। दुनिया के अधिकांश मनुष्यों की ऐसी 'ढाई' अवस्था होती है—निद्रा एवं दिवास्वप्न दो पूरे तथा जागृति की आधी। इस ढाई अवस्था से आगे बढ़ना ही वास्तविक साधना है। इस साधना का कोई शॉर्टकट नहीं है। उद्‌देश्य स्पष्ट है—सजगता में वृद्धि करना। जितना हो सके, उतना वर्तमान में ही रहने की कोशिश करना।

जब यह स्पष्टता न हो तो मनुष्य चमत्कारों की खोज करता रहता है। कोई गुरु सिर पर हाथ रखे और ध्यान की अवस्था में चला जाए, पुस्तकें पढ़कर ध्यान की अनुभूति हो जाए¨¨। जिस मन, बुद्धि, चित्त, अहंकार को वश में करना है, उनके ही खेल में फँसकर साधना असमय काल-कवलित हो सकती है। साधना मन की इच्छा नहीं है, बुद्धि की होशियारी नहीं है, अहंकार का खेल नहीं है। वह तो है मात्र चित्त की जाग्रतावस्था।

Your sacred space is where
you can find yourself over and over again.

~Joseph Campbell

अंतरात्मा के साक्ष्य पर

मैं कितनी जागृति में जीता हूँ और कितनी अजागृति में? मेरे जीवन का कितना भाग जागृति में जीता होगा और कितना अजागृति में? मुझे लगता है कि अभी मुझे लंबी मंजिल तय करनी है। सजगता बहुत छूट जाती है। मुझे निरंतर सावधान रहने के लिए पुरुषार्थ करना है। मेरा मंत्र यह है कि असजगता के क्षणों को मैं अपने स्व-निरीक्षण के समय देखना न चूकूँ। जितनी अधिक असजगता मैं देख सकता हूँ, उतनी ही अधिक सजगता के ओर की मेरी यात्रा चल रही है। मेरी सजगता विकसित हो रही है या नहीं, उसकी जाँच करता रहूँ।

सबसे भयंकर है–साधना का अहंकार

'मैं रूपवती हूँ', 'मैं धनी हूँ', 'मैं प्रतिष्ठित हूँ', 'मैं सत्ताधीश हूँ'—इन सबकी अपेक्षा अधिक भयंकर और खतरनाक अहंकार है—'मैं साधक हूँ।' अध्यात्म-साधना के आरंभ में ही अधिकांश मनुष्य गुमराह हो जाते हैं। करुणता इस बात में है कि उन्हें पता भी नहीं होता कि वे गुमराह हो गए हैं।

अगर किसी स्त्री को रूप का अभिमान है तो कुछ वर्ष बीतने पर वह उतरने वाला है। शरीर पर झुर्रियाँ पड़नी हैं, बाल सफेद होने, रोग घर करने वाले हैं और मृत्यु की ओर सफर होना ही है। इसलिए वह स्त्री चाहे जितनी कोशिश करे, वास्तविकता से भाग नहीं सकती। यदि मनुष्य को धन का गुमान है तो वह भी दुःख से बच नहीं सकता। धन कितना तुच्छ है, मर्यादित है, इसका पता जल्दी ही या देर में उसे लगना ही है। अलबत्ता, मनुष्य इस पीड़ादायक हकीकत से भागने की भरपूर कोशिश करते हैं और उसमें कुछ कमनसीब सफल भी होते होंगे। किंतु अंदर से तो प्रत्येक को धन की निरर्थकता का अंदाज होने लगता है। उसी तरह सत्ता, प्रतिष्ठा इत्यादि के अहंकार भी अल्पजीवी होते हैं। जीवन मनुष्य को अनेक प्रसंग एवं अवसर प्रदान करता है, जिसमें वह अपने अहंकार और उसके परिणामों से सजग हो। परंतु साधक के रूप में अहंकार अलग परिमाणोंवाला होता है।

जब मनुष्य की रुचि अध्यात्म में जगती है, यानी विशेष रूप से यदि वह वाचन-प्रेमी है तो वह साधना विषयक पुस्तकें पढ़ने लगता है। वह बुद्धिशाली है, इसलिए पुस्तकों से जानकारी एकत्रित होती जाती है। उसके मन में अब इच्छा जनमी है कि मैं साधक बनूँ। अहंकार के पल्ले पड़ जाता है कि साधक बनना, ध्यान करना वगैरह श्रेष्ठतर होने के चिह्न हैं। बुद्धि भ्रम पैदा करती जाती है कि मुझे सब पता है। अहंकार फूलता जाता है और मनुष्य यह मानने लगता है कि वह सबसे अलग कुछ विशिष्ट है, श्रेष्ठतर है। अहंकार ने अपनी जो प्रतिमा बनाई है, वह अब मनुष्य के लिए कारागार बन जाता है। सच्चा विकास या उत्क्रांति की प्रक्रिया अब रुक जाती है और व्यक्ति नकली सजगता एवं अध्यात्म की खोखली-झूठी बातें करने लग जाता है।

मनुष्य अपनी भ्रांतियों के जाल में कैसा फँसा हुआ है, उसका पता उसे नहीं चलता।

अहंकार ने तो आँखों पर ऐसी पट्टी बाँध दी है। साधक का अहंकार तोड़ना कठिन है। उसके संपर्क में आनेवाले सभी लोगों को संभवत: पता चल जाता है कि इस व्यक्ति की बातें बुद्धिजन्य हैं, अनुभवजन्य नहीं। पर वे उसे समझा नहीं पाते।

और इसीलिए मनुष्य को कुछ कसौटियाँ स्वयं ही निश्चित करनी चाहिए, ताकि अध्यात्म-यात्रा केवल मन का खेल बनकर न रह जाए। क्या ऐसा हो सकता है कि मनुष्य जाग्रत् हो, उसका जीवन प्रेम से परिपूर्ण हो और उसकी महक उसके अस्तित्व में या उसकी उपस्थिति में प्रकट न हो?

When you think yours is the only true path
you forever chain yourself to judging others
and narrow the vision of God.
The road to righteousness and arrogance is a patrallel road
that can intersect each other several
times through out a person's life.
It's often hard to recognise one road from another.
What makes them different is the road to righteoushess is
paved with the love of humanity.
The road to arrogance is paved with the love of self.

~*Shanan L. Adler*

अंतरात्मा के साक्ष्य पर

मैं सामान्य मनुष्य हूँ या असामान्य? मैं अपने आपको सामान्य मानता हूँ तो वह लघुता ग्रंथि है? असाधारण मानता हूँ तो वह अभिमान है? मैं असामान्य हूँ, ऐसा अनुभव करने में क्या अनुचित है? मुझे लगता है कि मैं असामान्य हूँ और दूसरों की अपेक्षा श्रेष्ठतर हूँ, यह मानने में ही समस्या है। मैं असामान्य हूँ और सब में भी मैं असामान्यता देखता हूँ। सभी सामान्य हैं तो अपने में भी वही सामान्यता देखता हूँ। तो फिर यह मनोदशा स्वस्थ होनी चाहिए। यहाँ भी तो अंतत: मूल मुद्दा अहंकार का ही हुआ न!

झूठी साधना एवं झूठा वैराग्य

"संसार असार है। यह विश्व केवल मोहमाया है। मनुष्य को भौतिक उपभोगों का त्याग करके आध्यात्मिकता की ओर मुड़ना चाहिए।" यह सब हमारे पढ़ने में आता है। कितने ही धर्मों में बालक, किशोर और युवक संसारी जीवन का त्याग करके धार्मिक जीवन का अनुसरण करते हैं। जो स्वेच्छया संसारी जीवन का त्याग कर देते हैं, उनके लिए हम कहते हैं कि उन्हें वैराग्य हो गया है।

तो क्या घर-बार या काम-धंधा छोड़ देना वैराग्य है? जो समाज में रहते हैं, जिन्होंने सांसारिक जीवन का त्याग नहीं किया है, उन सभी को अभी वैराग्य आना बाकी है?

वैराग्य, मोक्ष, निर्वाण—ये शब्द मनुष्य के अंतःकरणों की अवस्था के संदर्भ में हैं। यदि घर-बार छोड़ देने से बुद्ध बना जा सकता होता तो फिर बुद्ध बनना अति सरल हो जाता। घर से बाहर निकलें तो रास्तों पर जो मुफलिस और बेकार, असहाय और भिखारी मिलते हैं, उन सबको हम बुद्ध ही कह सकते। और हाथ आनेवाले नहीं, इसलिए वे खट्टे हैं, ऐसा मानना निर्बलता तथा पलायनवाद है। अध्यात्म तो शक्ति की साधना है। जिनसे संसार नहीं सँभाला जाता, वे अध्यात्म के नाम पर संसार छोड़ दें तो इसे क्या कहा जाए? जिन लोगों से धंधा नहीं हो पाता, दुकानें बंद कर देनी पड़ती हैं, उन सभी को धंधे से 'वैराग्य' हो जाएगा तो क्या हम उन्हें महात्मा कह देंगे? क्या अध्यात्म जीवन में निष्फल साबित हुए लोगों का आश्रय-स्थल है? जिनसे कुछ नहीं होता, ऐसे लोग अध्यात्म के विशेषज्ञ बन जाते हैं और जन-समुदाय उनकी चालाकी भरी बातों में आ जाता है। यह है अध्यात्म को लेकर हमारे समाज की करुणता! अंधा अंधे को गुरु बनाता है। एक भिखारी दूसरे भिखारी से भीख माँगता है!

यह वैराग्य भी झूठा है और साधना भी झूठी है। जहाँ वैज्ञानिक अभिगम नहीं अपनाया जाता, वहाँ व्यक्ति एवं समाज की यही दशा होती है। क्या है वास्तव में सच्चा वैराग्य?

चित्त का स्वभाव है—राग व द्वेष उत्पन्न करना। किसी भी वस्तु या व्यक्ति के प्रति

आकर्षण होना, चित्त का उसमें लगना; जहाँ से सुख मिला है, उसकी इच्छा होते रहना, वह न मिले तो बेचैन होना—यह सब राग है, आसक्ति है। जिस समय मनुष्य ध्यानावस्था में स्व-निरीक्षण करता है, चित्त वर्तमान में स्थिर होता जाता है, इसलिए उसका राग-द्वेष घटने लगता है। चित्त का भटकना निरर्थक है। आसक्ति अंततः दुःख ही पैदा करती है। राग और द्वेष दोनों एक ही सिक्के के दो पहलू हैं। यह सब मनुष्य की समझ में आता है, तब वह चित्त की भटकन से मुक्ति का अनुभव करता है। यह वैराग्य की अनुभूति है।

घर-बार और काम-धंधा छोड़ने के बाद भी मनुष्य जहाँ जाए, वहाँ उसे राग-द्वेष के विषय तो मिल जाने वाले ही हैं। ऐसे अनेक उदाहरण हैं कि संसार की मोह-माया छोड़कर अध्यात्म की खोज में निकला व्यक्ति आश्रम बनाए और वहाँ भी मोह-माया तथा संसार खड़ा कर ले। गुलाबजामुन छोड़कर रसगुल्ला खाने से कहीं डायबिटीज थोड़े ही मिट जाता है।

Whoever undertake to set himself up as a judge
in the field of truth and knowledge
is shipwrecked by the laughter of the gods.

~Albert Einstein

अंतरात्मा के साक्ष्य पर

समाज में मुझे इतना अधिक झूठ दिखाई देता है, लोभ-लालच व आलस्य को पोषित करते अध्यात्म के नाम पर होने वाले ढोंग दिखाई देते हैं, वह सब अंततः मेरे अहंकार को पोषित करने की ही पद्धति तो नहीं है न? क्या मैं समाज में व्याप्त अज्ञान को ही सभी शो के मूल के रूप में देख सकता हूँ? क्या मैं यह देखकर अहंकार से फूलता हूँ या फिर करुणा अनुभव करता हूँ? मुझे यह अज्ञान दूर करना है तो प्रतिष्ठा के लिए या फिर अपने हृदय के शुद्ध प्रेम को व्यक्त करने के लिए? समाज-कल्याण के कार्यों के साथ मेरी अंतःशुद्धि भी चलती रहे।

यदि हम मन को, उसकी इच्छाओं की प्रकृति को, उन इच्छाओं के मूल को समझने का प्रयत्न करें तो अनुशासन की क्या जरूरत है? यदि हम मन को केवल देखते रहें, उसकी जहाँ इच्छा हो वहाँ धूल फाँकने दें, भटकने दें; उलाहना दिए बिना, प्रशंसा किए बिना, दोष निकाले बिना भटक-भटककर उसके वेग को थकने दें, हम केवल उसे देखते रहें तो संभव है कि वह थक-हारकर सरल-निर्दोष शांति के प्रदेश में वापस आ जाए।

~ विमला ठकार

प्रकरण 5

दर्शन

ध्यान की दहलीज पर

विचारनुं अंग

सद्विचार नित्य दीजिये, मूकी मन अहंकार;
प्रीतम चित्त विचारिए, काहूको संसार।

संसार कोणे पेदा कर्यो, कोणे उपजाव्यो हुं;
कहे प्रीतम सौ कारमुं, दीसे छे ते शुं?

हुंकारे हरि वेगळा, हुंनुं काम कठोर;
कहे प्रीतम भागे नहिं, हुंका जबरा जोर।

खाता पीता पहेरतां, सुता बेठा सार;
कहे प्रीतम तजिये नहिं, आत्मतत्त्व विचार।

जप-तप जोग विचारमां, तीरथ-व्रत अनेक;
प्रीतम पलक न छांड़िए, सार विचार-विवेक।

विचार बिना जे जे करे, ते सौ साधन फोक;
कहे प्रीतम सुख नहीं मळे, यह लोक-परलोक।

वचन विचारी बोलिये, वचन टले विरोध;
विना विचारे प्रीतम कहे, बोले उपजे क्रोध।

राग-द्वेष सब ही शमे, मन-देह व्यवहार;
प्रीतम वस्तु विचारता, कहो कहां संसार?

भक्ति विचारथी उपजे, भक्तिथी ऊपजे ज्ञान;
ज्ञान थकी हुँ तुं टले, प्रीतम प्रेम निधान।

~प्रीतमदास

प्रकरण 5

दर्शन : ध्यान की दहलीज पर

अध्यात्म-साधना और ध्यान

आध्यात्मिकता की बात हो तो ध्यान का विषय आए बिना नहीं रहता। ईश्वर, प्रेम, मोक्ष, धर्म, सत्य, अध्यात्म जैसे शब्दों के साथ-साथ 'ध्यान' भी एक ऐसा शब्द और विभावना है, जिसके प्रति समाज में समझ कम है, गलतफहमियाँ अधिक हैं।

प्रत्येक शब्द को सुनते ही हमारे मन में एक चित्र या बिंब (इमेज) बनता है। अध्यात्म को लेकर शुरुआत में हमने एक शब्द मान लेने जैसी कवायत की, वैसा ही ध्यान को लेकर भी किया जा सकता है। अधिकांश लोगों के मन में 'ध्यान' शब्द को लेकर संभवतः ऐसा बिंब बने, जिसमें कोई साधु-संत, मुनि पालथी मारकर या पद्मासन में एकदम तनकर, सीधा, आँखें बंद करके बैठा हो। तो क्या इस तरह से बैठना ही ध्यान है?

साथ ही, हमने थोड़ा-बहुत पढ़ा हो तो हम यह जानते हों कि इस रीति से श्वासोच्छ्वास पर ध्यान केंद्रित करना या मन के विचारों का निरीक्षण करना वगैरह ध्यान है। तो क्या ऐसी प्रक्रियाएँ ध्यान हैं?

इस सवाल का जवाब 'हाँ' और 'नहीं'—दोनों है। तनकर, सीधा बैठकर आँखें बंद करना ध्यान हो भी सकता है, नहीं भी हो। वास्तव में, जिन्होंने ध्यान के बारे में गहन वाचन-शोध किया होगा, वे जानते होंगे कि ध्यान के अनेक रास्ते एवं पद्धतियाँ होती हैं। तो वाकई यह सब ध्यान है? वास्तव में ध्यान क्या है? और ध्यान वास्तव में क्या नहीं है?

- क्या ध्यान बैठे-बैठे ही किया जा सकता है?
- चलते-चलते ध्यान नहीं किया जा सकता?
- क्या ध्यान एकांत में ही किया जाना चाहिए या समूह में भी किया जा सकता है?
- खेलते-खेलते ध्यान किया जा सकता है? खाते-खाते?
- रसोई बनाते-बनाते ध्यान किया जा सकता है?

- दिन में सुबह या शाम में ही ध्यान किया जाना चाहिए ?
- बिस्तर पर लेटकर ध्यान किया जा सकता है ?
- किसी के साथ बातचीत करते-करते ध्यान नहीं किया जा सकता ?
- कार्यस्थल पर काम करते-करते ध्यान किया जा सकता है ?

ये सारे प्रश्न संभवत: किसी को विचित्र और हास्यास्पद लगें, पर इस तरह के प्रश्न पूछने जरूरी हैं। ध्यान किसे कहते हैं और क्यों ? किसे नहीं कह सकते और क्यों ? ऐसा हो सकता है कि बिना इन प्रश्नों के उत्तर के ध्यान संबंधी हमारी समझ छिछली और पूर्वग्रहग्रस्त बने। अत: प्रश्न पूछने का वैकल्पिक अभिगम आवश्यक है।

Until you make the unconscious conscious
it will direct your life
and you will call it fate.

~Carl Jung

अंतरात्मा के साक्ष्य पर

बचपन से ही योग, साधना, ध्यान, समाधि वगैरह शब्द तो सुनने को मिलते ही थे; परंतु योगियों की बात मेरी समझ में नहीं आती थी। सबकुछ छोड़कर, हिमालय जाकर वर्षों तक वे साधना क्यों करते होंगे ? अध्यात्म के चारों ओर गूढ़ता और रहस्य के इतने अधिक कवच हैं कि ऐसा लगता कि वह अपने लिए है ही नहीं। वह सब तो योगी-महात्माओं का क्षेत्र है। अध्यात्म यानी सांसारिक जीवन से कुछ अलग ही, ऐसा मन में न बैठे तो ही आश्चर्य। वास्तविक अध्यात्म तो संसार में रहकर सच्चा जीवन जीने में है।

ध्यान क्या नहीं है?

ध्यान वास्तव में क्या है, उसे समझने से पहले यह तो स्पष्ट कर ही लेना चाहिए कि ध्यान क्या नहीं है।

ध्यान कोई शारीरिक प्रक्रिया नहीं है। जैसे हम शरीर की मदद से दैनंदिन जीवन जीते हैं—हलन-चलन, उठ-बैठ, खेल-कूद आदि करते हैं, उसी तरह ध्यान भी शरीर की मदद से होता है। परंतु तनकर बैठने से ध्यान होने की कोई भी गारंटी नहीं है। जैसे माला फेरने से पूजा नहीं हो जाती, उसी प्रकार केवल किसी कर्मकांड से ध्यान नहीं होता है।

ध्यान कोई चमत्कारिक विषय भी नहीं है। जैसे एक दिन या कभी-कभी व्यायाम करने से शरीर नहीं बनता, वैसे ही ध्यान के साथ भी है। ऐसा नहीं है कि प्रतिदिन पालथी मारकर बैठें; ऊब रहे हों, फिर भी तप करें तो एक दिन अंतर में आकर ईश्वर दर्शन दे देंगे।

ध्यान कोई रहस्यमय या अलौकिक विषय नहीं है। ध्यान-साधना करने से हवा में से सोने का हार बनाने या ऐसी ही कोई अन्य शक्ति प्राप्त होने वाली नहीं है। ध्यान कोई जुआ या लॉटरी नहीं है, जिसमें भाग्य के बल पर नगण्य समय में मनुष्य लखपति हो जाए।

ध्यान आलसियों का दिवास्वप्न नहीं है। यूँ ही विचार में खोए रहना ध्यान नहीं है, न तो यह कोई समय बिताने की ही प्रवृत्ति है।

न तो यह किसी फैशन या अंधानुकरण का विषय है। सभी करते हैं, इसलिए यह करने का कोई विषय नहीं है। 'मैं ध्यान करता हूँ।' ऐसा कहलवाने के लिए लोगों को आश्चर्यचकित कर देने के लिए यह नहीं किया जा सकता है।

ध्यान जबरदस्ती नहीं किया जाता, या नहीं करवाया जा सकता।
यह पूर्णतया स्वैच्छिक विषय है।
ईश्वर एवं धर्म की भाँति ही यह भी नितांत निजी विषय है।
अगर कोई एक व्यक्ति किसी दूसरे व्यक्ति को
ध्यान करने के लिए दबाव डालता है
तो वह स्वयं भी गहराई से यह नहीं समझता कि ध्यान क्या है।

ध्यान कोई पलायनवाद नहीं है, सफल होने का कोई शॉर्टकट नहीं है, कोई धार्मिक प्रक्रिया नहीं है, कोई एक पद्धति नहीं है, किसी का एकाधिकार नहीं है, प्रतिष्ठा प्राप्त करने या श्रेष्ठतर होने की कोई कार्य-साधक युक्ति नहीं है, अंधश्रद्धा का पोषण करनेवाला कोई विषय नहीं है। तो फिर यह ध्यान है क्या?

Until you make the unconscious conscious
it will direct your life
and you will call it fate.

~Carl Jung

अंतरात्मा के साक्ष्य पर

ध्यान को कोई अलौकिक, अति गंभीर या चमत्कारिक विषय बना देने में कुछ लोगों का बहुत फायदा है। ऐसा स्वाँग रचना कि मेरे पास कोई दिव्य शक्ति है, जो और किसी के पास नहीं है। इसलिए लोग बेचारे प्रभावित हो जाएँगे। जादूगर का खेल हम पैसे देकर देखते हैं, परंतु आध्यात्मिकता के जादूगरों के तो पैरों पर हम गिर जाते हैं। किसी समाज को यदि वास्तव में आध्यात्मिक बनाना हो तो उसे पहले प्रश्न पूछना सिखलाना पड़े या नहीं? क्या यही उसके आध्यात्मिक विकास का प्रथम चरण नहीं है?

ध्यान की परिभाषा

ध्यान की 'परिभाषा'! यह पढ़कर ही कितनों की भौहें चढ़ जाएँगी। कोई मूँछों में हँसेगा तो कोई इस बात की खिल्ली उड़ाएगा। अधिकांश लोग तो ऐसा ही मानते हैं कि कुछ विषय तो गूढ़, रहस्यमय और अलौकिक ही रहेंगे। उदाहरण के लिए, प्रेम को थोड़े ही परिभाषा में बाधा जा सकता है! परंतु परिभाषा देने से कोई धारणा 'बँध' नहीं जाती। हमारे शास्त्रों में सूत्रों द्वारा गूढ़ विभावनाओं को व्यक्त किया गया है। 'पातंजल योगसूत्र' में योग से लेकर अनेक विभावनाओं की परिभाषा दी गई है। चुनौती इस बात की है कि हम उन सूत्रों को गहराई से समझकर, शब्दों से परे जाकर समझ निर्मित कर सकते हैं? मनुष्य की समझ जहाँ उगना बंद करती है, वहीं बंधन आते हैं। खैर! वैज्ञानिक अभिगम तो परिभाषा द्वारा ही विभावना को समझने की शुरुआत करता है।

तो यह रही ध्यान की परिभाषा—

जब मनुष्य के हृदय की अभिलाषा
उसकी एकाग्रता के साथ जुड़ती है,
तब वह ध्यान में परिणामित होती है।

अभिलाषा (एस्पिरेशन), यानी सुंदर जीवन जीने की मनुष्य के हृदय की उत्कट आकांक्षा या अभीप्सा। मात्र ध्यान का ही नहीं, जीवन-विकास से संबंधित प्रत्येक मुद्दे की शुरुआत मनुष्य की अभिलाषा से होती है।

जब मनुष्य के मन में ऐसी अभिलाषा का जन्म होता है तो उसे जीवन की समस्याओं को हल करने की उत्कट इच्छा होती है। जीवन को समझने में उसकी रुचि जगती है। आंतरिक एवं बाह्य जीवन को जोड़नेवाली बातों की खोजबीन करने के लिए उसके अंदर एक प्रकार के उत्साह का जन्म होता है। दुःख क्यों उत्पन्न होता है? समस्याओं का हल क्या है? जीवन के रहस्य क्या हैं? यह सब जानने-समझने-खोजने के लिए वह जब चित्त को एकाग्र करता है कि तुरंत उसकी अवस्था ध्यान में परिणामित हो जाती है।

ध्यान मनुष्य की अवस्था है। वह कोई प्रक्रिया या पद्धति नहीं है। मनुष्य की सच्ची समझदारी सदैव ध्यान में से प्रकट होती है। यदि अभिलाषा नहीं है तो एकाग्रता भी नहीं और ध्यान भी नहीं। जैसी और जितनी अभिलाषा, वैसी ही एकाग्रता और अंत में ध्यान की गुणवत्ता। ध्यान मनुष्य जीवन की ट्रेन का इंजन है और अभिलाषा उस इंजन का ईंधन। जैसे ईंधन से इंजन तथा इंजन से ट्रेन चलती है, वैसे ही अभिलाषा से ध्यान और ध्यान द्वारा गुणवत्ता-युक्त जीवन चलता है।

When aspiration is united to concentration
the result is meditation.

~James Allen

अंतरात्मा के साक्ष्य पर

ध्यान जीवन के लिए है या जीवन ध्यान के लिए? बहुत से लोग अपने ध्यान में बैठने या ध्यान करने को इतना अधिक महत्त्व देते हैं, मानो जीवन ध्यान के लिए है और ध्यान में बैठना ऐसी उत्तम व पवित्र बात है कि उसके बाद जीवन में कुछ करने के लिए नहीं बचता। जिसे वास्तव में ध्यान में रुचि है, वह अपने ध्यान का विज्ञापन करेगा क्या? ध्यान अहंकार के निरसन के लिए है या अहंकार के पोषण के लिए? मेरा ध्यान के साथ क्या संबंध है? समग्र जीवन ही ध्यानस्थ कैसे हो सकता है?

ध्यान किसलिए?

जब मनुष्य के भीतर एक उन्नत, शुद्ध और तेजस्वी जीवन जीने की उत्कट इच्छा का जन्म होता है, तब उसे हम अभिलाषा कहते हैं। जब मनुष्य को एक परंपरागत और छूछा जीवन जीने के बदले केवल भौतिक एवं इंद्रिय-सुखों में लिप्त रहने की जगह श्रेष्ठ रीति से जीवन जीने की इच्छा हो, तो समझिए कि उसके भीतर अभिलाषा जनमी है। वैसा जीवन खोजने के लिए वह स्वाभाविक रूप से अपना चित्त, अपना मन-हृदय एकाग्र करता है और इस तरह वह ध्यान की साधना में प्रवेश करता है।

अभिलाषा ही ध्यानावस्था के सृजन का प्रथम चरण है। अभिलाषा ध्यान की पूर्व शर्त है। जिसके पास अभिलाषा नहीं है, वह तनकर बैठेगा तो क्या करेगा? उसे जीवन के समझदारी, सत्य, हल की खोज करनी है क्या? जो प्रमादी है, बेफिक्र है, उदासीन है, वह ध्यान कैसे साधेगा? जो सामाजिक प्रतिष्ठा के लिए ध्यान करता है या करने जाता है, उसे तो इसी बात में रुचि है कि लोग मानने लगें कि वह ध्यान-साधना करता है। वह ढोंग, दंभ कर सकता है, पर उससे उसे क्या मिलेगा? अंततः तो उसका अहंकार ही पोषित होगा। वह अपने आपको दूसरों से श्रेष्ठ मानकर फूलेगा। परंतु उसे सच्चे ध्यान का अनुभव तो अभी हुआ ही नहीं है। दिखावे के झंझट से छूटे, तब तो जीवन को समझने की जिज्ञासा की स्थिति आएगी न। जिसके भीतर जीवन को सुंदर ढंग से जीने का उत्साह नहीं है, जीवन को जानने की तीव्र अभीप्सा नहीं है, वह किस प्रेरक बल से ध्यान के लिए आवश्यक पुरुषार्थ कर सकेगा?

मनुष्य की अभिलाषा जितनी ही शक्तिशाली होती है, उसके लिए ध्यान उतना ही आसान बनता है। इस अभिलाषा का जन्म कैसे हो? तो स्वाभाविक है कि मनुष्य को इस बात की जागृति हो कि मानव जीवन अमूल्य है, तभी यह अभिलाषा जन्म लेती है। जिसे जीवन इतना प्यारा लगता है कि एक पल भी बरबाद होना उससे सहन नहीं होता। जो अपने हृदय में दुर्लभता से प्राप्त इस जीवन के प्रत्येक दिन को उपहार के समान अनुभव करता है। जीवन की अमूल्यता की सजगता ही जीवनाभिलाषा की जन्मदात्री है। परंतु ध्यान के

बिना सजगता कहाँ से आए? सजगता यानी अवेरनेस। मनुष्य सजग हो तो ध्यान करे या ध्यान करे तो अवेरनेस बढ़े? यानी कि 'पहले मुरगी या पहले अंडा', के जैसी बात है। हम तर्क द्वारा यह समझने की कोशिश करें कि निश्चित पद्धति से, निश्चित समय पर ध्यान किस प्रकार होता है तो वह जीवन को नापने जैसी हास्यास्पद बात हुई या नहीं?

ध्यान को लेकर हमारी सबसे बड़ी भूल यह है कि ध्यान को हम जड़ रीति से करने-कराने के मनांकन रखते हैं। जैसे आहार हमारे आदेश या सूचना के बिना भी पचता है, वैसे ही ध्यान भी हो सकता है, होता रहता है।

ऐसा कहा जाता है कि ध्यान किया नहीं जाता, हो जाता है। ध्यान कोई प्रक्रिया नहीं, बल्कि मनुष्य की दशा है। उपर्युक्त परिप्रेक्ष्य में यह सब अब दीए जैसा स्पष्ट नहीं दिख रहा?

Meditation is not to escape from society,
but to come back to ourselves and see what is going on.
Once there is seeing, there must be acting.
With mindfulness, we know what to do
and what not to do to help.

~Thich Nhat Hanh

अंतरात्मा के साक्ष्य पर

जब योगासन-प्राणायाम सीखते-सीखते योग शिक्षक ने मुझे ध्यान सिखलाया, तब मैं कितना ऊब गया था! पालथी मारकर पद्मासन में बैठो, मेरुदंड तानकर रखो, आँखें बंद करो और श्वासोच्छ्वास पर ध्यान केंद्रित करो। मन के विचारों को साक्षी भाव से देखो! कुछ समय तो विचार मुझे कहाँ-कहाँ घसीट ले जाते। पुनः ध्यान वापस लाकर विचारों का निरीक्षण करो! कितनी यांत्रिक व बोरिंग लगे, ऐसी प्रक्रिया। ऐसा अनुभव होने के बाद कोई दुबारा ध्यान क्यों करे? किसलिए करे?

विचार-शून्यता या विचार-परिवर्तन?

बहुत से लोग ऐसा मानते हैं कि ध्यान में बैठना, यानी विचार-शून्य हो जाना। या तो विचारों की गति क्रमशः मंद होना, यानी कि हम जितना कम विचार करें उतनी ही अच्छी हमारे ध्यान की गुणवत्ता कही जाय। परंतु वास्तव में यह मान्यता गलत है।

ध्यान के महत्त्वपूर्ण उद्देश्यों में से एक है—हम अपनी जीवन-दृष्टि में परिवर्तन ला सकें। हम विश्व को कैसे देखते हैं, हमारे मनांकन क्या हैं? उनकी जाँच करना हमें भयावह लग सकता है। हमें ध्यान में बैठना हो, पर व्यक्ति के रूप में बदलना न हो, ऐसा होने की संभावना बहुत अधिक है। परंतु (जो ध्यान-प्रक्रिया हमें बेहतर मनुष्य न बनाए, उसका क्या महत्त्व? ध्यान की सही प्रक्रिया हमें जिस एक विशिष्ट हेतु की ओर ले जाती है, वह है अपना प्रफुल्लन; और प्रफुल्लन अंततः तो एक परिवर्तन ही है।) ध्यान द्वारा ही हम अपने आपको पकड़ना सीखते हैं; हम विषयों, मनुष्यों, जीवन को जैसी दृष्टि से देखते हैं, उसके प्रति सजग होते हैं। जिस समय हम अपने विषय में इस रीति से सीखना शुरू करते हैं, उसी समय हम बदलना और बेहतर मनुष्य बनना भी सीखना शुरू करते हैं।

इसलिए जो लोग ध्यान यानी क्या, यह समझते हैं, वे वास्तव में ऐसा सोचते हैं कि "अब मैं एकदम भिन्न व्यक्ति बन जाऊँगा। अब मैं विश्व के साथ जिस तरह संपर्क में आऊँगा, उसमें इतना अधिक परिवर्तन होगा कि संभवतः मैं खुद ही अपने आपको पहचान न सकूँ…।" मनुष्य की दृष्टि बदलती है तो उसके व्यवहार, निर्णय, प्रतिभाव—इन सब में आमूल और कभी-कभी तो क्रांतिकारी परिवर्तन आता है। मनुष्यों के व्यवसाय बदल जाएँ, उनके जीवन के उद्देश्य बदल जाएँ, आसपास के मनुष्यों को देखने की उनकी दृष्टि बदल जाए और इन कारणों से संबंधों के समीकरण ही बदल जाएँ। अद्भुत कहा जाए, ऐसे परिवर्तन हों, तभी ध्यान सार्थक कहा जाएगा न।

हम प्रतिदिन सुबह-शाम पालथी मारकर मेडिटेशन करें, मेडिटेशन की बातें करने और श्रेष्ठतर दिखाने के अवसर ही ढूँढ़ते रहें और हमारे व्यवहार-आचरण में कोई परिवर्तन न हो तो ऐसे ध्यान का क्या करना? कुटुंबी जन हमारा स्नेहादर अनुभव न करें, जीवन-

शैली में परिवर्तन न आए, जीवन में कोई उद्देश्य जैसा हो ही नहीं तो फिर ध्यान के अनेक शिविर किए हों तो भी क्या अंतर पड़ना है ?

इसलिए विचार-शून्य हो जाने की अपेक्षा विचारों में परिवर्तन लाना अधिक महत्त्वपूर्ण है। तो क्या विचारों में परिवर्तन लानेवाली सभी प्रक्रियाओं को ध्यान कहा जा सकता है ? या फिर ऐसा हो सकता है कि जीवन की गुणवत्ता बढ़ानेवाली हर बात के साथ ध्यान किसी-न-किसी रूप में जुड़ा हो ही ?

All that we are is the result of what we have thought:
it is founded on our thoughts and
made up of our thoughts.
If a man speak or act with an evil thought
suffering follows him as the wheel follows
the hoof of the beast that draws the wagon.
If a man speak or act with a good thoughts,
happiness follows him like a shadow
that never leaves him.

~*Gautama Buddha*

अंतरात्मा के साक्ष्य पर

मुझे ध्यान क्यों करना चाहिए ? इन प्रश्नों के प्रतीतिजनक उत्तर मुझे न मिलें तो प्रतिदिन विचारों को देखने की उबाऊ प्रवृत्ति मैं किसलिए करूँ ? खेल में रुचि होती है तो मैं खेलता हूँ। पढ़ने में रुचि जगती है तो पढ़ता हूँ। जो मुझे अच्छा लगे, वही मैं करता हूँ, कर सकता हूँ। व्यायाम से लाभ की प्रतीति है तो आलस्य का प्रतिकार करके व्यायाम कर सकता हूँ। ध्यान किसलिए करूँ ? मन की शांति के लिए ? किंतु मुझे तो अशांति लगती ही नहीं। तो··· ? जीवन की गुणवत्ता किसी तरह बढ़े, तभी ध्यान में मेरी रुचि जगेगी न ?

ध्यान को चाहिए स्वानुशासन

सही आध्यात्मिक ज्ञान एवं स्वानुशासन एक ही सिक्के के दो पहलू हैं। उसमें 'सहजता' नहीं चलती। बस, आज मन नहीं है, इसलिए व्यायाम नहीं करना है, वह एक-आध दिन के लिए तो चलेगा। बारंबार अनेक बातों में ऐसी छूट ली जाया करती हो तो वह सहजता के बजाय प्रमाद की निशानी अधिक है। स्वानुशासन तो जीवन का सौरभ है। जो व्यक्ति ऐसे स्वानुशासन की अवहेलना करता है और चाहता है कि उसे यूँ ही कोई 'चामत्कारिक विद्या' प्राप्त हो जाए, जिससे उसका मनोबल बढ़ जाए और उसका जीवन सरल हो जाए तो वह अपने आपसे छल कर रहा है। ऐसे अभिगम से तो बचा-खुचा मनोबल भी कमजोर पड़ता जाएगा। बस, समझना यह है कि स्वानुशासन उसके जीवनप्रेम और समझदारी से उत्पन्न हो तो इच्छाशक्ति का प्रयोग आसान हो जाता है। जो बातें हृदय की गहराई में नहीं उतरी हैं, उनमें मनोबल या इच्छाशक्ति ज्यादा देर तक नहीं टिकती।

जीवन विशाल है, संकुल है, कठिन है। उसे रातोरात या शॉर्टकट से फटाफट समझा नहीं जा सकता। एक पौधे एवं वृक्ष की भाँति समझदारी धीरे-धीरे बढ़ती है। अध्यात्म में मनुष्य को सीढ़ियाँ चढ़नी पड़ती हैं, लिफ्ट में बैठकर झट से ऊपर नहीं पहुँचा जा सकता।

व्यक्ति एकांत में नियमित रूप से समय बिताना शुरू करता है। उसे अपने साथ रहना अच्छा लगता है, अपने आंतरिक विश्व का अवलोकन करना अच्छा लगता है। वह अपने आप को अपनी मान्यताओं, अपने इरादों, अपनी वाणी, आचरण, व्यवहार के बारे में प्रश्न करने लगता है। वह निर्भयता तथा शांति से स्वनिरीक्षण करता है। वह आदर्शों पर ध्यान देता है, कल्पना-शक्ति द्वारा अपने भीतर नए विश्व का सृजन करता है और इन सभी में से अंततः उसके भीतर में समझदारी तथा विवेक प्रकट होते हैं।

मनुष्य का स्वानुशासन भी अंततः तो समग्रता में ही व्यक्त होता है। भुक्खड़ की तरह खानेवाला या बेलगाम बोलनेवाला व्यक्ति नियमित ध्यान-साधना का दावा करेगा तो वह हमें कितना स्वीकार्य होगा? सच्चा अनुशासन अंदर से उगना चाहिए, यह बात सच है। वह भी अंततः मनुष्य की सुंदर जीवन जीने की अभिलाषा से ही उत्पन्न होता है। हम

मन में जिए जा रहे जीवन को वास्तविक मान लेते हैं; परंतु मन की मान्यताएँ या विचार जीवन नहीं है। हमारा अहंकार हमारी सच्चाई नहीं है। हमारी सच्चाई हमारे दैनिक जीवन में प्रकट हुए बिना नहीं रहती। हम यह जानते हैं कि हम जो बाहर दिखाई देते हैं, वैसे हम होते नहीं। इसलिए ऐसे टुकड़ों में बँटने की जगह मनुष्य आंतरिक व बाह्य एकसूत्रता द्वारा जीवन जीने के लिए कृतनिश्चयी बने, फिर वास्तविक क्रांति होती है।

मनुष्य एकांत में कौन सी प्रवृत्तियाँ करता है, वह महत्त्वपूर्ण नहीं है। सत्य को समझने की अभिलाषा और एकाग्रता से प्रेरित होकर वह केवल स्वनिरीक्षण करे, विचार करे, लिखे, चिंतन-मनन करे···। यह सब ध्यान ही है। यदि ध्यान अवस्था हो तो उसे प्रवृत्ति से क्या लेना-देना?

Meditation is not for him who eats too much,
nor for him who eats not at all,
not for him who is overmuch addicted to sleep,
nor for him who is always awake.

~Bhagavadgita

अंतरात्मा के साक्ष्य पर

ध्यान यदि जीवन की समझदारी के लिए है तो जिसे जीवन में रुचि होगी, उसे क्रमश: ध्यान में रुचि जगेगी। जो कोई उच्च ध्येय प्राप्त करना चाहता है, जिसे जीवन पूरी तरह जीना है। जिसे किसी जगह कमी या अफसोस पसंद नहीं है, वह कभी तो अपने आप से रू-ब-रू होगा। ऐसी परिस्थिति तो आनी चाहिए, जहाँ अध्यात्म और ध्यान आवश्यक बन जाए। ध्यान यदि जीवन से अलग है तो मुझे ध्यान में क्या रुचि रहेगी? मेरे जीवन की समस्याओं का हल ध्यान में है, वह मेरी समझ में आता है?

ध्यान के लिए पूर्व तैयारियाँ

ध्यान किसी एक धर्म, राष्ट्र या संस्कृति से संबद्ध विषय नहीं है। सत्य और प्रेम की तरह ही वह देश-काल-लिंग आदि से परे है। 'पातंजल योगसूत्र' में अष्टांग योग के आठ सोपानों में से ध्यान को सातवाँ सोपान कहा गया है। ध्यान पूर्व के छह सोपान कौन से हैं? प्रथम चार सोपान हैं—यम, नियम, आसन और प्राणायाम। ये चार सोपान मनुष्य को शारीरिक एवं नैतिक रूप से योग-साधना के लिए तैयार करते हैं। अहिंसा, सत्य, चोरी न करना, ब्रह्मचर्य और अपरिग्रह—ये पाँच यम तथा पवित्रता, संतोष, तप, स्वाध्याय और ईश्वर-प्रणिधान, इन पाँच नियमों की बात महर्षि पातंजल ने की है।

हम इन दस नियमों या व्रतों को समझने की कोशिश करें तो समझ में आता है कि सच्चे जीवन की अभिलाषा से ही यह नैतिकता प्रकट हो सकती है। तत्पश्चात् आसन-प्राणायाम द्वारा व्यक्ति शरीर रूपी साधन को तैयार करता है, प्रशिक्षित करता है; क्योंकि योग-साधना अंततः शरीर के माध्यम से ही होती है। यदि शरीर में आधि-व्याधि और पीड़ा है तो मनुष्य की साधना कितनी चलेगी? सच्चे जीवन की अभिलाषा के महत्त्व को जितनी बार पुनरावर्तित करें, उतना कम है।

एक ओर ध्यान की साधना के लिए अभिलाषा ईंधन का काम करती है तो दूसरी ओर जीवन के दुःखों पर ध्यान-चिंतन करने से अभिलाषा का जन्म हो सकता है। अभिलाषा तथा ध्यान एक-दूसरे को कैसे बढ़ाते हैं, वह समझना चाहिए। यह बात तो गाँठ बाँधकर ही रखनी है कि अभिलाषा (जीवन को सुंदर ढंग से जीने की इच्छा) निरंतर प्रज्वलित रहनी चाहिए। मनुष्य अपने हृदय में मुक्तरूप से जीवन के सबसे उन्नत आदर्शों पर ध्यान धरे, तभी यह संभव है।

ध्यान सत्य की खोज है, जीवन की खोज है; अखंड शांति, आनंद और अर्थ की खोज है। मनुष्य को अपने भीतर ही इन सबको खोजना, पाना है। ध्यान-साधना के समय वह ऊर्जा से परिपूर्ण हो, यह जरूरी है। इसलिए प्रत्येक मनुष्य को दिन का ऐसा समय निश्चित करना चाहिए, जो इस उद्‌देश्य के लिए श्रेष्ठ हो। भोर का समय सामान्यतया इसलिए

श्रेष्ठ कहा जाता है कि उस समय शरीर पूरी रात के विश्राम के बाद ताजगी का अनुभव करता होता है। पिछले दिन की उत्तेजना एवं चिंता शमित हो गई होती है। इसलिए हृदय-मन भी भार-रहित तथा प्रशांतपूर्ण होते हैं। व्यक्ति थका हुआ हो और वह चित्त को एकाग्र करने की कोशिश करे तो उसे नींद आ जाती है। इसी कारण सामान्य रूप से ध्यान के लिए अत्यधिक आरामदायक वातावरण की भी सलाह नहीं दी जाती। आरंभ में एकांत तथा शांतिपूर्ण स्थान हितकारी है। परंतु यह सब कोई जड़ पूर्व शर्तें नहीं हैं। अभ्यास और साधना द्वारा मनुष्य किसी भी स्थिति में ध्यान-साधना कर सकता है।

मनुष्य कोई भी शुभ कार्य पवित्र भाव से करता है, ईश्वर की पूजा करने से पहले वह स्नानादि क्रियाओं द्वारा तैयार होता है। ध्यान के लिए भी ऐसा ही शुद्ध भाव तथा निरा उत्साह जरूरी है। आलसी, निरुत्साही और जीवन को बोझ माननेवाले व्यसनी लोगों के लिए अध्यात्म रुचि का विषय ही नहीं है।

I am not absent minded.
It is the presence of mind
that makes me unaware of everything else.

~*G.K. Chesterton*

अंतरात्मा के साक्ष्य पर

जीवन को सर्वोच्च स्तर पर जीना है, सभी शिखर जीतने हैं, उच्च सफलताएँ प्राप्त करनी हैं, कुछ भी गलत नहीं करना है, किसी का दिल नहीं दुखाना है। यदि ऐसा आदर्श है और फिर पता चले कि स्व की समझदारी, स्व-नियंत्रण द्वारा ही यह सब संभव है तो फिर अब मेरी रुचि जगती है, अध्यात्म तथा ध्यान के द्वार खुलते हैं। पूरी दुनिया को जीतने की अपेक्षा अपने आप पर विजय पाना कठिन और आवश्यक है! कितनी अद्‌भुत और रोचक बात है! सबकुछ 'स्व' से शुरू और 'स्व' पर समाप्त होता है।

ध्यान की पद्धतियाँ

ध्यान समझदारी की खोज है, जीवन की खोज है। सामान्य मनुष्यों के प्रति करुणा से प्रेरित होकर तेजस्वी शिक्षक ध्यान के लिए मार्ग एवं पद्धतियाँ खोजते व सिखाते हैं। हम जंगल में ट्रैकिंग करते हों और किसी स्थान पर पहुँचना हो तो उसके लिए अनेक मार्ग हैं, परंतु जिन मार्गों का उपयोग बार-बार होता है, वहाँ पगडंडी बन जाती है।

ध्यान के क्षेत्र में भी ऐसी अनेक पगडंडियाँ हैं, अनेक मार्ग या पद्धतियाँ हैं। इन सभी के पीछे अंत में तो मनुष्य के अति चंचल मन पर नियंत्रण करना सिखाना है। चंचल मन पर अंकुश कैसे लगाएँ? तो सर्वप्रथम, बाबरा भूत की तरह उसे कोई काम सौंपना पड़े। इस काम का उद्देश्य मन को थोड़ा शांत करना तथा एकाग्रता पाना है। मन की ऊर्जा को कोई दिशा देने से वह थोड़ा नियंत्रित हो सकता है।

बहुत से व्यक्ति इसके लिए श्वासोच्छ्वास पर ध्यान केंद्रित कराते हैं, बहुत से विचारों का निरीक्षण करने को कहते हैं तो बहुत से किसी वस्तु पर चित्त एकाग्र कराते हैं। प्रवृत्तियाँ अनेक हैं, पर प्रयोजन एक ही है। मन से लड़ा नहीं जा सकता, उससे झगड़ा नहीं जाता। या फिर मन की शरण में जाना और मन कहे, वैसा ही करते रहना भी खतरनाक है। इसलिए मन के साथ दोस्ती करनी है, उसे मुसकराते हुए देखना है, उसका स्वीकार करना है।

मन को जानने पर ही मन के विषय में समझदारी उत्पन्न होगी और मन को समझते हों, तभी उसका परिवर्तन किया जा सकता है। मनुष्य का बाह्य जीवन उसके आंतरिक जीवन का प्रतिबिंब होता है। इसलिए ध्यान की पद्धतियों को हेतु सापेक्ष देखने से हम अधिक समझदारीपूर्वक ध्यान-साधना कर सकते हैं।

ध्यान की एक पद्धति मन तथा उसमें उठनेवाले विचारों का तटस्थतापूर्वक निरीक्षण करना है। ऐसा क्यों करना चाहिए? व्यक्तियों को यह पता नहीं होता कि उनके भीतर उठते विचारों व वृत्तियों द्वारा ही उनका जीवन संचालित होता है। उनके आंतरिक विश्व के अनुसार ही बाह्य जीवन में संयोग बनते हैं और वे सुख-दुःख अनुभव करते हैं। जीवन में यह अंदर-बाहर का जो संबंध है, उसे समझने की शुरुआत निरीक्षण द्वारा ही संभव है।

मनुष्य का मन कितना चंचल है! उसके विचारों की शृंखला कैसे गति करती है! विचार मूल वृत्तियों के साथ किस तरह जुड़े हुए हैं, विचार और भावनाओं का क्या संबंध है, इन सबके बारे में मनुष्य ने कभी भी अध्ययन नहीं किया होता। जिसका अध्ययन न किया हो, उसके बारे में मनुष्य को ज्ञान कैसे प्राप्त होगा? ज्ञान के बिना वह जीवन में परिवर्तन कैसे ला सकेगा?

पहले तो उसे पता ही नहीं था कि उससे जो हो जाता है, वह कैसे हो जाता है। क्रोध कहाँ से आता है? इच्छाएँ कैसे उत्पन्न होती हैं? इच्छाएँ संतुष्ट करने के बाद भी शमित क्यों नहीं होतीं? जब वह अपने अंतर्विश्व का निरीक्षण करता है, तब वह इन सबकी समझ प्राप्त करता है। वह अपने आंतरिक विश्व के प्रति सजग बनता है, इसलिए मानो जादू हो जाता है। पहले जो कुछ अनजाने में उसके नियंत्रण के बाहर होता था, अब वह उसके ध्यान के अधीन हो जाता है। उसे समझ में आने लगता है कि आत्मसजगता ही स्वनियंत्रण का आरंभ है।

Whether you're keeping a journal or writing as a meditation,
it's the same thing.
What's important is you're having
a relationship with your mind.

~Natalie Goldberg

अंतरात्मा के साक्ष्य पर

मुझे जब खूब थकान लगी हो और बाथरूम के शॉवर के नीचे खड़ा रहूँ, शॉवर का पानी सिर पर गिरता हो उसे अनुभव करूँ, उससे मिलनेवाली ताजगी का अनुभव करूँ। मेरा चित्त केवल इसका आनंद उठाता हुआ समग्र अस्तित्व से हलकेपन का अनुभव करता हो। उतने समय तो कोई विचार नहीं आता। थोड़े पलों तक अनंत शांति का अनुभव होता है। मानो मैंने ही तनाव को पकड़ रखा था और अब मैं उसे छोड़कर एकदम फूल-सा हलका अनुभव कर रहा हूँ। क्या इतने पलों तक ध्यान में था? अनजाने में हमारे द्वारा ध्यान हो जाता होगा?

निरंतर विचार क्यों आते हैं?

जब मनुष्य अपने अंतःकरण के निरीक्षण करने की शुरुआत करता है, तब उसकी समझ में आता है कि मन में विचारों की श्रृंखला बनती जाती है और मन की ये विचार-श्रृंखलाएँ चित्त के राग, द्वेष, अहंकार के खेल तथा बुद्धि के भटकने के साथ जुड़ी हुई हैं।

जिस तरह बाह्य इंद्रियाँ किसी विषय का निरंतर अनुभव करती रहती हैं, आँखें खुली हों तो सतत कुछ-न-कुछ देखती रहती हैं, कान से कुछ-न-कुछ सुनाई देता रहता है। जो दिखाई देता है, उस विषय को पकड़कर मन विचार करने लग जाता है। उस विषय से जुड़ी स्मृतियों में से फिर से यह विचार-श्रृंखला आगे बढ़ती है। पुनः चित्त का ध्यान दूसरे विषय पर जाता है, इसलिए फिर से दूसरी श्रृंखला शुरू हो जाती है। इस प्रकार, बाह्य विषयों तथा स्मृतियों से विचारों की श्रृंखलाएँ निर्मित होती रहती हैं, बिखरती रहती हैं।

बात इतनी भी सरल नहीं है। ये विचार बुद्धि की शंका-दलीलों की पटरी पर भी चढ़ सकते हैं। व्यक्ति को कोई महत्त्वपूर्ण निर्णय लेना है। चयन कठिन है। दोनों ओर कुछ-न-कुछ पाना व खोना है। इसलिए वह उलझन में है। तो उसकी विचार-श्रृंखलाएँ महद् अंश में बुद्धि से संचालित हो सकती हैं। यदि भूतकाल में प्राप्त सुख की ओर चित्त आकर्षित हो रहा है तो सुख के उस विषय को अनुभव के केंद्र में रखकर विचार-श्रृंखलाएँ बनेंगी। यह चित्त के राग और मन की इच्छा विचारों का संयोजन हुआ है। ऐसा ही द्वेष, काम, क्रोध, अभिमान, लोभ, ईर्ष्या इत्यादि को लेकर भी हो सकता है।

जैसे कि मेरा ध्यान किसी बालक पर पड़ता है तो मुझे अपना पुत्र याद आ जाता है। पुत्र से संबंधित किसी गंभीर समस्या का मैं सामना कर रहा हूँ तो पुत्र पर से पुत्र से जुड़ी चिंता के बारे में विचार शुरू हो जाता है। पुत्र की चिंता डॉक्टर की याद दिलाती है, डॉक्टर के साथ आज शाम को निर्धारित मुलाकात के विचार आने लगते हैं; परंतु उससे पहले ऑफिस के महत्त्वपूर्ण कार्य समाप्त करने ही पड़ेंगे, बॉस कितना कठोर और निष्ठुर है! मेरी परिस्थिति कभी समझता ही नहीं। मुझे केवल मेरा एक दोस्त ही समझता है। उस

दोस्त ने अगर मुझे उस मुसीबत में मदद न की होती, आपत्ति की जड़ कहाँ थी। मन कहाँ से कहाँ कूदकर विचारों पर चढ़ा रहता है। यह अंत:करण का संघर्ष है।

हमें यही समझना है कि हमारे अंत:करण में क्या चल रहा है। प्रत्येक व्यक्ति अनन्य होता है और इसी कारण उसके अंत:करण की गतिविधियों में भी अनन्यता होती है, भले ही उसके घटक सार्व रहते हों।

ध्यानावस्था में हम उन विचारों का अनुसरण करते हैं, उनका पीछा करते हैं। साथ ही विचार हमें चकमा देकर, हमारी सजगता को भुलावे में डालकर अपने साथ खींच लेते हैं। हम पुन: निरीक्षक में से अजाग्रत अवस्था में पहुँच जाते हैं। ध्यान की साधना के आरंभ में यह आँखमिचौनी का खेल चलता रहता है।

Remember, the entrance door to
the sanctuary is inside you.

~Rumi

अंतरात्मा के साक्ष्य पर

मन में निरंतर चलनेवाले विचार कभी-कभी कैसी भयंकर बेकरारी उत्पन्न करते हैं। विचारों की यह गाड़ी कैसे चलती है ? किसी प्राकृतिक स्थल पर जाते हैं। चलते-चलते हलकापन अनुभव हो रहा हो, शांत स्थल पर सूर्यास्त के सामने बैठकर शांतिपूर्वक आकाश को निहारते हों तो विचारों की गति मंद होती हुई मालूम पड़ती है। शहर में, व्यस्तता में, काम के दबाव में, समय-सीमा के तनाव में विचारों की गति अनियंत्रित लगती है ? अपनी जीवन-शैली से मन को हमीं बे-लगाम चलाते हैं ?

वर्तमान में न जीने का तात्पर्य

मन में विचारों की शृंखला चलती रहती है, चित्त भूतकाल व भविष्य में भटकता रहता है, उस समय हम वर्तमान में नहीं होते। इसका क्या अर्थ हुआ ? हम वर्तमान में नहीं होते तो कहाँ होते हैं—

- मैं ऑफिस में बैठा हूँ।
- किसी बच्चे को देखकर विचार करने लगा हूँ।
- विचारों की कड़ियाँ मिलीं, शृंखला बन गई।
- अब मैं तो विचारों में खोया हुआ हूँ।
- मेरे सामने काम पड़े हैं।
- मेरे आसपास बातचीत की तथा वैसी ही छोटी-बड़ी आवाजें हो रही हैं।
- आवाजें कानों से टकराती हैं। मस्तिष्क नोट करता है, पर मेरा ध्यान वहाँ नहीं है।
- मेरी सभी बाह्य इंद्रियाँ काम कर रही हैं, परंतु उनमें यांत्रिकता है।
- इंद्रियाँ जो ग्रहण कर रही हैं, उनमें मेरा ध्यान नहीं है।
- ध्यान नहीं है, यानी वर्तमान नहीं है, जीवन नहीं है।
- जीवन तो सम्मुख है, किंतु मैं कहीं खोया हुआ हूँ।
- मैं या तो भूतकाल में हूँ या भविष्य में।
- इस क्षण मैं वर्तमान में नहीं जी रहा हूँ, ऐसा कहा जाएगा।
- मान लीजिए कि कोई मनुष्य अत्यंत भयंकर तथा गंभीर चिंता में है।

वह सिनेमा देखने जाता है; परंतु उसका ध्यान सिनेमा में नहीं है, चिंता में है। वह चिंता के विचारों में ही खोया हुआ है। वह आँखों से सिनेमा देख रहा है, परंतु सिनेमा पूरा होने पर उससे पूछो तो पता चलेगा कि उसने सिनेमा देखा ही नहीं। यह है दिवा-स्वप्नावस्था। शरीर जग रहा है, इंद्रियाँ जग रही हैं, परंतु ध्यान वर्तमान क्षण में नहीं है।

बहुत से लोगों को यह प्रश्न होता है कि तो क्या वर्तमान में जीने का अर्थ यह हुआ कि भूत और भविष्य का विचार ही नहीं करें? क्या भूतकाल के प्रसंगों की जुगाली करना, उन पर विचार करना, उनसे कुछ सीखने का प्रयत्न करना—क्या यह सब वर्तमान जीवन से पलायन करना है? तो क्या हम जिस समय भविष्य का आयोजन कर रहे होते हैं, उस समय वर्तमान में नहीं जीते होते? ये प्रश्न दरशाते हैं कि प्रश्नकर्ता समग्र बात को अभी गहराई से नहीं ले रहा है। भूतकाल और भविष्यकाल से संबंधित विचार-प्रवृत्तियाँ यदि हम पूरे ध्यान से करते हों तो वह भी वर्तमान में ही जीना है। जबकि वैसा करते हुए हम विचारों की शृंखला में खिंचे चले जाते हैं, तभी हम वर्तमान से दूर हो जाते हैं।

If you truly get in touch with a piece of carrot,
You get in touch with the soil, the rain, the sunshine.
You get it touch with Mother Earth and
eating in such a way,
You feel in touch with true life,
your roots and that is meditation.
If we chew every morsel of our food in that way,
we become grateful and when you are grateful,
you are happy.

~*Thich Nhat Hanh*

अंतरात्मा के साक्ष्य पर

मेरी समझ में यह आता है कि ध्यान से शांति प्राप्त होती होगी, परंतु शांति का अभ्यास भी ध्यान है। मन तो उथला है, अल्पजीवी है; छोटी-छोटी बातों से विक्षुब्ध हो जाता है, बिखर जाता है। क्या मेरे लिए यह संभव है कि सभी परिस्थितियों में मैं शांति तथा स्वस्थता की साधना करूँ? चाहे जो हो जाए, आसमान नहीं टूट पड़ता। अशांति, व्यग्रता से काम बिगड़ता ही है। अपने धीरज की सीमाओं को मुझे अनंत तक फैलाना है। जब-जब मैं ऐसा करता हूँ, तब-तब वह ध्यान का ही अभ्यास है।···

विचार-शून्यता या समझ-शून्यता

जो अध्यात्म से चकाचौंध हो गए हैं, वे उसे जीवन जीने की कला की जगह रिद्धि-सिद्धि तथा चमत्कारों का विषय गिनते हैं। उन्हें ऐसी स्वाभाविक रुचि होती है कि शब्दों को यूँ ही अकारण इतना भव्य बना दें। जो दूसरों को प्रभावित करना चाहते होते हैं (अहंकार-प्रेरित ही तो) उन्हें शब्दों का मायाजाल निर्मित करना पड़ता है। स्वयं कितना 'आगे' और 'ऊपर' पहुँचा हुआ है, ऐसा बताने के लिए मनुष्य का अहंकार बहुत से खेल खेल सकता है।

'विचार-शून्यता' ऐसा ही एक शब्द हो गया है। 'विचार-शून्यता' जैसा शब्द प्रयोग करना, उसके बारे में चर्चाएँ करना, यह कई बार निरा शास्त्रार्थ हो सकता है।

यह विचार-शून्यता कौन सी बला है? क्या यह हम जैसे अदने इनसानों के लिए संभव है? जब मनुष्य अपने विचारों का निरीक्षण करता है,

अपने अंत:करण को समझने के लिए वह
अंतर में चल रही प्रक्रियाओं को समझने की सघन कोशिश करता है,
तब उसे एक सूक्ष्म और अद्भुत अनुभव होता है।
वह अनुभव करता है कि निरंतर चलनेवाले वे विचार,
मन की निरंतर बकबकाहट कुछ अल्प क्षणों के लिए रुक जाती है।
किसी शोरगुल भरे कारखाने में अचानक कुछ सेकंड के लिए बिजली बंद हो जाए,
तो उतने ही सेकंड कैसी शांति छा जाती है!
ऐसी ही शांति का एक लघुद्वीप मन में निर्मित हो जाता है।
इन पलों में विचार नहीं होते।
इसलिए मन की स्थिति को हम विचार-शून्यता
या निर्विचार मन:स्थिति के रूप में पहचानते हैं।

मित्रो, वास्तव में तो बस इतना ही है। यह अनुभव आरंभ में क्षणार्ध का होता है। समय में नापने जाएँ तो माइक्रो सेकंड में होगा। परंतु अनुभूति की दृष्टि से अद्‌भुत होता है। 24 घंटे शोरगुल वाले कारखाने में एक सेकंड की शांति होगी तो भी वह हमें याद रह जाएगी या नहीं? बस, अभ्यास द्वारा इस अनुभूति की मात्रा और अनुपात को बढ़ाते जाना है।

मनुष्य इसकी साधना करता रहे, इसका अभ्यास करता रहे तो उसकी इस शांति का अंतराल लंबा हो सकता है। इस शांति का अनुभव आवश्यक है। मनुष्य के आंतरिक जीवन के लिए वह उपकारक है। यह शांति खूब शक्तिशाली है। परंतु यह अनुभव निजी है। ढिंढोरा पीटने की बात नहीं ही है। किसी भी बात को लेकर फूलना, यह अहंकार का स्वभाव है।

The replacement of negative thought
with positive thought
brings about a spiritual and physical change
that can heal.

~Betty Shine

अंतरात्मा के साक्ष्य पर

मुझे लगता है कि मेरा मन कार के इंजन जैसा है। यदि ज्यादा गरम हो जाए तो कार कहीं पर भी बंद हो जाए। साथ ही, ऐसा भी लगता है कि अंततः तो मन ही काम करता है, शरीर तो मात्र उसका साधन है। कार न चले, पर इंजन चलता रहे, ऐसा भी होता है। तो फिर क्या इंजन बंद कर देना आदर्श है? या इंजन गरम हुए बिना अविरत लंबा चल सके, कार्यक्षम हो, यह आदर्श है? मन को विचारशून्य क्यों करना है? यह कोई निरर्थक सनक तो नहीं है न? मेरी समझ क्या है?

निर्विचार मनोदशा का नीर-क्षीर

मानव जीवन बहुआयामी है। जीवन को सफलता या सार्थकता से जीने के लिए मनुष्य को अनेक प्रकार के पुरुषार्थ करने होते हैं। जिस तरह संसार से भाग जाने से मनुष्य का मोक्ष नहीं हो जाता, पालथी मारकर सुबह-शाम कुछ मिनटों तक केवल बैठने से मन की शांति नहीं मिल जाती है।

> मनुष्य जीवन की समस्याओं का हल करने के सीधे सचोट उपाय ढूँढ़ता रहे,
> यह सब करने से मेरी सभी समस्याएँ हल हो जाएँगी।
> ऐसी भ्रांतियाँ रचे तो उससे वैसा हो नहीं जाता।
> जीवन की वास्तविकताएँ नियमों और सिद्धांतों से चलती हैं।

मनुष्य के अस्तित्व में शरीर है और अंत:करण भी। अंत:करण तथा वृत्तियाँ ऊर्जा का स्वरूप हैं; जो हमारे भीतर सतत सक्रिय रहती हैं। हमारे जीवन की नियति तय करने के लिए यह महत्त्वपूर्ण प्रश्न है कि वे हमारे नियंत्रण में हैं या नहीं। विचारों पर नियंत्रण स्वनिरीक्षण द्वारा ही संभव है। ध्यानावस्था से ही मन पर नियंत्रण पैदा होता है।

परंतु क्या विचारों की बकबकाहट शांत हो, उतना ही पर्याप्त है? शोर हो तो शांति प्रिय ही लगती है, पर शांति हो तो मधुर संगीत का श्रवण क्यों नहीं? मान लीजिए कि निर्विचार अवस्था प्राप्त हो गई, तो ठीक है, भाई। उसके आगे क्या? पालथी छोड़कर जीवन तो जीना है न!

मन की एक अंतिम दशा है अविरत चल रहे विचारों की; दूसरी अंतिम दशा है निर्विचार की; तो इन दोनों दशाओं में जब जीवन जिया जाए तो उनके बीच क्या फर्क होगा? इसका वैज्ञानिक विवरण तो होना चाहिए न। 'श्रीमद्‍भगवद्‍गीता' में अर्जुन श्रीकृष्ण से पूछते हैं कि "जो व्यक्ति स्थितप्रज्ञ है, जिसे समाधि की अवस्था प्राप्त हुई है, ऐसे व्यक्ति की वाणी, भाषा, आचरण वगैरह कैसे होते हैं?" ऐसे वैज्ञानिक अभिगम के अभाव में अध्यात्म की खोज भटकाने वाली है।

अंत में, मनुष्य का जीवन विचारों की रहनुमाई में ही चलता है। अंधाधुंध अंट-शंट विचार चलते हैं तो जीवन भी वैसा ही चलता है। जैसे खेत में से पहले सारे खरपतवार की निराई जरूरी है, फिर अंत में हम उत्तम फल देनेवाले पौधों की बुआई करते हैं, उसी तरह मन में उच्च विचारों की बुआई भी उतनी ही जरूरी है।

यानी निर्विचार स्थिति मनुष्य जीवन के लिए जितनी उपकारक है, उतनी ही या शायद उससे भी अधिक जरूरी है उच्च विचारों का सेवन करना और हृदय में इन विचारों का सेवन, उनका बारंबार अभ्यास करना, वह भी मनुष्य के ध्यान की ही अवस्था है।

You believe in God?
Believe also in your imagination.

~Neville Goddard

अंतरात्मा के साक्ष्य पर

मेरा मन बकबकाता रहता है तो हृदय क्या करता है? जो घटनाएँ हों, तदनुसार वह भाव-संवेदन अनुभव करता है; परंतु हृदय की तो कोई बकबकाहट है नहीं। मान लें कि किसी तरह मन की बकबकाहट शांत हो जाए, आगे क्या? ऐसा हो सकता है कि हृदय से विचार करें तो जीवन अधिक अच्छी तरह जिया जाए? अंतत: विचारों के अनुसार ही जीवन होता है, यह तो सत्य है। मन के विचार बंद करना और हृदय के विचारों को चुनना, क्या यही जीवन का रहस्य होगा? निर्विचार मन और शक्तिशाली विचारशील हृदय?

ध्यान एवं आदर्श कल्पना

जैसे ही मनुष्य की समझ में आने लगता है कि वास्तव में उसका जीवन उसके मन-हृदय के विचारों का ही प्रतिबिंब है तो तुरंत उसे यह भी समझ में आ जाता है कि जीवन में परिवर्तन लाने का मार्ग है—विचारों में परिवर्तन। यदि वह छिछले, स्वार्थी, नीच तथा अशुद्ध विचारों की जगह शुद्ध एवं आदर्श विचारों की स्थापना कर सकता है तो ही उसका जीवन बदल सकता है। इसलिए अब वह प्रतिदिन थोड़ा-थोड़ा समय आदर्श विचारों के ध्यान के पीछे बिताना शुरू करता है। याद रहे, ध्यान कोई मानसिक या बौद्धिक प्रवृत्ति नहीं है। मनुष्य अपने पूरे हृदय से जब ऐसी साधना या ध्यान करे, तभी सच्चे रूपांतरण की प्रक्रिया शुरू होती है। 'पातंजल योगसूत्र' में भी स्वाध्याय का क्रियायोग के रूप में उल्लेख है। मनुष्य को अनुभव से भी यह समझ में आता है। जिस हद तक वह अपने विचारों को बदल सकता है, उतने ही अंश तक उसके जीवन के संयोग और परिणाम बदलने लगते हैं।

मनुष्य जिस पर ध्यान लगाता है, वैसा वह बनता है। वह जैसे विचार करता है, वैसा ही मनुष्य वह बनता है। यदि वह ऐसा मानता है कि धन ही सर्वस्व है तो उसके जीवन में वैसे ही परिणाम दिखलाई देंगे। वह यदि ऐसा मानेगा कि जीवन अर्पण करने के लिए है, दूसरों की सेवा के लिए है तो उसका जीवन तदनुसार गढ़ा जाएगा। विचारों का चयन जीवन का चयन है और विचारों को आंतरिक विश्व में स्थापित करने का कार्य ध्यान-साधना द्वारा ही संभव हो सकता है।

प्रकृति ने मनुष्य को जो कुछ भी अर्पित किया है, उसके पीछे कोई उद्‌देश्य और कारण है। मनुष्य के अंत:करण का एक भाग है—*कल्पना-शक्ति*। मनुष्य ऐसी बातों की कल्पना कर सकता है, जो उसकी स्मृति या मनांकन में न हों। मनुष्य अनुभव द्वारा सीखकर होशियार बनता है; परंतु जीवन की संभावनाओं को साकार करने हेतु केवल अनुभव पर्याप्त नहीं है। मनुष्य की संभावनाओं का आधार उसकी कल्पना-शक्ति पर है।

बौद्ध धर्म में करुणा को बहुत ऊँचा महत्त्व दिया गया है। उसके साधक जीवन की किसी भी परिस्थिति को करुणापूर्वक देखकर उस परिस्थिति का अपने अंत:करण में नवसृजन करते हैं। किसी ने मेरे साथ अपमानजनक ढंग से बात की, मुझे क्रोध आया; मेरा अहं

चिढ़ा और मैंने भी पलटकर उत्तर दिया। इस घटना को मैं अपने हृदय में करुणार्द्र होकर पुनः देखता हूँ। किसी ने मुझसे अपमानजनक ढंग से बात की, मैंने शांतिपूर्वक तटस्थता से उसकी बात सुनी। मैंने उसे ममता से देखा और योग्य प्रतिभाव दिया। कल्पना-शक्ति द्वारा मैंने प्रतिक्रिया को प्रतिभाव में रूपांतरित करके उसमें आदर्श विचारों की स्थापना की। यह रूपांतरण ध्यानावस्था में ही संभव है। पुन: यह रोचक है कि 'पातंजल योगसूत्र' में भी यम-नियम के विरोधी भाव बाधा पहुँचाएँ, तब प्रतिपक्ष की भावना करने का उल्लेख है। यह विचार और कल्पना-शक्ति का प्रयोग ही है।

मनुष्य की समझ के अनेक आयाम हैं। वह मृत्यु की कल्पना किए बिना जीवन के महत्त्व और अमूल्यता को नहीं समझ सकता। मनुष्य द्वारा सुंदर जीवन की अभिलाषा उसकी मृत्यु तथा जीवन के लिए जागृति में से ही प्रकट हो सकती है। मनुष्य को मृत्यु का अनुभव नहीं है, स्मृति में उसकी कोई जानकारी या ज्ञान नहीं है। वह अपने आसपास मृत्यु की घटना अवश्य देखता है, परंतु कल्पना व ध्यान बिना वह इस अवलोकन को अपनी समझदारी में नहीं बदल सकता।

The intuitive mind is a sacred gift and
the national mind is a faithful servant.
We have created a society that honors
the servant and has forgotten the gift.
Your imagination is your preview of life's coming attractions.

~Albert Einstein

अंतरात्मा के साक्ष्य पर

ध्यान, चित्तवृत्तियों का निरोध, समाधि अवस्था—ये सब आध्यात्मिक मुद्दे हैं। तो क्या और आदर्श विचारों पर चिंतन करना, सृजनात्मक कल्पना-शक्ति या क्रिएटिव विजुअलाइजेशन, एकाग्रता का अभ्यास, प्रेरक साहित्य का अध्ययन—ये सब आध्यात्मिकता के दायरे में आते हैं या नहीं? जीवन के बारे में हमारा दर्शन कितना खंडित है! अन्यथा जो जीवन के लिए मदद रूप है, वह सभी आध्यात्मिक कैसे नहीं हैं? क्या जीवन का विकास ही अंतत: आध्यात्मिक विकास नहीं है?

ध्यान किए बिना ध्यान

ध्यान के बारे में हमें अपनी रूढ़िगत धारणाओं और पूर्वग्रहों से मुक्त होने के लिए 'ध्यान' शब्द को छोड़कर उसके अवबोध तथा मर्म को पकड़ने की जरूरत है।

ध्यान जीवन के लिए आवश्यक है। जीवन, विवेक और सौंदर्य ध्यान से ही प्रकट होते हैं। जिन्होंने ध्यान का अध्ययन किया है, वे इससे तत्काल सहमत होंगे।

हम कतिपय महान् विभूतियों को देखते हैं, जो शायद पालथी मारकर, मेरुदंड सीधा रखकर, आँखें बंद करके रूढ़िगत रूप से कहा जानेवाला ध्यान नहीं करते। तो उनका विवेक और जीवन-सौंदर्य किसका आभारी है ? जो रूढ़िगत तरीके से ध्यान नहीं करते, उनके भीतर समझदारी कैसे उत्पन्न होती है ? यदि ध्यानावस्था से ही समझ उत्पन्न होती है, समस्त समझदारी के पीछे अंततः ध्यानावस्था होनी चाहिए, ऐसा कह सकते हैं ?

'ध्यान' किए बिना ध्यान किया जा सकता है ?
क्या ऐसा हो सकता है कि कोई ध्यान कर रहा हो, फिर भी वह ध्यान न हो ?
कोई ध्यान न कर रहा हो, फिर भी
ध्यानावस्था की साधना कर रहा हो, क्या ऐसा हो सकता है ?
जहाँ जीवन की समझ है, स्वविकास का सौरभ है,
मानवतापूर्ण व्यक्तित्व की मिठास है,
वहाँ ध्यान न हो, क्या ऐसा संभव है ?

ध्यान विषय के अद्‌भुत शिक्षक और लेखक इकार्ट तोले, थीच नात हान आदि कहते हैं कि प्रतिदिन सुबह-शाम दो मिनट बैठना उतना महत्त्वपूर्ण नहीं है, जितना महत्त्वपूर्ण वर्तमान में जीना सीखना है। उनके कहने का मर्म स्पष्ट है। वे भी ध्यान को जड़ रूढ़िगत धारणाओं से अलग करने की कोशिश कर रहे हैं।

एक जेन गुरु, जो सदैव बहुत शांत व प्रसन्न ही रहते थे, उनसे पूछा गया कि संयोगों या परिस्थितियों के चाहे जितने दबाव होने पर भी आप अपनी प्रशांतता कैसे बनाए रख पाते हैं? उन्होंने उत्तर दिया, "मैं अपने ध्यान का स्थान कभी छोड़ता ही नहीं।" वह जेन गुरु प्रतिदिन सुबह ध्यान में बैठते और उन क्षणों की परम शांति समग्र दिन के दरम्यान अपने मन-हृदय में सँजोए रहते थे।

भले ही बात थोड़ी अटपटी और जटिल लगे, किंतु जहाँ ध्यान हो, पर ध्यान न हो और ध्यान न हो, पर वहाँ ध्यान हो, यह अवश्य संभव है। यदि हम 'ध्यान' शब्द को छोड़कर उसके मर्म को पकड़ने की कोशिश करें, तभी यह संभव है। यही समझदारी है।

Spiritual practice is not just sitting and meditating.
Practice is looking, thinking, touching,
drinking, eating and talking.
Every act, every breath and every sleep can be practice and
can help us to become more ourselves.

~*Thich Naht Hanh*

अंतरात्मा के साक्ष्य पर

अंततः मेरे लिए ध्यान क्या है? जीवन की समस्त दैनिक प्रवृत्तियाँ गुणवत्तापूर्ण ढंग से करना, उनमें तन्मय होना और सृजनात्मकता प्रकट करना। अखंड शांति और प्रशांतता का हर घड़ी अभ्यास करना। अपने ध्येय के साथ जुड़े रहना। मैं जो दे सकता हूँ, उसे सर्वोच्च स्तर पर देना। मन को निरंतर देखते रहना। संबंधित भूमिका में जाग्रत रहना। दुःख के कारणों को समझते रहना। जीवन को निरंतर समझते रहना। जो समझ में आए, उसे निरंतर जीते रहना। बस, ऐसा और इतना ही है, पर बहुत कठिन है!

वर्तमान में जीने का सही अर्थ

वर्तमान में जीना, अर्थात्? हम वर्तमान में क्यों नहीं जीते?

हमने अंतःकरण में चित्त के स्वभाव की बात की। चित्त चंचल है। जो संतुलन नहीं रख सकते, वे हवा में रस्से पर नहीं चल सकते। वे बाएँ या दाएँ झुककर गिर जाएँगे। रस्से पर चलना वर्तमान है। भूत व भविष्य बाएँ-दाएँ हैं। भूतकाल का दुःख और भविष्य की चिंता में हम खिंचे जाते हैं। यह चित्त का स्वभाव है। इस पर अंकुश कैसे लगाया जाए?

वास्तव में, जीवन तो इसी क्षण है न? भूतकाल बीत चुका है, समाप्त हो गया है। वह अब है ही नहीं। भविष्य भी अभी आया नहीं है। वह भी इस समय हाजिर नहीं है। वर्तमान काल वास्तविकता है। भूत-भविष्य का अस्तित्व ही नहीं है। मनुष्य का जीवन वर्तमान समय में ही है। इसलिए जिसके हृदय में जीवन के लिए प्रेम उमड़ा है, जिसके अंदर नूतन जीवनाभिलाषा जनमी है, वे दुःख-चिंता में भटककर जीवन को बरबाद करना नहीं चाहते। उन्हें समझ में आता है कि सच्चा जीवन जीने में है—अभी और इसी समय—उठना, बैठना, सोना, नहाना, खाना, पीना—इन सभी प्रवृत्तियों से ही जीवन बनता है न। जीवन का अलग से और कुछ अस्तित्व नहीं है। तो यह सब ध्यान से, आनंद से लुत्फ उठाते हुए क्यों न किया जाए?

नहाते समय हम व्यवसाय, नौकरी के या जटिल संबंधों के विचार में व्यस्त होते हैं। एक हाथ में पुस्तक, कान में ईयर फोन से संगीत और मोबाइल द्वारा बात मल्टीटास्किंग के नाम पर हम कुछ भी ठीक नहीं करते। खाते समय खाना नहीं खाते, खेलते समय खेलते नहीं, सुनते समय सुनते नहीं, पढ़ते समय पढ़ते नहीं। कोई भी प्रवृत्ति तन्मय होकर करना, एकाग्र होकर करना, पूरी तरह तल्लीन होकर करना, उसमें ही ध्यान का मर्म व्यक्त होता है।

परंतु अगर कोई व्यक्ति वास्तव में काम में डूब गया है, उसका ध्यान आसपास की किसी चीज में नहीं है तो हम उस पर धुनी या 'एब्सेंट माइंडेड' का लेबल लगा देते हैं। कहते हैं कि उसे किसी चीज का खयाल नहीं रहता। अरे भाई, उसका किसी में तो ध्यान है,

इसीलिए तो उसे बाकी सबका ध्यान नहीं है! वास्तव में तो उसे 'प्रेजेंट माइंडेड' कहा जाए या नहीं? हम अपने से अलग ढंग के व्यक्तियों को किस तरह देखते हैं?

ध्यान से नित्यकर्म करना, ध्यान से चाय-कॉफी पीना, ध्यान से भोजन ग्रहण करना, ध्यान से सुनना, ध्यान से प्रकृति का अवलोकन करना, ध्यान से पुष्पों को देखना, ध्यान से जीवन का उपभोग करना—यही ध्यान का मर्म है। अभिलाषा में एकाग्रता जुड़ती है, तब चित्त वर्तमान में आ जाता है। उसे ही तो हमने 'ध्यान' के रूप में परिभाषित किया है।

Zen does not confuse spirituality
with thinking about God
with one is peeling potatoes.
Zen spirituality is just to peel the potatoes.

~Alan W. Watts

अंतरात्मा के साक्ष्य पर

खाना पकाते समय, घर का काम करते समय मेरे ध्यान की गुणवत्ता की परीक्षा होती है। कितने ध्यान से मैं ये कार्य कर सकता हूँ? कितनी एकाग्रता से ये कार्य करता हूँ? विचारों में खोए रहकर यांत्रिक रीति से करता हूँ या आनंद से रुचिपूर्वक पूरी समझ को उसमें उड़ेलकर करता हूँ? गति, गुणवत्ता और मितव्ययिता जैसे मूल्यों की सजगता के साथ कार्य करता हूँ या बेलगाम, लापरवाही या अनियंत्रित रीति से करता हूँ? क्या इन सबका मेरी ध्यान क्षमता से कोई संबंध है? ध्यान के लिए विविध दैनिक कर्मों की भूमिका कितनी आवश्यक है!

ज्ञान पूर्वग्रहों को जन्म देता है?

बहुत से अध्यात्मवादी मनुष्य के अंत:करण की प्रवृत्ति को समझने के लिए हमें प्रेरित करते हैं। वे कहते हैं कि जब तक मनुष्य स्वनिरीक्षण द्वारा स्व-ज्ञान (सेल्फ नॉलेज) प्राप्त न करे, तब तक उसकी सही उत्क्रांति नहीं होती। वे उसमें आगे जोड़ते हैं कि इस ध्यान की अवस्था में समझदारी प्राप्त न हो तो सारा ज्ञान अंतत: पूर्वग्रहों को ही जन्म देता है और मनुष्य पूर्वग्रहों द्वारा जीवन की समस्याएँ हल नहीं कर सकता।

उनका ऐसा कहना है कि जानकारी या बौद्धिक समझदारी वास्तव में सच्ची समझदारी नहीं है। जब चित्त प्रत्येक नई जानकारी, नए अनुभव को मनांकन बना देता है तो अंतत: मनुष्य मनांकन बढ़ाता जाता है, कंडीशंड होता जाता है।

परंतु मनुष्य जब नई जानकारी या अनुभव को समग्र रूप से संवेदित करता है, उनके बीच के संधि-स्थलों को देख सकता है, तभी उसका दर्शन अखंडित बनता है। वह ज्ञानी बनता है, पर ज्ञान उसकी मर्यादा नहीं बनता।

जानकारी या ज्ञान को दोष देना कार दुर्घटना के लिए टेक्नोलॉजी को जिम्मेदार ठहराने जैसी बात है। टेक्नोलॉजी थी तो कार बनी; परंतु कार कैसे चलाना, उसकी देखभाल कैसे करना, उसका निर्वाह कैसे करना—यह सब मनुष्य के हाथ में है। लापरवाह व्यक्ति कार को अंधाधुंध चलाए और फिर दुर्घटना हो तो वह कार की टेक्नोलॉजी की निंदा करे, यह बात कैसी हास्यास्पद लगती है। ज्ञान या अनुभव बेचारा क्या करे? मनुष्य जिस अंत:करण से उसका प्रोसेस करता है, उसी से सबकुछ तय होता है।

जो इस मुद्दे को अत्यंत सतही ढंग से समझते हैं, वे ज्ञान-विरोधी हो जाते हैं। कई बार हम नई जानकारी के संपर्क में आते हैं और उसमें हमें 'भव्य सत्य' दिखाई दे तो उसकी चकाचौंध में हमारी आँखें चौंधिया जाती हैं। जिससे हम अंधे हो जाएँ, उस सत्य को 'भव्य' कैसे कहा जाए?

मनुष्य का मन दर्पण जैसा है। दर्पण पर धूल और कीचड़ लगी होगी तो हम अपना प्रतिबिंब एकदम साफ-साफ नहीं देख सकेंगे। यदि दर्पण वक्र होगा तो हमारा प्रतिबिंब हमें विकृत दिखलाई देगा। यदि दर्पण सीधा, समतल, स्वच्छ एवं त्रुटि-रहित है, तभी प्रतिबिंब वैसा ही होगा, जैसी वस्तु है। प्रतिबिंब अंतत: प्रतिबिंब है। किसी भी जानकारी या अनुभव से मन का दर्पण मैला नहीं होना चाहिए।

दुनिया की कोई समझदारी ज्ञान को दोष नहीं देती। ज्ञान तो बुद्धि की तरह ही केवल साधन है। तलवार बंदर के हाथ में है या होशियार और शूरवीर मनुष्य के हाथ में, उससे तलवार के प्रयोग की गुणवत्ता तय होगी। तलवार को बदनाम करने या पुरस्कृत करने का कोई अर्थ है क्या?

It is only with the heart that one can see rightly,
what is essential is invisible to the eye.

~Antoine de saint

अंतरात्मा के साक्ष्य पर

जो कारीगर अत्यंत कुशलतापूर्वक, गहन एकाग्रता से अपना काम करते हैं, उनको यदि जीवन के प्रति अगाध प्रेम भी हो तो उनकी ध्यान क्षमता गहन होनी चाहिए। जिन्हें जीवन के प्रति प्रेम नहीं है, वे यदि पूरे दिन भर ध्यान करें तो भी वे उथले ही रहेंगे। जीवन प्रेमी अनपढ़ है तो भी ज्ञानी होगा और अहंकारी कितने ही ग्रंथ घोटेगा तो भी अज्ञानी ही रहेगा। अध्यात्म और ध्यान के लिए क्या महत्त्वपूर्ण है और क्या महत्त्वहीन? उच्च शिक्षा मनुष्य के ध्यान में सहायक होगी क्या?

ध्यान एवं समझदारी

जब मनुष्य असजग होता है, उस समय जीवन के अनुभव उसके लिए मनांकन बन जाते हैं। ये मनांकन पूर्वग्रह पैदा करते हैं और पूर्वग्रह मनुष्य के जीवन को मर्यादित बना देते हैं। यह दर्पण मलिन कर देने के समान है। ऐसे पूर्वग्रह-ग्रस्त मन से समझदारी की उम्मीद संभव नहीं है।

नए जमाने में ऐसे दर्पण खोजे गए हैं, जो स्वयं अपने को साफ रखते हैं! परंतु सदियों से मनुष्य के पास यह आध्यात्मिक शक्ति तो है ही, जिससे वह अपने मन के दर्पण को साफ रख सकता है। हम इस शक्ति को ध्यान भी कह सकते हैं। जब मनुष्य स्वनिरीक्षण, स्व-परीक्षण और अन्य ध्यान प्रवृत्तियों द्वारा अपने अंतर्मन को साफ रखता है, निर्दोष रखता है तो वह वस्तुओं को जैसी वे हैं, वैसी ही ग्रहण कर सकता है।

इसीलिए आध्यात्मिक मनुष्य सच्चे अर्थ में यथार्थदर्शी होते हैं। वे अत्यंत कुशाग्र बुद्धिवाले लगते हैं; क्योंकि उनकी ग्रहण-शक्ति गजब की हो जाती है। वे ज्ञान को ज्यों-का-त्यों ग्रहण करते हैं। ज्ञान को विकृत करने की उनकी कोई आंतरिक अहंकार- प्रेरित आवश्यकता नहीं होती है। वे पुस्तकों से ज्ञान को ग्रहण कर उसकी संजीदगी को आत्मसात् करते हैं, ज्ञान को पूर्वग्रह नहीं बनाते। इतना ही नहीं, उनका ज्ञान और सयानापन सदैव समग्र लक्षी होते हैं। वे विरोधी लगनेवाली धारणाओं के बीच ऐक्य को देख व समझ सकते हैं।

ध्यान की दशा में मनुष्य अपने मन और अंत:करण का ज्ञान तो पाता ही है, साथ-साथ इस साधना द्वारा वह मन को इतना सुंदर और निर्दोष बनाता है कि अन्य ज्ञान-प्राप्ति के लिए वह अत्युत्तम साधन बने।

इस बात को समझने के लिए हम इस पृष्ठ पर वर्णित ध्यान और समझदारी के मुद्दे को समग्र पुस्तक से अलग ढंग से पढ़-समझ नहीं सकते हैं। मनुष्य को कोई अनुभव हो, यदि वह पीड़ाजनक हो तो वह द्वेष खड़ा कर सकता है। द्वेष मनुष्य की इच्छाओं और विचारों को प्रदूषित करता है, चित्त को भटकाता है। साथ ही वह पीड़ा से पलायन की वृत्तिवाला हो तो उसके पास आनेवाली वास्तविकताओं को भी वह विकृत रूप से

देखता है। यदि मनुष्य पूर्वग्रहग्रस्त है, प्रमादी है या राग-द्वेष से प्रेरित है तो वह अपना चुनाव इस तरह ही करता है। वह पीड़ाजनक यथार्थ नहीं देखेगा, परिप्रेक्ष्य को विस्तृत करके देखने का कष्ट नहीं उठाएगा। कुछ निश्चित प्रकार की पसंदगी करने की बेसब्री ही उसका मलिन दर्पण है। जे. कृष्णमूर्ति जैसे अध्यात्मवादी तो कहते हैं कि चयन-विहीन (च्वॉइसलेस) बनें, तभी समझदारी संभव है। वह यही मुद्दा है। पीड़ा की एक लहरी भी मनुष्य के मन में उठे तो उससे वह सजग हो, अपने अंत:करण को ही तटस्थता से, साक्षीभाव से देख सकता हो, वही इस अवस्था में सच्ची समझदारी पा सकता है।

दूसरे शब्दों में कहें, तो इस पुस्तक के विविध पलों पर अलग-अलग विभावनों का वर्णन है; परंतु अंतत: तो एक ही सत्य को उजागर करनेवाले ये विविध आयाम मात्र हैं। मनुष्य सभी बातों को अपने अनुभव के सापेक्ष समझ सके तो ही वह समग्रता के ज्ञान की ओर जा सकता है, अन्यथा यह ज्ञान खंडित ही रह जाएगा। खंडितता से कभी भी सही समझ नहीं बन सकती, क्योंकि हमारे अंदर कुछ भी खंडित नहीं है।

True understanding is possible only
when we are fully conscious of our thoughts,
not as an operative observer on this thought,
but completely and without the intervention of a choice.

~J. Krishnamurti

अंतरात्मा के साक्ष्य पर

पहले मुझे ऐसा लगता था कि कुछ धर्म या संप्रदाय संकुचित हैं, अनाध्यात्मिक हैं। उनकी कमियाँ अभी भी दिखती हैं; परंतु अब मैं उनको अध्यात्म की दिशा के एक प्रयत्न, एक दृष्टिकोण, एक मार्ग के रूप में देख सकता हूँ। अब मैं सभी धर्मों, सभी शास्त्रों, समस्त पद्धतियों में संधियाँ ढूँढ़ता हूँ। अब मुझे सारी आध्यात्मिकता दिखने लगी है। एक ही मुद्दे को कैसे और कितने भिन्न तरीकों से देखा जा सकता है, उससे ताज्जुब होता है! सृष्टि में कोई भी समस्या लगे तो वह सदैव दृष्टि की ही होगी। कितनी प्रगल्भ बात है!

आज तो हमारी जिज्ञासा भी अहंकार की चेष्टा है, विशुद्ध जिज्ञासा नहीं है। परीक्षक बनकर निष्कर्ष सुनने, मूल्यांकन करने के लिए हम जाते हैं। भारतवर्ष में आध्यात्मिक परिभाषा का परिचय होने से सभी परीक्षक ही हैं। साधक कोई नहीं है। जिज्ञासा और उसकी पूर्ति उधार नहीं ली जा सकती। यहाँ उधार लिया हुआ काम में नहीं आता। सत्य की अनुभूतियों का आदान-प्रदान या क्रय-विक्रय भी नहीं हो सकता। यहाँ तो प्रत्येक को अपने भीतर खोजते रहकर स्वयं अनुभूति तक पहुँचना है। हमारा अहंकार इतना प्रबल होता है कि मैंने जिनको इष्टदेव स्वीकार किया, वह राम बड़े या कृष्ण अथवा महादेव बड़े, ऐसे झगड़े पैदा होते हैं; क्योंकि वे तो 'मेरे राम', 'मेरे कृष्ण', 'मेरे महादेव' बन गए। पूजा तो हम अपने 'अहं' की करना चाहते हैं।

~विमला ठकार

प्रकरण 6

शोधन

व्यूह-रचना और पकड़ दाँव

वैष्णव जन तो तेने कहिए

वैष्णव जन तो तेने कहिए, जे पीड़ पराई जाणे रे;
परदुक्खे उपकार करे तोये, मन अभिमान न आणे रे।

सकल लोकमां सहुने वंदे, निंदा न करे केनी रे;
वाच-काछ-मन निश्चल राखे, धन-धन जननी तेनी रे।

समदृष्टि ने तृष्णा त्यागी, परस्त्री जेने मात रे;
जीह्वा थकी असत्य न बोले, परधन नव झाले हाथ रे।

मोह-माया व्यापे नहिं जेने, दृढ़ वैराग्य जेना मनमां रे;
रामनाम शुं ताळी लागी, सकल तीरथ तेना तनमां रे।

वणलोभी ने कपट-रहित छे, काम क्रोध निवार्यां रे;
भणे नरसैयो तेनुं दर्शन करतां, कुल एकोतेर तार्यां रे।

~नरसिंह मेहता

प्रकरण 6

शोधन : व्यूह-रचना और पकड़ दाँव

कसौटियाँ और परीक्षण

जीवन कठिन है, संकुल है। अध्यात्म की राह भी कठिन है, और जीवन की ही भाँति संकुल एवं रहस्यमय है। जीवन का रहस्य गूढ़ है, सूक्ष्म है। स्पष्ट है कि स्थूल की अपेक्षा सूक्ष्म बातों से काम लेने में अधिक ध्यान और सावधानी रखनी पड़ती है। अरे, जीवन में किसी एक स्थान से दूसरे स्थान पर जाना हो तो भी हम नक्शे का उपयोग करते हैं। जरा भी शंका होने पर राहगीरों या विश्वसनीय लगनेवाले व्यक्तियों से रास्ता पूछते हैं। तो फिर जीवन की यात्रा ऐसे ही किस प्रकार से हो?

वैज्ञानिक अभिगम सदैव कसौटियों और परीक्षणों पर निर्भर रहना पसंद करता है। उसे मान लेना पसंद नहीं है। वह सतर्कता का आग्रह रखता है। तो अध्यात्म विज्ञान के साधक भी ऐसा अभिगम रखेंगे ही। हाँ, जिनके लिए अध्यात्म भी अंततः बुद्धि या अहंकार का खेल है, उनको कसौटियाँ एवं परीक्षण पसंद नहीं होते। वे सब सत्य की खोज के लिए हैं न! जो स्वयं को छलने में फँस गए हैं, उनको सबकुछ छल जाता है। इसलिए वे किसी प्रश्न, परीक्षा या परीक्षण से कोसों दूर भागेंगे।

हम आध्यात्मिक विकास को विभिन्न कसौटियों पर परख सकते हैं। मूलभूत रूप से हम इन कसौटियों और परीक्षणों को तीन विभागों में बाँट सकते है।

1. भौतिक : बाह्य, शारीरिक या भौतिक अवलोकन—व्यक्ति का आध्यात्मिक विकास हो रहा हो तो उसका प्रतिबिंब उसके मुख की आभा या शरीर के हाव-भाव में व्यक्त होता है। उसकी स्वच्छता की आदतें सुधरती हैं। खाने-पीने पर उसका संयम उसके स्वास्थ्य में झाँकता है, वह शांत एवं अनौपचारिक व्यक्तित्व वाला मालूम पड़ता है।

2. निजी : मनुष्य के आंतरिक विश्व की कसौटियाँ—व्यक्ति का मन पर कितना नियंत्रण है? उसके विचारों में कैसे-कैसे परिवर्तन आए हैं? अपनी हिम्मत, ईमानदारी, सत्यनिष्ठा, नम्रता, प्रतिभावात्मकता, एकसूत्रता इत्यादि को लेकर वह विकसित हो रहा है? उसके निजी विश्व के आयाम बाहर व्यक्त हो ही जाते हैं; परंतु व्यक्ति स्वयं ही ये कसौटियाँ अधिक सच्चाईपूर्वक कर सकता है।

3. संबंध : मानवीय संबंधों में कसौटियाँ—अंततः मनुष्य मात्र संबंधों से जीता है। संबंध उसके चरित्र के दर्पण का काम करते हैं। कई बार व्यक्ति का मन कुछ धारणाएँ या स्व-प्रतिमाएँ (सेल्फ इमेजेस) बनाता है, जो वास्तविकता से दूर होती हैं। संबंध उसकी इन धारणाओं को चुनौतियाँ देनेवाले प्रतिबिंब दे सकते हैं। यदि व्यक्ति उन्हें ध्यान में ले तो वह अपने विकास को अधिक वास्तविकता से जान सकता है।

एक बढ़ई भी बार-बार नापते हुए रंदा चलाता है। दरजी भी अच्छी तरह नापकर काटता है। राजगीर साहुल रख-रखकर दीवार की चिनाई करता है। जंगल में ट्रेकिंग करनेवाले अपने पास दिशादर्शक यंत्र (कुतुबनुमा) अवश्य रखते हैं। परंतु अध्यात्म की राह पर लोग अनुमान, लापरवाही, धारणाओं, डर तथा अभिमान से चलें, उसे क्या कहा जाय? अवैज्ञानिक अभिगम से होनेवाली अध्यात्म-यात्रा कैसी होगी?

Show me a man who lives alone
and has a perpetually clean kitchen,
and 8 times out of 9 I'll show
you a man with detestable spiritual qualities.

~Charles Bukowski

अंतरात्मा के साक्ष्य पर

मैं जब अंत:करण की रहनुमाई में जीता हूँ, तब मेरे लिए मेरी मान्यताएँ और मेरा अहंकार ही मेरी वास्तविकता बन जाते हैं। पुस्तक पढ़ता हूँ तो ऐसा लगता है कि यही मेरा जीवन है। जो कुछ करता हूँ, अंततः उसका उद्देश्य मद से फुलाना ही होता है। अपने दैनिक जीवन को जाँचने-परखने की मुझे कोई चिंता नहीं होती। मेरे व्यवहार व आचरण में कितनी निर्मलता है, जीवन में कितनी सहृदयता है, आइ फाम में कितनी नम्रता है, वह देखने की मुझे दरकार नहीं है। तो फिर यहाँ कोई अध्यात्म या विकास वास्तव में है ही नहीं।

धारणाएँ या सत्यनिष्ठा

जिस मनुष्य की अध्या-यात्रा अभी आरंभ नहीं हुई है, वह अभी अगर अजागृति में ही जी रहा है तो उसका मन पूरे समय उसे जो रास आता है, वैसा कर रहा होता है। जब मनुष्य ध्यानावस्था में प्रवेश करता है, सजग होना आरंभ करता है, तब वह अधिक सावधानीपूर्वक जीने लगता है।

जो मन प्रशिक्षित नहीं है, वह प्रमादी है।
उसे पुरुषार्थ पसंद नहीं है।
उसे प्रश्न पूछने का अनुशासन अच्छा नहीं लगता।
इस अवस्था की एक विशेषता यह है कि
मनुष्य तत्काल धारणाएँ बना लेता है।
अपने जीवनानुभवों के आधार पर पूर्वग्रह निर्मित करता रहता है।
इस पूर्वग्रहग्रस्त दृष्टि से वह जीवन को देखता और जीता है।
वह अपने अंदर की धारणाओं की जाँच नहीं करता,
उससे प्रश्न नहीं करता।

दूसरे शब्दों में कहें तो वह अज्ञान में जीता है,
यथार्थ से दूर मान्यताओं में जीता है।

जब मनुष्य के भीतर जीवन के लिए अभिलाषा जन्म लेती है, तब उसे ऐसे प्रमाद, धारणाओं एवं पूर्वग्रहों में जीना अच्छा नहीं लगता। उसे सदैव सत्य की ही खोज रहती है। उसकी यह सत्यनिष्ठा धारदार प्रश्न पूछने की उसकी क्षमता में व्यक्त होती है। ये प्रश्न वह अपनी प्रत्येक मान्यता से पूछता है, विशेष रूप से स्व-विषयक अपनी मान्यताओं से।

डॉ. स्कॉट पेक कहते हैं, "हमारी मान्यताएँ ही हमारा जीवन जीने का नक्शा हैं। यदि मान्यताएँ वास्तविकता से दूर हैं तो हमारा यह नक्शा त्रुटिपूर्ण है।" वे ऐसा भी कहते हैं कि ''मनुष्य को यह नक्शा निरंतर संशोधित एवं अपडेट करते रहना पड़ता है तथा इसके

लिए अत्यंत निष्ठा, उत्साह और धैर्ययुक्त अभिगम की आवश्यकता रहती है।'' प्रमादी लोगों को निरंतर प्रयास करना पीड़ाजनक लगता है। इस कारण वे अपने पास जो भी नक्शा है, उसे ही सच्चा साबित करने की कोशिश करते रहते हैं। हमने मनोविज्ञान की चर्चा में देखा है कि मनुष्य पीड़ा से भागने के कैसे-कैसे रास्ते अपनाता है।

मनुष्य का अहंकार अपनी मान्यताओं के साथ ही अपने अस्तित्व को जोड़ता है। मान्यताओं का त्याग कई बार उसे मृत्यु के समान लगता है और इस कारण वह डर का मारा मान्यताओं से ऐसे चिपका रहता है जैसे डूब रहा व्यक्ति किसी आधार को कसकर पकड़े रहता है। उसे पता नहीं है कि अंत में मान्यताओं को बदलने में ही मनुष्य का विकास है और नई मान्यताएँ स्वीकार करने से मानो सूक्ष्म रीति से पुनर्जन्म जैसा अनुभव होता है।

Say not,
I found the truth,
but rather,
I have found a truth.

~Kahlil Gibran

अंतरात्मा के साक्ष्य पर

सत्य क्या है ? मैं जो मानता हूँ, वही सत्य है ? कल जिसे मैंने जोर देकर सत्य माना था, वह तो अब सत्य रहा नहीं। आज मुझे उसमें बचपना और पूर्वग्रह दिखते हैं। फिर भी, आज मेरी ही मान्यताएँ सत्य हैं, ऐसा मैं कैसे मान सकता हूँ ? यदि मुझे सत्य की खोज करनी हो तो मेरा मन खुला होना चाहिए। मैं सतत नम्रता का अनुभव करूँ, इसका ध्यान रखूँ कि अन्य दृष्टिकोणों को समझने के लिए आतुर होऊँ, तभी सत्य की खोज आगे बढ़ेगी। सत्य पर मेरा एकाधिकार नहीं है। मेरी खोज निरंतर जारी रहनी चाहिए।

तर्कों में जीतना या सत्यग्रहण

अहंकारमय आचरण असजगता है। अहंकार का अर्थ है कि मनुष्य 'मैं' और 'मेरा' की ही रट लगाता रहता है। प्रत्येक व्यक्ति के साथ की बातचीत उसके लिए अहंकार का ही विषय बन जाता है।

> मेरा दृष्टिकोण क्या है,
> मेरी बात किस तरह सच है;
> मैं कैसा बुद्धिमान, ज्ञानी और होशियार (विशेषण बदलते हैं) व्यक्ति हूँ।
> मैं हमेशा सही होता हूँ
> अंत में मेरे शब्द आखिरी होते हैं;
> मैं बोलूँ तो सबको चुप हो जाना पड़ता हैं।...
> यह सब अहंकार की मान्यताएँ हैं।
> जब मनुष्य अहंकार-प्रेरित हो, उस समय
> उसे ज्ञान-प्रदर्शन, तर्कों में जीतने
> और हमेशा श्रेष्ठतर साबित होने की स्पर्द्धा में ही रुचि होती है।

सजग व्यक्ति को ऐसा निकृष्ट व्यवहार पसंद नहीं है। वह होड़ या स्पर्द्धा में बह नहीं जाता। उसकी सुरक्षा दूसरे लोगों को हराने से नहीं आती। वह समझदारी द्वारा तय करता है कि तर्क करना है या नहीं? करना है तो किसलिए कैसे शब्दों का प्रयोग करना है? वह इस बात की सावधानी रखता है कि किसी का अपमान न हो, किसी को पीड़ा न पहुँचे। और हर क्षण स्वयं सत्यग्रहण करना नहीं चूकता।

जैसा कि महावीर स्वामी कहते थे, 'मेरा' उतना सच नहीं, पर जितना सच है, वह 'मेरा' का अभिगम वास्तविक आध्यात्मिकता व्यक्त करता है।

तो क्या व्यक्ति को तर्क नहीं करना चाहिए? तर्क न करने से, किसी को चुनौती न देने से असत्य ही सत्य है, ऐसा साबित नहीं हो जाएगा? गलतफहमी नहीं फैलेगी? अगर

हम सच्चे हैं तो सच्चा तर्क क्यों नहीं किया जा सकता? ऐसे प्रश्न उठें, यह संभव है।

ये प्रश्न कहाँ से उठते हैं? किसलिए उठते हैं? यह स्वनिरीक्षण का विषय है। मनुष्य निरंतर अपने इरादों को जाँचता रहे, यह उसकी अध्यात्म-यात्रा का महत्त्वपूर्ण लक्षण है।

हम यह जानते ही हैं कि मनुष्य के व्यवहार के पीछे उसका इरादा महत्त्वपूर्ण है। तर्क करते या प्रश्न पूछते समय हम शांत हैं? अंत:करण की गतिविधियों के प्रति सजग हैं? हम जागृति के प्रकाश में से अपना आचरण चुन रहे हैं न? कोई व्यक्ति आक्रामकता से तर्क करे तो उससे मेरे अहंकार को ठेस तो नहीं पहुँच रही है न? मुझे तर्कों में जीतने की रुचि है या संवाद में? क्या निरर्थक चर्चा के समय मैं मौन रह सकता हूँ?

Pride is concerned with who is right.
Huminity is concerned with what is right.

~Ezra Taft Benson

अंतरात्मा के साक्ष्य पर

कई बार जब कोई मेरी मान्यता को चुनौती देता है, मेरे सामने जोरदार तर्क करता है, तब मैं मानो जल उठता हूँ। यदि तर्क के प्रहार का मुझसे प्रत्युत्तर नहीं दिया जा पाता तो मुझे इतनी जलन होती है। तर्कों में शामिल होने का अर्थ तो यही हुआ न कि मैं अपनी मान्यताओं का बचाव कर रहा हूँ। मुझे उन्हें बदलने या उदार बनाने में रुचि नहीं है। मेरी सारी जोरदार मेहनत अपरिवर्तन के लिए विकसित न होने के लिए है। मुझे इस मेहनत का कोई फल नहीं मिलता। फिर भी मैं ऐसा ही क्यों करता रहता हूँ?

मन का दर्पण स्वच्छ रहता है?

मनुष्य की अध्यात्म-यात्रा आगे बढ़ रही है। उसकी एक कसौटी यह है कि उसके अंतर्मन का दर्पण कितना स्वच्छ रहता है! वह जीवनानुभवों को किस तरह ग्रहण करता है, विशेष रूप से जीवन के अवांछनीय परिणामों को वह कैसे पचाता है। संबंधों में घर्षण हो, मन-मुटाव पैदा हो तो मनुष्य अपने आंतरिक विश्व में ऐसे अनुभवों को किस तरह प्रतिभाव देना पसंद करता है।

मनुष्य विश्व जैसा है, उसे वैसा नहीं देखता।
वह जैसा है, विश्व उसे वैसा ही दिखाई देता है।
वह दु:खी है तो उसे सब नकारात्मक ही दिखेगा।
वह खुश है तो उसे सब सकारात्मक ही दिखेगा।

'जैसी दृष्टि वैसी सृष्टि', ऐसा हम कहते हैं।
उसमें 'दृष्टि' वास्तव में क्या है?
वह अपने शरीर की आँख से देखने की बात तो नहीं ही है।
मन की आँख है तो कौन सी आँख है?
मन की आँख कैसे बनती है?

ध्यान से समझने की कोशिश करेंगे तो समझ में आएगा कि मनुष्य जब किसी भी अनुभव के संपर्क में आता है, तब उसे देखने के लिए उसके पास एक से अधिक विकल्प होते हैं। उदाहरण के लिए, वह सामनेवाले व्यक्ति का केवल व्यवहार देखकर मूल्यांकन कर सकता है। अथवा वह व्यक्ति के इरादे को समझना भी पसंद करेगा। या तो वह सामनेवाले व्यक्ति के दृष्टिकोण से उसका व्यवहार देखता है, ताकि वह उस व्यक्ति के साथ निरंतर करुणा और सहानुभूति के संबंध से जुड़ा रहे, हर हाल में सामनेवाले व्यक्ति की निर्दोषता को संवेदित करे। परिस्थिति को देखने के ये विविध स्तर हैं।

इस तरह देखना तो वास्तव में शुद्ध श्रवण ही है। परिस्थिति को देखते समय मेरी समस्त मान्यताएँ, इच्छाएँ व उद्देश्य मानो अदृश्य हो जाते हैं। उनका अस्तित्व ही उस समय के लिए मिट जाता है। जब अंत:करण विक्षेप पैदा करें, हम मूल्यांकन करने लगें, अपनी मान्यताओं के संदर्भ में विश्लेषण करने लगें तो देखने-सुनने-समझने की यह प्रक्रिया मटियामेट हो जाती है। उसकी यह 'दृष्टि' वास्तव में उसके द्वारा पसंद किए गए सिद्धांत हैं। जब मनुष्य अंतर में जीवनाभिलाषा से प्रेरित होकर ऐसा निश्चय करता है कि 'मैं किसी भी परिस्थिति को असीम साहस से, नख-शिख ईमानदारी से ही देखूँगा और सत्य की खोज करूँगा', तब जागृति की ओर गति करने में उसे अवश्य मदद मिलती है। फिर तो सत्यनिष्ठा उसकी अवस्था ही बन जाती है। जब मनुष्य सजग व सतर्क है तो वह भूतकाल के अनुभवों, वृत्तियों के उकसाने या तात्कालिक मूल्यांकन करने के वश में नहीं होता। उसका दर्पण स्वच्छ है और वह वस्तु जैसी है, वैसा ही देखता है। यानी कि "वस्तु जैसी है, वैसी ही देखना", उस अर्थ में विपश्यना का भी यही अर्थ व मर्म है।

The spiritual virtue of a sacrament is like light,
although it passes among the impure,
it is not polluted.

~Saint Augustine

अंतरात्मा के साक्ष्य पर

किसी भी घटना या प्रसंग से जब मेरी आंतरिक शांति छिन जाती है, तब मुझे ऐसा लगता है कि मेरा मन विक्षुब्ध हो गया है। मानो शांत काँच जैसे पानी में पत्थर फेंकें तो पानी कैसा गंदा और मटमैला हो जाता है, मन मानो वैसा ही हो जाता है। उस समय क्या करना चाहिए, यह पता नहीं चलता। पानी में थोड़ी देर बाद मिट्टी स्वत: नीचे बैठ जाती है। मन में भी ऐसा ही कुछ हो सकेगा? ऐसा हो सकता है कि अशांति समझ के अभाव की सूचक हो? संबंधित घटना को मैं समझूँ तो पुन: शांति प्राप्त हो सकती है।

वाणी, प्रतिभावात्मकता और एकसूत्रता

मनुष्य की वाणी सदैव उसका शील व्यक्त करती है। मनुष्य कैसी भाषा का प्रयोग करता है, उसकी खनक कैसी है, उसमें हुंकार है या नम्रता—यह सब उसकी वाणी में प्रकट हो जाता है। कोई व्यक्ति घमंडी है, आक्रामक है, अहंकारी है तो उसकी वाणी कैसी होगी? उसका चरित्र उसकी वाणी में छिपा रह सकेगा क्या? हाँ, ऐसा संभव है कि वह उस तत्काल शिष्टाचार से बातें करे, सभ्यता का आचरण करता हुआ लगे; परंतु उस व्यक्ति का केवल 24 घंटे तक निरीक्षण करें या उसके एक पूरे दिन की फिल्म बनाएँ, तो कभी तो उसका मुखौटा उतर जाएगा, विशेष रूप से निकट संबंधों में, जहाँ व्यक्ति सामान्यतया सभ्यता का परदा नहीं रखता या फिर दबाव वाली परिस्थिति में वह जैसा है, वैसा प्रकट हुए बिना नहीं रहने वाला।

यदि व्यक्ति स्नेही है, नि:स्वार्थी है, ईमानदार है तो भी उसकी वाणी में वह भी प्रकट हो जाने वाला ही है। उसकी आवाज की खनक में उसके हृदय का स्नेहभाव, दूसरों के लिए चिंता और अंतर की सच्चाई जरूर झाँकेगी।

उसी तरह मनुष्य के पास जब सजगता व समझदारी नहीं होती, उस समय वह अपने साथ घटित सभी घटनाओं की प्रतिक्रिया देता है। प्रतिक्रिया, अर्थात् मात्र वृत्तियों से प्रेरित होकर होनेवाली क्रियाएँ, जिसमें कोई सजग चयन नहीं होता। कुत्ते की पूँछ पर पैर रखोगे तो पता ही है, क्या होगा। दीवार पर गेंद फेंकें तो वह अपनी ओर ही लौट आने वाली है।

जो मनुष्य सजग नहीं है, उसे कर्म तथा फल के विषय में कोई समझ नहीं है। उसके पास मूल्यों की कोई बुनियाद नहीं है। मनुष्य जब ध्यानावस्था में जी रहा होता है, उस समय वह तत्काल प्रतिक्रिया नहीं देता। वह अपने मूल्यों के संदर्भ में ही तय करता है कि घटना का प्रतिभाव देना है।

उसी तरह जब मनुष्य सजग होता है, उस समय वह क्या सोच रहा है, क्या बोल रहा है, वह सब उसके ध्यान में रहता है। वह कोई वचन देता है तो उसे वह भूल नहीं जाता।

वह सदैव अपने मूल्यों से ही अपना व्यवहार एवं आचरण चुनता है। ऐसे मनुष्यों को हम एकसूत्री मनुष्य के रूप में पहचानते हैं; क्योंकि उसके चरित्र की अखंडितता को हम अनुभव करते हैं। जो सजग नहीं हैं, वे तात्कालिक भावना के आवेश में आकर कुछ भी बोल देते हैं, परंतु बाद में आवेग समाप्त होने पर वे अपना वचन भूल जाते हैं। ऐसे मनुष्य अभी ध्यानावस्था में प्रविष्ट नहीं हुए हैं। वे अपने को अभी उतने सम्मान से नहीं देखते कि अपने शब्दों की अत्यधिक कीमत कर सकें।

मनुष्य अध्यात्म-साधना करे, परंतु उसकी वाणी जस-की-तस रहे, ऐसा संभव है क्या? मनुष्य और अच्छा मनुष्य बने तो उसकी यह विकसित मानवता उसकी भाषा में न झलके, यह संभव है? उसके व्यवहार में सजगतापूर्वक के चयन न झलकते हों, ऐसा हो सकता है? वह वचन देकर भूल जाए, यह कैसे संभव है?

If you don't behave as you believe,
You will end by believing as you behave.

~*Fultan J. Sheen*

अंतरात्मा के साक्ष्य पर

मेरी वाणी, मेरी भाषा क्या प्रतिबिंबित करती है? क्या मेरी वाणी में प्रेम, आदर और सहानुभूति होते हैं? या फिर उसमें घमंड, गरूर और स्वकेंद्रितता है? पिछले वर्षों में मेरी वाणी में कोई परिवर्तन आया है? यदि मेरा विकास हो रहा हो और वह मेरी वाणी में न झलके, क्या ऐसा संभव है? मेरी वाणी से दूरी पैदा होती है या सेतु बनता है? मेरी वाणी से लोग खिलते हैं या मुरझाते हैं। मैं मन से जीता हूँ या हृदय से? मेरा व्यवहार अहंकारनिष्ठ है या मूल्यनिष्ठ? मुझे मूल्यों का भी अहंकार तो नहीं है न?

वृत्तियाँ जीतती हैं या संयम?

यूँ तो अध्यात्म दानव में से मानव बनने की उत्क्रांति है। भले हम धर्मों, ईश्वर, शास्त्रों, गुरुओं, परंपराओं और कर्मकांडों का आसरा लें—हमारा उद्देश्य तो अंत में उतना अच्छा मनुष्य बनना है, जितना हम बन सकते हैं। हालाँकि यह बात वैज्ञानिक अभिगमवाले मनुष्यों के लिए प्रस्तुत है।

वैसे तो मनुष्य उत्क्रांति में प्राणियों की तुलना में अधिक उच्च स्तर पर है, ऐसा हम कहते हैं। परंतु प्राणी भी भूख लगने पर खाते हैं। मनुष्य तो भुक्खड़ व मरभक की भाँति बेहिसाब खाता है। प्राणी तो प्राकृत हैं, मनुष्य तो विकसित हो रही संस्कृति के साथ विकृति की ओर झुकता जा रहा है या नहीं?

यह कैसा अध्यात्म है कि जिसके साधकों का लालच कम नहीं होता? जिसका शरीर महाकाय है, बहुत बड़ी तोंद है, शरीर पर चरबी की परत-ही-परत है, वह वास्तव में किसी भी धर्म का साधक हो सकता है क्या? हमारे समाज के पास तो दृष्टि ही नहीं रही कि मस्तक किसके सम्मुख झुकाना है, किसके सम्मुख नहीं। जिन्होंने अपनी वृत्तियों पर कोई अंकुश नहीं लगाया है, वे वंदनीय कैसे हो गए?

'श्रीमद्भगवद्गीता' में मनुष्य के मन की छह घनिष्ठ मूल वृत्तियों का उल्लेख है। काम (वासना तथा इच्छाएँ), क्रोध (क्रोध), मद (अभिमान), लोभ (तृष्णा), मोह (आकर्षण आसक्ति) और मत्सर (ईर्ष्या)। ये वृत्तियाँ मनुष्य के जीवन को अस्त-व्यस्त और बरबाद कर सकती हैं। विश्व में कोई ऐसा मनुष्य नहीं, जिसे इन वृत्तियों को अंकुशित करने और जीतने का पुरुषार्थ नहीं करना पड़ता हो। किसी के लिए सेक्स बड़ी समस्या है तो किसी को क्रोध परेशान करता है। किसी को ईर्ष्या अधिक सताती है तो कोई अहंकार की गुलामी करता है। हम सबको किसी-न-किसी रूप में इन छह वृत्तियों का सामना करना पड़ता है।

मनुष्य जब एकांत में स्वनिरीक्षण करता है, तब वह समझ पाता है कि मन की ये वृत्तियाँ कितनी शैतान, कितनी ताकतवर और हठीली हैं। जैसे-जैसे उसकी जीवनाभिलाषा उत्कट बनती जाती है, वैसे-वैसे वह ध्यानावस्था में अंतर्मन के विश्व को अधिकाधिक समझता

है। इस समझदारी द्वारा ही अंत में उसे क्रमशः वृत्तियों से मुक्ति मिलती है। जो साधक हैं, उन्होंने अनुभव किया होता है कि यह किस तरह संभव होता है।

मनुष्य यदि वृत्तियों का गुलाम बन जाए तो उसके जीवन में हाहाकार मच सकता है। समाज मनुष्य की इन वृत्तियों पर लगाम लगाने के लिए नियम बनाता है, जिससे मनुष्यों को नगण्य लाभ होता है। वृत्तियों पर विजय पाने का एकमात्र मार्ग जीवनाभिलाषा, ध्यान, समझदारी और सजगता ही है।

जो लोग अध्यात्म के पथिक हैं, उनके भीतर जीवन के लिए प्रेम प्रकट होता है। वे यह समझते हैं कि सुंदरता एवं स्वास्थ्य संयम द्वारा प्राप्त होते हैं। उनकी इस समझदारी में अनुशासन प्रकट होता है और यह अनुशासन उनकी जीवन-शैली में दिखाई देता है। आहार-विहार, रहन-सहन, आमोद-प्रमोद, वाणी-व्यवहार, मनोव्यापार—इन सब में बढ़ता हुआ संयम अध्यात्म-साधना की कसौटी होनी चाहिए या नहीं?

To keep the body in good health is a duty,
otherwise we shall not be able
to keep our mind strong and clear.

~Gautam Buddha

अंतरात्मा के साक्ष्य पर

मुझे यह तो स्वीकार करना ही पड़ेगा कि जीवन के लिए मेरा प्रेम वास्तव में मेरे अनुशासन और संयम में प्रकट होता है। जब मैं असंयमित खाता हूँ, पीता हूँ; जब मेरी दैनिक क्रियाओं का कोई ठिकाना नहीं होता, तब किस दृष्टिकोण से अपने जीवन को मैं उच्च कह सकूँ? उसी तरह, क्या मेरे आसपास का वातावरण मेरे अनुशासन का सूचक नहीं है? चाहे जैसी अस्त-व्यस्त चीज-वस्तुओं से मुझे क्यों कोई फर्क नहीं पड़ता? अध्यात्म का इन सबके साथ कोई संबंध नहीं है?

सच्चे जीवन का मानदंड : नम्रता

मनुष्य को जब थोड़ा-थोड़ा ज्ञान मिलता है तो वह तुरंत मानो हवा में उड़ने लगता है, अधजल गगरी की तरह खूब छलकता है। अपने ज्ञान का प्रदर्शन और होशियारी की घोषणा करना उसके अहंकार को खूब माफिक आता है। और इसी कारण स्वज्ञान और स्वजागृति बिना का ज्ञान व्यर्थ हो जाता है।

मनुष्य जैसे-जैसे अधिक सीखता जाता है,
अधिक ज्ञान प्राप्त करता है,
वैसे-वैसे उसे पता चलता है कि
ज्ञान तो अपरिमित महासागर है,
और उसने शायद अभी उसमें पैर ही डुबोए हैं।
जब यह विचार हमेशा उसके स्मरण में रहता है
तब वह नम्रता का परिधान करता है।
प्रत्येक व्यक्ति को पता होता है कि खुद को क्या आता है,
उसे कितना ज्ञान है, वह कितना जानता है।
परंतु जब वह अहंकार का गुलाम होता है
तब उसे यह पता नहीं होता कि
उसे क्या नहीं आता है,
वह कहाँ अज्ञानी है, वह क्या नहीं जानता।
जो सजग है, वह जानता है कि
वह क्या जानता है
और क्या नहीं जानता।
सजगता की इस गुणवत्ता को ही
हम नम्रता के रूप में पहचानते हैं।

वास्तव में, यही सच्चा ज्ञान है। हम शेखी बघारनेवाले लोगों को तो प्रतिदिन देखते हैं। परंतु कभी किसी महान् विभूति से मिलना हो तो हमें आश्चर्य हो, इस हद तक वे 'डाउन टु अर्थ' होते हैं। समझना यह है कि नम्रता ही उनके सच्चे ज्ञान का थर्मामीटर है। वे घमंडी होते तो हम उनको बाहर से 'महान' गिनकर सभ्यता से आदर देते; पर उन्हें अंतर में सच्चा आदर नहीं दे पाते।

अंग्रेजी में नम्रता के लिए 'ह्युमिलिटी' शब्द है। रोचक बात यह है कि अंग्रेजी में अपमान के लिए 'ह्युमिलिएशन' शब्द है, जिसकी ह्युमिलिटी के साथ काफी साम्यता है। जब सामनेवाला व्यक्ति हमारे अहंकार को आहत करता है, तब हम अपमानित महसूस करते हैं; परंतु हम जब स्वयं अपने अहंकार का निरसन करते हैं, तब नम्रता अनुभव करते हैं।

Until you have suffered much in your heart
you cannot learn humility.

~Thaddeus of Vitovnica

अंतरात्मा के साक्ष्य पर

मुझे क्या लगता है? मैं कुछ हूँ? मैं बहुत कुछ जानता हूँ, या फिर मैं कुछ भी नहीं हूँ? मैं वास्तव में कितना जानता हूँ? मुझे लगता है कि मेरी यह मन:स्थिति बहुत महत्त्वपूर्ण है। यह संभव है कि मैं खूब पढ़ूँ चिंतन करूँ और उससे मान लूँ कि मैं सब जानता हूँ? परंतु जो अभी जानना बाकी है, उसके सापेक्ष मेरा ज्ञान कितना होगा? विश्व-सागर की एक बूँद जितना ज्ञान भी मेरे पास होगा? अनंतकाल से चले आ रहे जीवन में मेरे जीवन के प्रदान का महत्त्व रज कण जितना भी कहा जा सकता है? नम्रता एवं 'अहं ब्रह्मास्मि' दोनों को सिद्ध करना है।

शांति एवं विश्रांति

शांति बाहर भी होती है, शांति भीतर भी होती है। बाहर सारा शोर और कोलाहल अचानक बंद हो जाए तो हमें शांति के सुख का, राहत का अनुभव जरूर होता है; पर भीतर अशांति हो तो बाहरी शांति का सुख ज्यादा नहीं टिकता। भीतरी शांति मनुष्य की एक ऐसी अनमोल एवं सर्वोच्च शक्ति है, जिसे वह साधना से विकसित कर सकता है। यह शांति उसकी आंतरिक अवस्था है और वह गहन समझदारी के साथ जुड़ी हुई है। वह मन पर मनुष्य के नियंत्रण की भी सूचक है।

मन अशांत है, चंचल है, उतावला है। जब हम सब मन के गुलाम होते हैं, उस समय मन की इस प्रकृति के वाहन ही होते हैं। हमारी अशांति, हमारी अधीरता, हमारे तनाव—ये सब छिपे नहीं रहते। हम भी उनका अनुभव करते हैं और दूसरे भी हमें तनावग्रस्त देख सकते हैं। अरे, नींद में भी हम विश्रांत नहीं हो सकते हैं और पूरी रात सोने के बाद भी मन की चंचलता के कारण थकान का अनुभव करते हैं।

> जब मनुष्य एकांत में प्रवेश करता है,
> मौन में रहने की कोशिश करता है,
> तब शुरुआत में मन का सारा कोलाहल,
> सारा शोर, सारी बकबकाहट
> उसके समक्ष आ जाती है।
> इन सबके सामने वह आँख से आँख मिलाकर देखता रहता है,
> तो धीरे-धीरे उसका मन भी मानो हथियार डाल देता है।
> सर्वप्रथम बार मनुष्य अंतरालों में शांति अनुभव करता है।

कभी प्रकृति की गोद में, किसी पर्वत-शिखर पर सूर्यास्त-दर्शन के समय या नदी, सरोवर अथवा समुद्र किनारे हमें कुछ पल के लिए विश्रांति, हलकेपन का अनुभव रहता है। हमें यह अनुभव कितना अच्छा लगता है! पर यह तो प्रकृति का जादू है, कुदरत की अद्‌भुतता है कि वह हमें ध्यानावस्था की अनुभूति करा देती है।

क्या हम इसी हलकेपन का अनुभव स्वैच्छिक रीति से जब चाहें तब अपने भीतर उत्पन्न कर सकते हैं ? क्या ऐसा संभव है कि मनुष्य चाहे जितने बाह्य संकटों का सामना कर रहा हो, परंतु भीतर शांति ही अनुभव करता हो ? क्या यह संभव है कि मनुष्य की विश्रांति दशा स्थायी रहे, ये प्रश्न जीवन की संभावनाएँ दरशाते हैं। इन संभावनाओं को साकार करने का पुरुषार्थ ही हमारी साधना है।

Peace comes from within.
Do not seek it without.

~Gautam Buddha

अंतरात्मा के साक्ष्य पर

मैं अनेक व्यक्तियों का निरीक्षण करता हूँ। वे कितने तनावग्रस्त होते हैं! परंतु इस बारे में उनमें कोई सजगता हो, ऐसा लगता नहीं है। तनाव मानो अपने अस्तित्व का भाग बन गया है। हलका रहना यानी क्या, अपनी व्यस्त जीवन-शैली में उसे हम मानो बिल्कुल बिसर गए हैं। मुझे डर लगता है कि मैं भी ऐसा व्यक्ति तो नहीं बन गया हूँ या बन जाऊँगा! मुझे बारंबार अपना निरीक्षण करते रहना चाहिए। क्या मैं पूरी तरह हलकापन या विश्रांति अनुभव कर सकता हूँ ? या फिर सामाजिक वातावरण का शिकार बन गया हूँ ?

संतुष्ट, फिर भी उच्चाभिलाषी?

बौद्ध धर्म सिखलाता है कि मनुष्य के दुःखों के मूल में उसकी इच्छाएँ कारणभूत हैं। कोई भी मनुष्य जब दुःखों का अनुभव कर रहा हो, उस समय थोड़ा चिंतन-मनन करे तो वह इस सत्य को अवश्य पकड़ सकता है। अंत में, हमारी अपेक्षाओं से ही हमारा असंतोष और दुःख निष्पादित होता है।

तो क्या इच्छाएँ सदा अनिष्टकारी होती हैं,
और मनुष्य को उन्हें निर्मूल करने का ही प्रयास करना चाहिए?
क्या इच्छाओं का अभाव मनुष्य की आध्यात्मिकता का मानदंड है?
तब फिर, प्रश्न यह उठता है कि यदि इच्छा ही न हो
तो मनुष्य सुंदर जीवन का प्रयत्न ही क्यों करेगा?
क्या मनुष्य किसी इच्छा की रहनुमाई में
ध्यान या अध्यात्म की ओर नहीं मुड़ते?
यदि मनुष्य को जितना है, उतने से संतोष है
तो फिर उसकी प्रगति रुक नहीं जाएगी?
क्या संतोष पुरुषार्थ के लिए घातक नहीं है?

ऐसे प्रश्न ही हमें बौद्धिकता तथा भाषा की मर्यादा समझाते हैं। अध्यात्म बुद्धि एवं शब्दों से परे है। मनुष्य को अपनी आंतरिक सूझ द्वारा आध्यात्मिक धारणाओं को समझना होता है। दलीलों से गरमी ही बढ़ती है, प्रकाश नहीं। यह समझदारी है कि असंतोष भी जीवन के लिए जरूरी है। इच्छा जब अहंकार-प्रेरित होती है, तब मनुष्य को कुछ चाहिए होता है, कुछ बनना है और यह सब उसे प्रदर्शन के आशय से करना होता है। सभी मुझे महत्त्व दें, यह मेरी महत्त्वाकांक्षा (एंबिशन) है। परंतु जब स्वयं सुंदर जीवन जीना है जीवन के लिए ही तो वह अभिलाषा (एस्पिरेशन) है, मन की इच्छा (डिजायर) नहीं। मनुष्य दिखावे-दर्प के लिए कुछ करे और अपने आंतरिक संतोष के लिए करे, इन दोनों में बहुत बड़ा अंतर है।

संतोष वास्तव में क्या है? वह किसी भी परिस्थिति में मनुष्य के आनंद में रहने की क्षमता नहीं है? मनुष्य के पास चाहे जितना हो, परंतु यदि वह लोभी है तो उसका जी जलता ही रहता है। उसे संतोष नहीं होता। परंतु वह किसी भी स्थिति का आनंद उठा सकता हो तो वह सदैव संतुष्ट है।

मनुष्य संतुष्ट हो, फिर भी वह बाहर ढेर सारा पा लेने का प्रयत्न कर रहा हो, ऐसा क्यों संभव नहीं है? जो जीवन में संतृप्त है, जिसे अब कुछ भी करना नहीं है, वह आलसी है या आध्यात्मिक?

To be fully present with what is,
is to be content,
and to be content, is to be blessed
by everything that happens in life.

~Michael Neill

अंतरात्मा के साक्ष्य पर

लोभ-वृत्ति को समझना मेरे लिए बहुत जरूरी है। मन की इच्छाओं का कोई अंत ही नहीं है। मुझे अच्छे कपड़े चाहिए, अच्छी चीज-वस्तुएँ चाहिए, वह तो ठीक है; पर उसकी कोई सीमा तो होनी चाहिए या नहीं? मेरी अलमारी में कितने कपड़े होने चाहिए? किस वस्तु का कितना संग्रह पर्याप्त है? यदि मैं ऐसी सीमा निश्चित नहीं करूँ तो जीवन की क्या दशा होती है? सीधा-सरल नियम यह है कि जिनका उपयोग करने की मेरी क्षमता नहीं है, वे सभी वस्तुएँ मेरे लिए त्याज्य ही हैं। विवेक की सीमा खींचना आवश्यक है।

संबंधों की भूमिका पर कसौटियाँ

मनुष्य की अध्यात्म–साधना का एक मानदंड यह है कि उसकी सत्यनिष्ठा कितनी पैनी है। मनुष्य को पीड़ा अच्छी नहीं लगती, इसीलिए वह अजाग्रत अवस्था में वह पीड़ा से भागने के लिए रास्ते ढूँढ़ लेता है। अपने बारे में अनुकूल धारणाओं को पोषित करना, अहंकार की चाहे जैसी भी मान्यता से चिपके रहना भी ऐसे ही रास्ते हैं। वैसे तो मनुष्य चाहे तो एकांत में अपने आपको स्पष्ट रूप से देख ही सकता है, परंतु पलायनवादी मनुष्यों के लिए भी जीवन तो अनुकंपा का अनुभव करता ही है। इसलिए वह संबंधों द्वारा भी संदेश देता है।

मनुष्य अकेला आया है और अकेला जाने वाला है, यह जैसे वास्तविक है, वैसी ही दूसरी वास्तविकता यह है कि जन्म और मृत्यु के बीच मनुष्य संबंधों में ही जी रहा होता है। वेदांत का अद्वैत दर्शन तो संभवत: ऐसा कहता है कि मनुष्य को अलगाव का तो केवल भ्रम है, वास्तव में तो वह सृष्टि का एक हिस्सा ही है। उसका कोई स्वतंत्र अस्तित्व नहीं है। परंतु हम सामान्य मनुष्यों के लिए संबंधों में जीना बहुत महत्त्वपूर्ण भूमिका प्रदान करता है।

मनुष्य संबंधों में जो व्यवहार व आचरण करता है, वही उसकी सच्ची पहचान है। इन संबंधों में जो परिणाम आते हैं, वे अवश्य दोनों संबंधित व्यक्तियों के चरित्र के योग की देन होते हैं। इसलिए संबंध मनुष्य को किसी–न–किसी तरह अपने गुण–दोष की ओर अंगुलि–निर्देश अवश्य करते हैं।

अगर मेरे साथ के संबंध में कोई घुट रहा है, उसका विकास अवरुद्ध हो रहा है

या संबंधों में से आत्मीयता समाप्त हो गई है और मात्र औपचारिकता बची हुई है;

या फिर कोई मेरे साथ अन्यायपूर्ण, अपमानजनक अथवा हिंसक व्यवहार कर रहा है तो ये सब मुझे कोई संदेश तो दे ही रहे हैं।

विनोबा भावे ने संबंधों की भूमिका पर प्रत्येक मनुष्य को दो कसौटियाँ बताई हैं। इन दोनों कसौटियों को एक साथ आजमाने से हम अपने जीवन का खूब स्पष्टता से आनंद उठा सकते हैं।

Sanjay_(Nm)_Adhyatm Ki Khoj By Sanjeev Shah_(296 pg)_715x915_Mono.job_Sig8 SideA 01/09/2025 Process Blacknta

1. क्या संबंध की भूमिका से मेरा प्रफुल्लन हो रहा है?
2. क्या संबंध की भूमिका से सामनेवाले व्यक्ति का प्रफुल्लन हो रहा है?

यह समझा ही जा सकेगा कि दोनों में से एक भी प्रश्न का उत्तर 'नहीं' है तो हमारे जीवन में कुछ गड़बड़ है, कोई असंतुलन है। यह संभव है कि या तो हम किसी का शोषण कर रहे हैं या कोई हमारा शोषण कर रहा है।

अध्यात्म-साधक जीवन के प्रत्येक संबंध में जो भी घटना घटित होती है और उसके जो भी परिणाम आते हैं, उस दरम्यान अपने पर ध्यान (फोकस) रखते हैं। अहंकार को तो वास्तविकता पसंद नहीं है, इस कारण उसे दूसरों के ही दोष देखकर सच्चाई से भागने में रुचि होती है।

Relationship, surely, is the mirror
in which you discover yourself.
To be is to be related.
You exist only in relationship,
Otherwise you do not exist, existence has no meaning.

~J. Krishnamurti

अंतरात्मा के साक्ष्य पर

मेरे जीवन की सर्वाधिक पीड़ादायक घटना कदाचित् यही हो सकती है कि मेरे सान्निध्य में रहनेवाला व्यक्ति घुटता हो, मुरझाता हो। यह मेरे ही स्वभाव और चरित्र की ऐसी लाक्षणिकताओं की ओर अंगुलि-निर्देश करता है, जो नकारात्मक है। जिसे मैं प्रेम करता हूँ, वही मेरी उपस्थिति में प्रफुल्लित न हो, इससे बढ़कर मेरी असफलता और क्या होगी? क्या मुझे यह स्वीकार है कि मेरा अस्तित्व इतना हीन, इतना निरर्थक, इतना अनुपयोगी हो? क्या मुझे और अच्छा मनुष्य नहीं बनना है? उसके लिए मुझे क्या करने की आवश्यकता है?

दूसरों का मूल्यांकन करते रहने का अर्थ

हमें ऐसा लगता है कि कोई व्यक्ति प्रत्यक्ष रूप से जीवन असंयमित रूप में जी रहा हो, लोभ एवं अन्य वृत्तियों द्वारा परिचालित हो रहा हो तो ही वह मनुष्य हीन स्तर पर जी रहा है, ऐसा कहा जाएगा। परंतु मनुष्य निरंतर अपने को श्रेष्ठतर सिद्ध करने के लिए धारणाओं में लिप्त रहे, स्वयं दूसरे की अपेक्षा उच्च है, यह दिखलाता रहे तो वह कोई कम हीन स्तर पर नहीं है। बौद्धिकता के चमकदार कपड़े से मनुष्य सभ्य नहीं बन जाता।

जो मनुष्य निरंतर दूसरे लोग कितने स्वार्थी हैं,
कितने वाहियात या निम्न हैं
इत्यादि विचारों में व्यस्त रहता है, दूसरों पर आक्षेप करता है,
उनको खराब चित्रित करने की कोशिश करता है
वह स्वयं कितना स्वकेंद्रित या अहंकार-केंद्रित है,
इसका पता उसे नहीं है।
दूसरों के मूल्यांकन में हमें क्यों आनंद आता है?
दूसरों पर आक्षेप करने में हमें क्या फायदा होता है?
क्या वैसा करने से हम उच्च बनते हैं या नीच?
किसी की अनुपस्थिति में उसकी निंदा करना,
यह हमारे बारे में क्या संकेतित करता है?

दूसरों को उपदेश देने से,
उनका मूल्यांकन करके उन्हें सुधारने से
हम आंतरिक प्रगति कर सकेंगे?
या फिर अपने अंतर्मन को शुद्ध करने से
हम सच्ची उन्नति की ओर जा सकेंगे?
जो दूसरों का मूल्यांकन करते रहते हैं
वे अंत में खुद को हानि पहुँचाते हैं।

उनके संबंध दरक जाते हैं।
दूसरों का काजी बनना
अहंकार को पुष्ट करने का ही काम करता है।

जिस व्यक्ति ने समझदारी पाई है, वह जानता है कि दूसरों का मूल्यांकन करना कितना आसान है और कितना हीन तथा निरर्थक भी। किसी को निम्नतर स्तर का सिद्ध करने से हम श्रेष्ठतर कैसे हो जाएँगे? आत्म-सजगता के स्तर पर व्यक्ति समझता है कि एक उँगली दूसरे के सामने है तो तीन अपने सामने हैं ही।

Whenever two people meet,
there are really six people present.
There is each man as he sees himself,
each man as the other person sees him,
and each man as he really is.

~*William James*

अंतरात्मा के साक्ष्य पर

मैं औरों के बारे में क्या सोचता हूँ? दूसरों के प्रति मेरा व्यवहार कैसा होता है? मैं दूसरों के लिए क्या कहता हूँ? क्या अन्यों के प्रति मेरे विचार, वाणी, व्यवहार निःस्वार्थ प्रेम से परिचालित होते हैं? या फिर वह मेरी पसंद-नापसंद, छिछले राग-द्वेष, वैर या निंदा वृत्ति की उपज होते हैं? मैं दूसरों से जो अपेक्षाएँ रखता हूँ, क्या उनके लिए मेरा व्यवहार उसके अनुसार होता है? मुझे अपने हृदय को कहाँ शुद्ध करना है? मेरे किस आचरण द्वारा मेरे हृदय की वह निर्मलता व्यक्त होगी? मेरा सच्चा अस्तित्व कैसे प्रकट हो सकता है?

दूसरे लोग आक्षेप करें, तब

व्यक्ति दूसरों का मूल्यांकन न करे, केवल अपना ही विश्लेषण करे तो वह उसके आध्यात्मिक स्वास्थ्य के लिए हितकारी है। उसी तरह यह मुद्दा भी उतना ही महत्त्वपूर्ण है कि जब अन्य लोग उस पर आक्षेप कर रहे हों, उसकी निंदा कर रहे हों, उस समय उसे क्या करना चाहिए। जब दूसरे लोग हमारे लिए बुरा बोलें, हमारी निंदा करें, उस समय अध्यात्म-साधक शांत रहते हैं। वे अपना स्व-नियंत्रण नहीं खोते, पलटकर प्रहार नहीं करते। वे सर्वप्रथम इस बात पर ध्यान देते हैं कि यदि वे भावनाओं में बह न जाएँ तो निंदक वास्तव में उन्हें चोट या हानि नहीं पहुँचा सकता।

वे समग्र परिस्थिति को करुणा से देखने का प्रयास करते हैं और उन्हें समझ में आता है कि निंदक या आलोचक वास्तव में स्वयं अपने को कितनी हानि पहुँचा रहे हैं। जिन्होंने जिम्मेदारियों को पूर्णरूप से स्वीकार किया है, वे ऐसा कह ही नहीं सकते कि 'मुझे दूसरों ने हानि पहुँचाई है।' वे जानते हैं कि वैसा वे खुद ही कर रहे हैं।

मेरे बारे में कोई कुछ भी कहे, मुझे उसका बुरा क्यों मानना चाहिए?
मुझे नाराज क्यों होना चाहिए?
मुझे धिक्कार के बदले धिक्कार क्यों देना चाहिए?
यदि कोई मुझे धिक्कारता है
तो जाने-अनजाने मुझसे कोई भूल हुई होगी?
या फिर कोई गलतफहमी हुई है,
जो प्रेम से बातचीत करने पर दूर हो सकती है?
धिक्कार तो कितनी छिछली, निरीह और दयनीय बात है!
"मुझे अब उनके साथ कोई संबंध नहीं रखना है।"
इसकी अपेक्षा "ईश्वर उनको सद्‍बुद्धि दे" कहना
ज्यादा अच्छा नहीं है?
क्या दूसरों के प्रति मेरे व्यवहार में सहानुभूति है, अनुकंपा है?

समझदारी है ? विवेक है ? स्नेह है ?
या फिर मेरे व्यवहार में पसंद-नापसंद,
राग-द्वेष, वैर भाव या आलोचना-निंदा ही है ?

जब कोई हमारी निंदा करे, उस समय वह उन संयोगों में कुछ अपने लिए भी उपकारक होता है और बहुत कुछ संबंधित व्यक्ति के मनांकनों को भी व्यक्त करता होता है। हम खरपतवार के साथ कोई उपयोगी पौधा नहीं उखाड़ते। उसका ध्यान रखें, इसी में हमारी जागृति है।

To trully find God,
truth needs to be found independently
from the opinion of others.
The truth has to be found in your hearts.

~ A.H. Almass

अंतरात्मा के साक्ष्य पर

जब कोई मुझ पर आक्षेप करता है, तब मुझे बहुत पीड़ा होती है। मैं व्यग्र हो उठता हूँ। इस तरह से मेरा अपसेट होना क्या प्रदर्शित करता है ? शायद मेरा अहंकार आहत होता है। यह वही अहंकार है, जिसे मेरी प्रशंसा हो तो खूब अच्छी लगती है। उसे प्रशंसा चाहिए तो आलोचना भी मिलेगी ही। यदि फूलना है तो मुरझाना भी पड़ेगा ही। यदि मुरझाना नहीं है तो फूलना भी बंद करना पड़ेगा। यदि आक्षेप नहीं होता तो मैं अपने अहंकार को कभी समझ सकता था ? निंदा व आक्षेप जीवन के लिए गुणकारी हैं!

आक्रामकता पाशवी है

आक्रामकता अर्थात् क्या? किसी एक देश की सेना दूसरे देश की सेना पर टूट पड़ती है, हमला करती है, तब उसने आक्रमण किया, ऐसा कहा जाता है। उसी तरह जब एक व्यक्ति भले शाब्दिक रूप से ही सही, दूसरे व्यक्ति पर हमला करे, उसे गिराने की कोशिश करे तो वैसे मिजाज को आक्रामक वृत्ति कहा जाता है।

अध्यात्म के दृष्टिकोण से आक्रामकता क्या है? मनुष्य संवाद के स्थान पर, दृष्टिकोण के आदान-प्रदान करने की जगह, सुनने और समझाने के बजाय सामनेवाले व्यक्ति पर क्यों टूट पड़ता है? हम सामनेवाले व्यक्ति को बस, चुप करा देना चाहते हैं, उसके साथ दलीलें करके उसे हरा देना चाहते हैं। क्यों? सोचने, ध्यान देने योग्य खयाल है न!

शायद हम डर गए होते हैं।
हम अलग दृष्टिकोण का
सामना करना नहीं चाहते।
संभव है कि कोई मान्यता छोड़नी पड़े,
इस भय से हम अपने
जोरदार बचाव का मार्ग अख्तियार करते हैं।
कहते भी हैं कि "आक्रमण श्रेष्ठ बचाव है।"
हम घबराए हुए हों,
असुरक्षा अनुभव कर रहे हों,
यानी कोई हमें चोट पहुँचाए,
उससे पहले हमी हमला कर देते हैं।
जंगली पशु, सर्प आदि जीव भी
अपने बचाव में ही हमला करते हैं।
खतरे की गंध आते ही वे प्रथम प्रहार करते हैं।
हम किस चीज से डरते हैं?
असुरक्षा क्यों अनुभव करते हैं?

सामनेवाले व्यक्ति के दृष्टिकोण में अंशत: या पूर्णत: सत्य हो तो क्या हो जाय? क्या डर की जगह प्रेम का चुनाव करना संभव है? धीरज, शांति, सौम्यता आदि आक्रामकता की अपेक्षा अधिक उन्नत स्तर पर नहीं हैं?

आक्रामकता में शौर्य या बहादुरी मालूम पड़ती है; परंतु वास्तव में तो उसमें कोई भय, असुरक्षा, कायरता तथा नि:सहायता छिपी होती है। जिन्हें कोई डर नहीं है, जो मान्यताओं को बदलने में उदार वृत्तिवाले हैं, जो सत्यनिष्ठ और विचारशील हैं, जो दूसरों के लिए स्वामित्व-भाव या नियंत्रण-वृत्ति से मुक्त हैं, उन्हें आक्रामक बनने का कोई कारण नहीं बचता।

You will not be punished for your angers;
you will be punished by your anger.

~Gautam Buddha

अंतरात्मा के साक्ष्य पर

जब मैं आक्रामक होकर शाब्दिक रीति से किसी पर टूट पड़ता हूँ, उसके वाक्यों को काट डालता हूँ, उसे सुनता नहीं हूँ, अपने दृष्टिकोण को उस पर बलात् लादता हूँ, तब क्या होता है? उससे सामनेवाला व्यक्ति मुझसे सहमत नहीं हो जाता, वह केवल चुप हो जाता है। उसके भीतर आक्रोश जमा होने लगता है। फिर वह कभी-न-कभी विद्रोह करेगा ही। उसमें विद्रोह के बीज अपनी आक्रामकता द्वारा मैंने ही बोए थे, तो फिर उसका परिणाम भी भोगना ही पड़ेगा न! सुनने से दूसरों की मदद हो सकती है, यह सत्य नहीं है?

सच्चा श्रवण ध्यान है

संबंधों में संप्रेषण का महत्त्व है। मनुष्य परस्पर एक-दूसरे को कितना समझ सकते हैं, उससे उनके संबंधों की गहराई और संवादिता तय होती है। एक-दूसरे को समझने के लिए यह जरूरी है कि मनुष्य परस्पर सही ढंग से सुनें। परंतु हम शायद ही कभी सामनेवाले व्यक्ति को उसकी जगह पर जाकर सुनते-समझते हैं। हमारा अंत:करण उसमें बाधक बने बिना नहीं रहता। मनुष्य जब गलत ढंग से सुनता है, तब कैसी भूलें करता है!

वह मूल्यांकन करता है। स्वयं वक्ता के साथ सहमत है या असहमत? वह जाँच-पड़ताल शुरू करता है, विरोधी व्यक्ति से कौतूहल-प्रेरित प्रश्न पूछता है। वह सलाह देने लग जाता है—अपने को श्रेष्ठतर समझकर और वक्ता को अपने से निम्न स्तर का समझकर। वह अर्थ-घटन करता है, वक्ता की बात का अपने अनुकूल अर्थ निकालता है। इन सभी भूलों को हम मनुष्य की आत्मकथनात्मक भूल कहते हैं। मनुष्य अपने जीवनानुभव के चश्मे से ही सबकुछ देखता है।

अध्यात्म के दृष्टिकोण से समझें तो मनुष्य के मन, बुद्धि, चित्त, अहंकार ही यहाँ काम कर रहे होते हैं। अहंकार से मैं अपने को श्रेष्ठतर मानता हूँ। काजी की भूमिका में सबकुछ सुनता हूँ। मेरा सुनना मेरे चश्मे द्वारा लाया गया होता है। मेरी बुद्धि वक्ता के बात का विश्लेषण करने लगती है। मैं सलाह देकर फूलता हूँ। और इन सबके दरम्यान मेरा चित्त तो भटकता ही रहता है। एकाग्रता का अभाव है, इसलिए मैं बहुत कुछ तो सुनता भी नहीं हूँ। तो बात स्पष्ट है। मन, बुद्धि, चित्त, अहंकार यदि शांत हों, निष्क्रिय हों; हमारी सजगता के नियंत्रण में हों तो फिर मन का दर्पण स्वच्छ बनता है। गँदला, घिघोड़ा हुआ मटमैला पानी शांत हो, तभी हम उसमें अपना मुख जैसा है, वैसा देख सकते हैं। ध्यान की स्थिति में ही ऐसा होना संभव है।

या कहें कि सच्चा श्रवण हमेशा ध्यान होता है। ध्यान की मनोस्थिति में ही सच्चा श्रवण हमेशा संभव होता है। यदि मैं केवल चित्त की एकाग्रता का अभ्यास करता हूँ, वक्ता की बातें मेरे ध्यान में से छिटक न जाएँ, ऐसी कोशिश करता हूँ तो अपनी मनोस्थिति

को अवश्य ही ध्यानावस्था की ओर उठाने के लिए एक कदम आगे बढ़ा रहा हूँ। मेरी मान्यताएँ, मेरी इच्छाएँ, मेरी ग्रंथियाँ, मेरी अपेक्षाएँ, मेरा अहंकार—इन सबसे ऊपर उठकर मैं सुनने की साधना करता हूँ तो वह बेशक ध्यान की साधना है। फर्क बस, इतना ही है कि वह एकांत की जगह संबंधों की भूमिका पर हो रहा है।

हमारे हृदय में यदि वास्तव में शुद्ध एवं गहन प्रेम हो तो हम संबंधित व्यक्ति को उसकी भूमिका पर ही, एकदम नि:स्वार्थ भाव से, संपूर्ण आदर सहित, जजमेंटल हुए बिना ही समझना चाहते हैं। मन-हृदय की यह जाग्रत अवस्था है। श्रवण और सजगता किसी एक का अभ्यास, दूसरे की भी साधना बन जाता है।

Defensiveness is usually someone silently screaming that
they need you to value and respect them in disguise.
When you look for deeper meanings
behind someone's pain
You can then begin to heal not only yourself, but others.

~Sannan L. Alder

अंतरात्मा के साक्ष्य पर

जब मैं सामनेवाले व्यक्ति को सुनता हूँ तो प्रतीति कराता हूँ कि मैं उसे समझता हूँ। उस समय वह भी मेरे समक्ष खुलता है। फिर मैं उसे कुछ कहूँगा तो वह मेरे दृष्टिकोण को समझने का प्रयत्न तो करेगा ही। मेरा उद्देश्य कई बार ऐसा ही होता है, न कि मैं जो कुछ कह रहा हूँ, उसे सामनेवाला व्यक्ति समझने की सहृदय कोशिश करे। तो यह आक्रामकता और भाषणबाजी की अपेक्षा शांति व श्रवण द्वारा अधिक अच्छी तरह सिद्ध होता है। फिर भी, मैं अभी भी आक्रामक क्यों हो जाता हूँ? मुझमें आक्रामकता का संस्कार कहाँ से आया होगा?

कृतज्ञता छलकती है

अध्यात्म-साधना द्वारा मनुष्य की दशा आमूल बदल जाती है। इस बदलाव की एक और लाक्षणिकता एवं कसौटी है—मनुष्य के हृदय में छलकती कृतज्ञता।

जब अहंकार मूल्यांकन करता है, उस समय उसे कद्र करने की, सच्ची प्रशंसा करने की जरा भी परवाह नहीं होती। अहंकार कभी आभार नहीं मान सकता। आभार की भावना हृदय से प्रकट होनी चाहिए और उसके पहले उसे अहंकार रूपी अवरोध को लाँघना होता है। अहंकार की शक्ति की अपेक्षा हृदय-बल उच्च हो, तभी व्यक्ति कद्र, प्रशंसा या आभार के प्रदेश में पहुँच सकता है।

जरा कल्पना करें, मन, बुद्धि, चित्त, अहंकार की आपा-धापी समाप्त हो जाए तो क्या होता होगा? इच्छाओं, तर्कों, मूल्यांकनों, राग-द्वेष, श्रेष्ठता-लघुता का खेल समाप्त हो जाता है। अंत:करण शांत हो जाता है। तो क्या हमारे भीतर शून्यावकाश, विचारहीनता, भावनाहीनता की अवस्था उत्पन्न होगी?

बिल्कुल नहीं। जैसे ही आकाश के काले घने बादल बरसते हैं, खाली हो जाते हैं, वैसे ही आकाश निरभ्र हो जाता है। हमें उस सूर्य का दर्शन होता है, जिससे जीवन टिकता है। मन के करणों के शांत होने पर हृदय का प्रकाश दिखाई देने लगता है। हृदय में प्रेम था ही, अब वह बिना प्रदूषित हुए बाहर प्रकट होता है।

हम अब मूल्यांकन नहीं करते तो स्वाभाविक रूप से आभार का अनुभव करेंगे ही। लोभ एवं अपेक्षा नहीं हैं तो जो है, उसकी कद्र होनी है। असजगता नहीं है तो सजगता का आनंद अनुभव होना है। जीवन अनिश्चित है, परंतु वर्तमान का क्षण आकर खड़ा है। उससे हृदय गद्गद क्यों न हो?

हम जो रोटी और सब्जी का कौर मुँह में डालते हैं, उसके पीछे कितने लोगों की मेहनत और पुरुषार्थ होता है। किसान गेहूँ उपजाता है, खेत में अनेक लोगों की मेहनत लगती है,

गेहूँ साफ होता है, उसका परिवहन होता है, क्रय-विक्रय की व्यवस्था होती है, गेहूँ पीसा जाता है, आटा बनता है और मेहनत से रोटी बनती है। यदि इसमें शामिल सबकी मेहनत के बारे में हृदय में चिंतन करें तो आँखें आभार से आर्द्र नहीं होंगी?

यह तो केवल एक कौर की बात थी। हमारा अस्तित्व जिन बातों से टिकता है, जिससे हमारे जीवन में सुविधाएँ और आनंद बढ़ते हैं, इतना सारा पाकर हम किस भाव का अनुभव करेंगे?

हम अध्यात्म के पंथ पर कितना आगे बढ़े हैं, उसके लिए हमारी कृतज्ञता की भावना अत्यंत महत्त्वपूर्ण कसौटी है। आम पका है या नहीं, इसे उसकी सुगंध और मिठास से परखा जाता है। कृतज्ञतापूर्ण हृदयवाला व्यक्ति ऐसा ही मधुर होगा न!

It is through gratitude for the present moment that
the spiritual dimension of life opens up.

~Eckhart Tolle

अंतरात्मा के साक्ष्य पर

अध्यात्म जीवन की समझदारी है। जीवन की समझदारी प्राप्त हो तो मनुष्य को प्रतीति होने लगती है कि जीवन सदैव उसके विकास के लिए अवसर एवं परिस्थितियाँ पैदा करता है। हर दुःख, हर पीड़ा के पीछे जीवन के शुभ संकेत होते हैं। इतने सुंदर जीवन के लिए हम कौन सा भाव अनुभव करेंगे? जो नहीं है, उसके लिए जो है, उसे नकारना मन का काम है। जो नहीं है, उसकी परवाह किए बिना जो है, उसका स्वागत करना हृदय का कर्म है। मन का राज अजाग्रतावस्था में होता है। हृदय का साम्राज्य जाग्रतावस्था सूचित करता है।

क्षमा : भूतकाल की कैद से आजादी

क्षमा करना, माफी देना—ये शब्द खूब सरल लगते है, किंतु इन्हें आचरण में लाना पहाड़ उठाने जितना मुश्किल है।

किसी को माफ करने का क्या तात्पर्य है ?
उस पर उपकार करना ?
उस पर दया करना और उसे मुक्त करना ?

हम जब जीवन के अनुभवों से गुजरते हैं, तब उसकी खरोंच के निशान बचे रह जाते हैं। जीवन की अनेक घटनाएँ हमारे मन को चोट पहुँचाती हैं। हम भीतर से दुःखी होते हैं। इस दुःख, इस पीड़ा के घाव इतने गहरे होते हैं कि उनके चिह्न रह जाते हैं।

दूसरे शब्दों में कहें तो जीवन की अनेक घटनाओं को, हमारे साथ जो हुआ, उसे हम पचा नहीं सकते हैं। बिना पची हुई घटनाएँ अस्तित्व में पड़ी रहती हैं। वहाँ पड़ी-पड़ी वे सड़ती हैं और उनका विष अंततः हमारे अस्तित्व में फैलने लगता है। कुछ घटनाओं को लेकर हमारे मन के भीतर कड़वाहट बनी रहती है। यह कड़वाहट इस बात की सूचक है कि हमने अभी तक उन घटनाओं को पचाया नहीं है, उसे प्रोसेस नहीं किया है। उन घटनाओं को सही परिप्रेक्ष्य में समझना अभी बाकी है। जब घटनाएँ इस तरह पच जाएँ, तब उनकी कड़वाहट समाप्त हो जाती है। जब हम किसी को माफ नहीं करते, तब अपने को ही इस कड़वाहट भरे दुःख के कारागार में कैद कर देते हैं। घटना घट चुकी है। आज उसका कोई अस्तित्व नहीं है। उसे याद रखकर, उससे चिपके रहकर हम स्वयं अपने भीतर नरक बनाते हैं। भले इस कड़वाहट को गहराई में गाड़कर हम उस पर जीवन की अनेक सिद्धियाँ या खुशियाँ थोपते जाएँ, परंतु सुंदर बगीचे के एक कोने में अत्यंत बदबू फैलाते कूड़े के ढेर की तरह वह दुःख हमारे हृदय को उतनी मात्रा में तो प्रदूषित रखता ही है।

यदि हम चाहते हैं कि हमारा हृदय निर्मल व निर्दोष बने, सच्ची और अखंड शांति का अनुभव करे तो हमें भूतकाल की घटनाओं, व्यक्तियों—स्वयं को भी माफ करना सीखना

पड़ेगा। जिस घटना या व्यक्ति के प्रति कड़वाहट थी, उसके स्थान पर उसी घटना या व्यक्ति के लिए कृतज्ञता फैले, वही इस कैद से मुक्त होने का प्रमाण है।

इसलिए माफ करने का सही अर्थ और उद्‌देश्य का संबंध हमारे खुद के साथ अधिक है, दूसरों के साथ नहीं। माफी देना स्वयं पर उपकार है। उसमें हमारे जीवन का ही श्रेय है और उस अर्थ में स्वार्थ भी है। परंतु यह स्वार्थ संकुचित नहीं है, आध्यात्मिक है। वह छिछलेपन की नहीं, बल्कि हृदय की विशालता और जीवन की गहरी समझदारी की माँग करता है।

Forgive the past. It is over.
Learn from it and let go.
People are constantly changing and growing.
Do not cling to a limited, disconnected, negative image
of a person in the past. See that person now.
Your relationship is always alive and changing.

~Brain L. Weiss

अंतरात्मा के साक्ष्य पर

मैं किसी को माफ नहीं कर पाता, उसका क्या तात्पर्य है? यही न कि मैंने अभी तक उसे उसकी जगह पर जाकर समझने की कोशिश नहीं की है! किसी ने मेरे साथ चाहे जितना गलत किया हो, ऐसा मुझे लगे; पर अपनी जगह पर तो वह सही ही होता है। जैसे मुझसे गलती हो जाए तो मैं अपनी जगह सही होता हूँ। हम किसी से तादात्म्य अनुभव करें तो माफी स्वतः हृदय से बहती है, माफ करने की जरूरत भी नहीं रहती। समझना माफ करने की अपेक्षा अधिक बेहतर है।

क्षमापना : मानवता की विनम्र स्वीकृति

हम मनुष्य हैं, ईश्वर नहीं। सच है न?
हम अपूर्ण हैं, संपूर्ण नहीं। सच है न?
हमसे भूलें हो सकती हैं। सच है न?
भूल न होना तो वास्तव में संभव ही नहीं है। सच है न?
जाने-अनजाने हमसे किसी का दिल दुख ही जाता है न?
इरादा न होने पर हम किसी को दुःखी करते हैं न?
जो जाने-अनजाने हमारे द्वारा हो गए,
ऐसे दुखानेवाले कृत्यों के बदले हम माफी क्यों नहीं माँगते?
क्या काफी माँगना हमारी ईमानदारी, सच्चाई
और हमारी मानवता की विनम्र स्वीकृति नहीं है?
माफी न माँगना घमंडी ईश्वर बनने के समान नहीं है?

कितनी आसान बात है। मुझसे भूल हो गई। भूल का होना मानवीय है, परंतु हम यह सत्य मानते ही नहीं। दूसरों की भूलों के प्रति हमारा रवैया कितना स्थगित और कठोर होता है। हम यह जानते ही होते हैं कि इसके पीछे कौन से कारण उत्तरदायी हैं। झुकना अहंकार का स्वभाव ही नहीं है। हम मन के गुलाम बनकर जी रहे हों, तब वास्तविकता को देखने, उसे स्वीकार करने का प्रश्न ही कहाँ खड़ा होता है! अहंकार को फूलना ही है, यह तो फिर मजबूरी में आहत होता है।

जैन धर्म में 'क्षमापना' (पर्युषण) का सुंदर पर्व है। वर्ष में इस दिन कम-से-कम अपने जीवन का लेखा-जोखा करके भूल-चूक का हिसाब-किताब चुकाएँ।

यह बात बहुत से लोग मानते हैं और अनुसरण भी करते हैं। अब यह एक पर्व हो चुका है, इसलिए 'मिच्छा मि-दुक्कडूम' (मेरी भूलों को क्षमा करें) का संदेश भी मोबाइल से भेज देते हैं—परंतु अहंकार को साबुत रखकर। क्या भूल हुई, कैसे भूल हुई, क्या हम उसे

सुधार सकते हैं, यह सब सोचें, तब अहंकार का निरसन हो। भूलें भले अनजाने में हुई हों, परखने पर उनमें से कुछ तो अब सजगता में आएँगी न! तो एस.एम.एस. या ई-कार्ड भेज देने से कौन सा उद्देश्य सिद्ध होगा? "मुझसे भूल हो गई, मुझे माफ कीजिए। मैं इस भूल को कैसे सुधारूँ?" अधिकांश लोग इसका तृतीयांश भी नहीं करते, जो सूचित करता है कि हमारी माफी संपूर्ण रीति से सहृदयी नहीं है।

बिना शर्त क्षमापना सदैव ध्यानावस्था में ही संभव है। यदि मैं अपने किसी प्रियजन को किसी भी बहाने, शर्त या प्रति आक्षेप के बिना माफी माँगते हुए पत्र लिखता हूँ, तल्लीन होकर पूरे और हृदय की गहराई से यह कर्म करता हूँ तो वह ध्यान का ही अभ्यास है। लिखने की तुलना में पत्र देना कम आसान नहीं होता और उसका कारण अब हम भलीभाँति जानते हैं।

Apology doesn't mean that you are wrong,
or the other person was right.
It means that your relationship
is valuable than your ego.

~Ain Eineziz

अंतरात्मा के साक्ष्य पर

कई बार ऐसा होता है कि निकटवर्ती व्यक्तियों के साथ कोई भूल-चूक हो जाए तो माफी माँगने की आवश्यकता नहीं महसूस होती। ऐसा संभव है कि दो व्यक्तियों के बीच इतनी समझ और संवादिता हो कि उसकी जरूरत न भी हो। पर मेरे माफी न माँगने का कारण यही है? संबंधित व्यक्ति को मेरी उस अभिव्यक्ति की जरूरत नहीं है? या निकटता, यह मेरे अहंकार का बहाना है? क्या मैं इसकी जाँच करके भरोसा करता हूँ? यदि मुझे पूरा भरोसा न हो तो मुझे हृदयपूर्वक माफी माँगने से क्यों चूकना चाहिए?

अहंकार की कसौटियाँ सर्वोच्च महत्त्वपूर्ण

अहंकार को देखना, समझना, पकड़ना, नाथना, नियंत्रण में रखना और उसका निरसन करना आसान नहीं है। वह ऐसा बहुरूपिया है और ऐसे-ऐसे वेश धारण करके आता है कि बड़े-बड़े धोखा खा जाएँ। इस बारे में यदि जरा भी बेफिक्र हुए, लापरवाह हुए, जरा-सी ढील दी, बस अहंकार हमारे जीवन की बागडोर सँभाल लेता है और हम इस भ्रम में यात्रा जारी रखते हैं कि जीवन का जहाज हमीं चला रहे हैं।

जीवन के आदर्श और मूल्य ऐसे ही एक पहनावा है, अहंकार जिनका उपयोग बखूबी कर लेता है।

जैसे कि मैं चाय या कॉफी नहीं पीता, असंयमित रूप से टी.वी. देखने में नहीं मानता, गप्प या निंदा में समय नहीं बिताता, कूड़ा-करकट इधर-उधर नहीं फेंकता, पर्यावरण का ध्यान रखता हूँ, प्राकृतिक रूप से उगाया अनाज, साग, सब्जी, फल खाने का आग्रह रखता हूँ। यह सब तो ठीक ही है! मैं आदर्श जीवन जीने का प्रयत्न कर रहा हूँ।

तकलीफ तब होती है, जब मैं इन सब बातों से फूलने लगता हूँ और दूसरों का मूल्यांकन शुरू कर देता हूँ। "देखो न, कितने कप चाय-कॉफी पीता है। जरा भी संयम नहीं है", "कितनी कुत्सित और छिछली मानसिकता है इन लोगों की···", "लोग कितने लापरवाह नागरिक हैं, फलाँ व्यक्ति कितना सतही है।"

बस, अहंकार का काम हो गया। जैसे ही मेरे भीतर सुपीरियारिटी की भावना आई, बस, अहंकार के फंदे में मैं फँस गया। उन उच्च आदर्शों व मूल्यों का आध्यात्मिक दृष्टि से कोई लाभ न रहा। दूसरे लोगों को मैं अपने सापेक्ष मापने लगा, दूसरों का विश्लेषण करने लगा। मैं कैसे श्रेष्ठतर हूँ, इसे लेकर दूसरों की निंदा करूँ, ऐसे में आध्यात्मिक रूप से मुझमें तथा औरों में कोई अंतर नहीं रहा।

मैं योगाभ्यास करता हूँ, ध्यान करता हूँ। मैं फलाँ-फलाँ आध्यात्मिक विभूतियों की पुस्तकें पढ़ता हूँ। मैं संत-महात्मा व विभूतियों के संपर्क में रहता हूँ। मेरे ही घर ये

माननीय मेहमान ठहरते हैं। मैंने गीता तथा दूसरे धर्मग्रंथ पढ़ डाले हैं। मैं आध्यात्मिक विषयों पर अद्‌भुत प्रवचन दे सकता हूँ और फिर मैं यह सब न करनेवाले लोगों से श्रेष्ठतर होने का अनुभव करता हूँ।

यह अहंकार का जाल है। फँसना बहुत सरल है। सावधान रहना आवश्यक और अनिवार्य है।

हमें एक सूची बनानी चाहिए। ऐसी कौन-कौन सी बातें हैं, जिनके लिए हम अभिमान अनुभव करते हैं; जिन्हें लेकर हम डींगें मारते हैं, उत्साही हो जाते हैं, जिनके कारण हम दूसरों को अपने से निम्न मानते हैं। उन्हें हीन-भाव से देखते हैं। उनकी निंदा करने का एक भी अवसर नहीं छोड़ते। विचार करना चाहिए कि हम अध्यात्म की यात्रा में कहाँ हैं। लगता है कि शिखर पर हैं, फिर भी धूल फाँकते पड़े हों, यह है आध्यात्मिक क्षेत्र की जादूगरी!

Through the self we're plunged into
the torrent of cosmic event.
Everything essential happens in the self and
the ego functions as a receiver, spectator and transmitter.

~Carl Jung

अंतरात्मा के साक्ष्य पर

खुद को दूसरों की अपेक्षा ऊँचा एवं महत्त्वपूर्ण अनुभव कराना कितनी दयनीय मनोस्थिति है। जो स्वयं को उच्च मानता है, वास्तव में वह निम्न स्तर पर जी रहा है। जो झुकता है, वह वास्तव में हृदय से ऊँचा है। मैं अपनी ग्रंथियों को कैसे गला सकता हूँ? मैं जो हूँ, उसे देखूँ और दूसरों की तुलना में कुछ बनने की वृत्ति छोड़ दूँ। तो शायद अहंकार के चंगुल से छूटूँ। यह संभव है कि प्रशंसा या निंदा का मुझ पर कोई असर न हो। मैं जानता हूँ कि मैं कौन हूँ तो फिर मुझे प्रशंसा की जरूरत है क्या?

अहंकार के लक्षण

मनुष्य को कौन सा रोग हुआ है, उसका निदान शारीरिक लक्षणों को देखकर निश्चित होता है। उसी तरह अहंकार के रोग के भी कुछ लक्षण हैं, जिनका अवलोकन एकांत में करें तो उससे हमें अंत:करण को समझने में मदद मिलती है।

कुछ उदाहरणों के समूह नीचे दिए गए हैं—

- फरियाद-वृत्ति : दोष देना, आरोप लगाना।
- निंदा-वृत्ति : आलोचना या निंदा करना, पीठ पीछे बोलना।
- लेबल लगाना : दूसरों को नकारात्मक विशेषण देना, अनबन करना।
- शत्रु-दृष्टि : शत्रुता की मन:स्थिति।
- बचाव-वृत्ति : हमेशा खुद को सही सिद्ध करने का प्रयत्न।
- असहिष्णुता : अलग अभिप्रायों के प्रति असहिष्णु होना।
- महत्त्वाकांक्षा : सम्मान सत्ता की माँग करना, न मिलने पर क्रोध करना।
- ग्रंथियाँ : श्रेष्ठता-ग्रंथि, लघुता-ग्रंथि।
- प्रभाव : दूसरों को प्रभावित करना, दूसरे हमें कैसे देखते हैं, इसी की ही चिंता।
- अभिमान : अपने शरीर, सत्ता, पद, धन, संपत्ति, संपर्क, ज्ञान आदि से फूलना।
- नार्सिसिज्म : आत्मकथनात्मक अभिगम, सबकुछ अपनी मान्यताओं के चशमे से ही देखना।
- संप्रेषण : दूसरों का निरंतर मूल्यांकन करना, सलाह देना, काजी बनना।
- संवेदनहीनता : दूसरों को न सुनना और न समझना।
- व्याकुलता : बात-बात पर खीझना, क्रोध होना, दूसरों का सार्वजनिक रूप से अपमान करना।
- मिजाज : या तो आक्रामक और घमंडी या भोग बनने और बेचारगी का अभिगम।
- संबंध : दूसरों को नीचा समझना, दूरी बढ़ाना, दाँव-पेंच करना।

- स्पर्द्धा : हमेशा सामनेवाले को हराने की कोशिश।
- जड़ता : न क्षमा करना, न क्षमा माँगना, कृतघ्नता, जिद और दुराग्रह।
- पलायनवाद : स्वयं को देखना, स्वनिरीक्षण तथा एकांत को टालने का ही प्रयास।

यह तो केवल अंगुलि-निर्देश करनेवाली सूची है। अहंकार के वेश अत्यंत वैविध्यपूर्ण और चालाकी भरे होते हैं। जो अहंकार से मुक्त होने की तीव्र अभीप्सा रखता है, वही अपने एकांत में स्वनिरीक्षण द्वारा अहंकार को उत्साहपूर्वक देखने का प्रयत्न करेगा। अहंकार, अहंकार को देखने नहीं देता, अहंकार की यही सबसे बड़ी चालाकी है।

The ego is a false sense of self
based on mental concepts.
It is identification with the body and
mind-identification with form
which primarily means thought forms.

~Eckhart Tolle

अंतरात्मा के साक्ष्य पर

एक बात तो स्पष्ट रूप से समझ में आती है, मैं अपने अहंकार को जब भी देख सकता हूँ, तब मुझे दुःख, क्षोभ या शर्म का अनुभव हो या फिर मैं क्रोध, बेचैनी या हताशा अनुभव करूँ, उसका कोई अर्थ नहीं। क्योंकि ये सभी भावनाएँ भी अहंकार की ही उपज हैं। मुझे अपने अहंकार को तटस्थ एवं निस्पृह भाव से ही देखना पड़े। अहंकार मुझसे जो आचरण करवाता है, उसके विपरीत, मूल्य-केंद्री व्यवहार चुनकर भी मैं अहंकार से मुक्त होने की साधना कर सकता हूँ। आगे से भावनाओं से सतर्क रहने की कोशिश करूँ।

आधुनिक मनुष्य को एक बड़ी बीमारी लगी है : उसकी वाणी असत्य से सनी होती है। असत्य, अर्धसत्य, खंडित सत्य, तोड़-मरोड़कर प्रस्तुत किया गया सत्य। वह अनेक रीतियों से झूठ का आचरण होता है—दिल्ली संसद् से लेकर ग्राम पंचायत तक। हम यह भूल गए हैं कि हम झूठ बोलकर, आचरण करके वाणी का मिथ्याचार, अनादर, दुराचार करके बहुत बड़ा पाप कर रहे हैं।

~ विमला ठकार

प्रकरण 7

सातत्य

सहृदय सजीव सावधान

आपनी यादी

ज्यां-ज्यां नजर म्हारी ठरे यादी भरी त्यां आपनी,
आँसू मही ए आँखथी यादी झरे छे आपनी!

तारा उपर तारा तणां झूमी रह्यां जे झूमखां,
ते याद आपे आँखने गेबी कचेरी आपनी!

आ खूनने चरखे अने सते हमारी गोदमां,
आ दमबदम बोली रही झीणी सितारी आपनी!

देखी बुराई ना डरूं हुं, शी फिकर छे पापनी?
धोवा बुराईने बधे गंगा वहे छे आपनी!

थाकुं सितमथी होय ज्यां ना कोई क्यां ए आशना,
ताजी बनी त्यां त्यां चड़े पेली शराबी आपनी!

ज्यां ज्यां मिलावे हाथ यारो त्यां मिलावी हाथने,
अहेसानमां दिल झूकतुं, रहेमत खड़ी त्यां आपनी!

भूली जवाती छो बधी लाखो किताबो सामटी,
जोयु न जोयु छो बने जो एक यादी आपनी!

किस्मत करावे भूल ते भूलो करी नाखुं बधी,
छे आखरे तो एकली ने ए ज यादी आपनी!

~कलापी

प्रकरण 7

सातत्य : सहृदय सजीव सावधान

मृत्यु और अध्यात्म

जिस दिन हमारा जन्म होता है, उसी दिन से ही
मृत्यु की ओर हमारी यात्रा भी शुरू हो जाती है।
हमारे समग्र जीवन के दरम्यान मृत्यु सतत
हमारी ओर कदम बढ़ा ही रही होती है।
फिर भी हम मृत्यु से इतना अधिक क्यों डरते हैं?

भगवान् बुद्ध कहते हैं कि समस्या यह है कि
हम ऐसा सोचते हैं कि हमारे पास समय है।

मृत्यु का डर उन्हें ही लगता है,
जो वास्तव में जीवन से ही घबरा रहे होते हैं।
जिस मनुष्य ने अपना जीवन भरपूर रूप से जिया है,
वह तो किसी भी क्षण मृत्यु को गले लगाने को तैयार ही है।

वास्तव में, मृत्यु जीवन की ऐसी डरावनी घटना नहीं है।
हम जी रहे हों और हमारे भीतर कुछ मर जाए,
वह मृत्यु से भी अधिक भयंकर बात है।

वैसे तो मृत्यु वास्तव में जीवन का विरोधी शब्द नहीं है।
मृत्यु तो हमारे जीवन का जन्म जैसा ही भाग है।
प्रतिदिन सवेरे हम जागते हैं, वह हमारा जन्म है,
प्रतिदिन रात में हम सो जाते हैं, वह मृत्यु के समान ही है।

मेरा जीवन समाप्त होगा, तब मुझे मृत्यु से रू-ब-रू होना है।
उस समय संतोष या अफसोस का हिसाब-किताब मुझे करना है।
उस समय मुझे यदि अफसोस होगा तो कोई सांत्वना दे सकनेवाला नहीं।

यानी मुझे अपनी जिंदगी उस तरह जीनी चाहिए,
जिस तरह मैं उसे जीना चाहता हूँ।
भगवान् बुद्ध कहते हैं कि अंत में तो ये बातें ही महत्त्वपूर्ण हैं—
आपने कितनी अच्छी तरह प्रेम किया?
आपने कितनी पूर्णता से जीवन जिया?
आप कितनी गहराई से छोड़ सके?

It is not the end of physical body that should worry us.
Rather, our concern must be to live while we're alive-
to release our inner selves from the spiritual death
that comes with living behind a facade designed
to confirm to external definitions of
who and what we are.

~Elisabeth Kubler Ross

अंतरात्मा के साक्ष्य पर

मेरे जीवन को बचानेवाली अंततः मेरी मृत्यु ही है। जितना मैं मृत्यु को याद रखकर जी सकूँगा, उतनी ही जिंदगी मैं अपने जीवन में जोड़ सकूँगा। जब मैं मृत्यु को भूल जाता हूँ, तभी मैं कहीं भटक जाता हूँ। मृत्यु का सतत दर्शन और स्मरण ही मुझे अच्छा मनुष्य बनाए रखते हैं। मृत्यु न हो तो मुझे किस बात की परवाह होती? मृत्यु ही जीवन और मेरी अध्यात्म-यात्रा की तारणहार है, यह मैं कभी न भूलूँ। मेरा जीवन यहाँ और अभी ही है। मृत्यु को प्रत्येक क्षण मैं किस तरह याद रख सकता हूँ?

जीवन की भूमिकाएँ और अध्यात्म

हम जीवन को संबंधों में ही जीते हैं
तथा संबंधों में हमारी विविध भूमिकाएँ होती हैं।
इसलिए हम जीवन को भूमिकाओं में ही जीते हैं।

अध्यात्म अंततः हमारी मनोस्थिति एवं उपस्थिति है।
हमारी भूमिका में हमारा यह होना प्रकट होता ही है।
हम इन भूमिकाओं के सापेक्ष अध्यात्म-साधना क्यों नहीं कर सकते ?

यदि हम मन की इच्छाओं द्वारा बताए मार्ग पर चलते हों
तो संबंधों के बारे में भी हमारी इच्छाएँ प्रकट हों, ऐसा संभव है।
जैसे कि दांपत्य जीवन में जीवनसाथी अपेक्षानुरूप ही व्यवहार करे,
संतानें हमारी अधूरी इच्छाएँ पूरी करने के लिए मेहनत करें,
तो यह हमारी स्वकेंद्री मनःस्थिति ही प्रदर्शित करता है न ?

यदि हम अहंकार के साथ ही महद् अंश में जीते हों
तो हम प्रत्येक संबंध का उपयोग अभिमान लेने के लिए करेंगे।
यदि संबंधित कोई भी व्यक्ति कुछ भी गौरवपूर्ण उपलब्धि प्राप्त करेगा
तो हम उसके संबंधी होने के नाते मन-ही-मन गर्व करेंगे।
परंतु इसी तरह संबंधित व्यक्ति कुछ लज्जाजनक व्यवहार करे
तो हमारा अहंकार आहत होगा, हमें पीड़ा होगी, क्रोध आएगा।

हम जैसे हैं, संबंधों में दिखनेवाले ही हैं।
संबंध अंततः अपने हृदय को देखने के लिए दर्पण की जरूरत पूरी करते हैं।
इस दर्पण में अपना प्रतिबिंब देखकर हम 'स्व' को पहचान सकते हैं।

हम संबंधों में हमेशा दूसरों को ही बदलने की कोशिश करते हैं,
या फिर हम संबंधों को दर्पण के रूप में देखकर स्वविकास करते हैं ?

इसीलिए ही, यदि हम अपनी प्रत्येक भूमिका हेतु
सिद्धांतों और मूल्यों को केंद्र में रखकर व्यवहार करें
तो वे अध्यात्म-साधना के लिए यम-नियम का कार्य करते हैं।

Through my love for you,
I want to express my love for the whole cosmos,
the whole of huminity, and all beings,
By living with you, I want to learn to
love everyone and all species.
If I succeed in loving you, I will be able to love everyone and all species on Earth.
This is the real message of love.

~Thick Nhat Hanh

अंतरात्मा के साक्ष्य पर

मुझे संसार का त्याग करने की जरा भी जरूरत अनुभव नहीं होती। मुझे तो संसार का, संबंधों का भरपूर आनंद उठाना है, संसार में रचे-बसे होकर भी अलिप्त रहकर जीना है। स्थितप्रज्ञता सीखनी है, परंतु भाव-प्रवण भी रहना है। प्रत्येक भूमिका में अपना श्रेष्ठतम प्रदान करना है। प्रत्येक संबंध द्वारा अपने हृदय को अधिक-से-अधिक शुद्ध करना है, जीवनानुभवों को अच्छी तरह पचाना है। मेरे लिए तो यही अध्यात्म है। संसार-त्याग करने से तो मैं अध्यात्म के लिए सहायक भूमिका ही कहीं खो बैठूँगा तो ?

विवाह संबंध और अध्यात्म

संबंध हमारी अध्यात्म-साधना के लिए भूमिका की पूर्ति करते हैं।
प्रत्येक संबंध के परिमाण तथा परिप्रेक्ष्य अलग-अलग होते हैं।

हमारे जीवन में माता-पिता की जो भूमिका और महत्त्व है,
उसकी तुलना में संतानें हमें अलग अवसर प्रदान करती हैं।

हम सामाजिक दृष्टिकोण से संबंधों को चाहे जो नाम दें,
परंतु प्रत्येक संबंध में अंततः हमारे जो व्यवहार होते हैं,
अंत में उनसे ही हमें साधना के लिए उपयोगी पाथेय मिलता है।

वैवाहिक संबंध सबसे निकटतम संबंध है, इसमें कोई शंका है क्या?
माता-पिता या जन्म से प्राप्त कुटुंब में हमारी पसंदगी नहीं होती।
परंतु विवाह हमें इस पसंदगी का अवसर प्रदान करता है।

विवाह से शुरू होनेवाले जीवन को हम अपनी इच्छा के मुताबिक गढ़ सकते हैं।
इस संबंध में हम प्रसन्न हैं या अप्रसन्न, संतुष्ट हैं या असंतुष्ट,
परस्पर विकसित कर रहे हैं या घुट रहे हैं,
इन सभी मुद्दों की सफलता-असफलता हमें बहुत कुछ सिखा सकती है।

विवाह में एक-दूसरे की ओर से सर्वाधिक अपेक्षाएँ रहती हैं।
ये अपेक्षाएँ मन की इच्छाओं के साथ जुड़ी होती हैं।
यदि मन की इच्छाएँ अजागृति से जनमी और असंयमित हों
तो फिर विकृत और अस्पष्ट अपेक्षाएँ घर्षण और दुःख ही पैदा करती हैं।

यदि दोनों जीवनसाथी सजगता से साधना करते हैं और विवेकपूर्ण हैं
तो वे परस्पर उचित और स्पष्ट की गई अपेक्षाएँ परिपूर्ण करके
एक-दूसरे के साथ वास्तव में गहन आत्मीयता और संवादिता अनुभव करते हैं।

विवाह संबंध में अहंकार टकराते हैं या जागृति का प्रकाश फैलता है ?
दोनों जब एक-दूसरे के साथ होते हैं, उस समय उनका चित्त कहाँ होता है ?
वे एक-दूसरे को अपने मनांकनों और पूर्वग्रहों से मुक्त होकर सुन सकते हैं ?
एक-दूसरे के सान्निध्य में उनका जीवन निरंतर प्रफुल्लित हो रहा है ?

I hold this to be the highest task of
a bond between two people;
that each should stand guard over
the solitude of the other.

~Rainer Maria Rilke

अंतरात्मा के साक्ष्य पर

मैं तुझे प्रेम करता हूँ, उस समय वास्तव में मैं अपनी अवस्था को भी प्रेमपूरित करने की साधना कर रहा होता हूँ। तेरे संबंध में मेरा समग्र अस्तित्व कसौटी पर होता है। तेरे साथ के संबंध, व्यवहार, भूलें और सुधार मानो मेरे जीवन की प्रयोगशाला बन जाते हैं। इन प्रयोगों की आँच में तपकर मेरा हृदय और अधिक मधुर बनता है। तेरे द्वारा मैंने समग्र सृष्टि को प्रेम करना सीखा है। तेरा निरंतर प्रफुल्लन मेरे सच्चे प्रेम का प्रतिबिंब है। मेरा आध्यात्मिक विकास तेरे साथ प्रगाढ़ता से जुड़ा है।

कुटुंब-परवरिश और अध्यात्म

मनुष्य संबंधों में जीता है तो कुटुंब उसके लिए विश्व की इकाई है।
कुटुंब की छोटी सी प्रयोगशाला में वह प्रेम का पदार्थ-पाठ सीख सकता है।
इस नन्ही-सी दुनिया में वह जीवन जीने के महान रहस्यों को पा सकता है।

मेरा कुटुंब सचमुच में कितना मेरा है? क्या कुटुंबी जनों पर मेरा कोई हक है?
क्या कुटुंब का सान्निध्य, परवरिश और विकास मेरे जीवन का ध्येय है?
अध्यात्म को ध्यान में रखकर हम कुटुंब को किस तरह देख-समझ सकते हैं?

डॉ. स्कॉट पेक कहते हैं—कुटुंब पर्वतारोहण के बेस कैंप जैसा है।
बेस कैंप आरोहण करने के लिए अत्यंत जरूरी सुविधाएँ प्रदान करता है,
परंतु पर्वतारोहण के कारण ही वह प्रस्तुत बनता है, अन्यथा उसका कोई उद्देश्य नहीं है।

क्या कुटुंब के सदस्य हमारी निजी महत्त्वाकांक्षा सिद्ध करने के साधन हैं?
क्या कुटुंब के सदस्य हमारे अधीन और आज्ञाकारी रहने के लिए बाध्य हैं?
या फिर, क्या कुटुंबी जन हमारा अभिमान एवं अहंकार तुष्ट करने के विषय हैं?

कुटुंब हमारी मूलभूत आवश्यकताओं, सुरक्षा और प्रेम-स्वीकार प्रदान करता है—
इस उद्देश्य से कि हम आत्मसम्मान, सिद्धियों और स्वविकास की ओर आगे बढ़ेंगे।
उसकी सुरक्षा हमारे लिए कारागार बने, ऐसा उसका जरा भी प्रयोजन नहीं है।

हेलन केलर कहती हैं कि सुरक्षा, यह हमारी गलतफहमी है, गलत मान्यता है।
विश्व में या प्रकृति में सुरक्षा का कोई अस्तित्व नहीं है, संकेत भी नहीं है।
कोई मनुष्य या बालक कभी भी संपूर्ण सुरक्षा की भावना का अनुभव नहीं कर सकता।
जीवन या तो साहस भरा, खतरनाक उद्यम है या तो कुछ भी नहीं है।

हम कुटुंब के लिए शारीरिक और मानसिक पोषण की पूर्ति करते हैं।
पर क्या हम कुटुंब को आध्यात्मिक पोषण प्रदान कर रहे हैं?
इसलिए कुटुंब का पोषण करते समय आध्यात्मिक पहलुओं को ध्यान में रखना चाहिए।
सही कौटुंबिक परवरिश और विकास शरीर के साथ
मन एवं आत्मा का भी पोषण करता है।
यदि हम आध्यात्मिक पोषण की पूर्ति नहीं करते
तो शारीरिक पोषणों का क्या अर्थ रहता है?

Sometimes you struggle so hard
to feed your family one way,
you forget to feed them other way,
with spiritual nourishment.
Everybody needs that.

~ James Brown

अंतरात्मा के साक्ष्य पर

मैं एक जिम्मेदार व्यक्ति हूँ, इस कारण जिम्मेदार कुटुंबी जन भी हूँ। अपने कुटुंब के प्रति मेरे क्या कर्तव्य हैं, वे मुझे स्वयं निश्चित करने हैं और फिर मुझे पूरे प्रेम तथा निस्बत से वे कर्तव्य निभाने हैं। कुटुंब के साथ मेरा संबंध पारस्परिक कमजोरियों को पोषित करने वाला कभी नहीं होना चाहिए। मेरा घर किसी भी कुटुंबी जन को जीते-जी दफनाने की कब्र क्यों बने? अपने कुटुंब को मुझे जड़ें और पंख ही देने हैं और मेरा कुटुंब रक्त-संबंध में सीमित क्यों रहना चाहिए?

जीवन-कर्म और अध्यात्म

क्या अध्यात्म पंथियों का कैरियर हो सकता है? क्या वे धन-संपत्ति कमा सकते हैं?
क्या व्यवसायी, उद्योगपति और धनवान् मनुष्य आध्यात्मिक हो सकते हैं?
ये प्रश्न लगभग वैसे ही विचित्र हैं कि क्या अध्यात्म-साधक जीवन जी सकते हैं?

आल्वर्ट कामू कहते हैं कि बिना पैसे के जिया जा सकता है या खुश रहा जा सकता है,
ऐसी मान्यता में वास्तव में एक प्रकार का मिथ्याभिमान और दंभ शामिल है।

धन क्या है? अंततः तो वह वस्तुओं एवं सेवाओं के विनिमय का एक साधन है।
हम जो देते हैं, उसके बदले में धन लेकर हम दूसरी चीजें प्राप्त करते हैं।
तो धन न कमाने मात्र से मनुष्य आध्यात्मिक कैसे हो जाता है!

हाँ, ऐसा कहते हैं कि बहुत से मनुष्य इतने गरीब होते हैं
कि उनके पास धन के सिवा कुछ भी नहीं होता!

जो जीवन की कद्र करते हैं, जीवन की अमूल्यता का जिन्हें गहरा अहसास है,
उनकी रुचि लेने की अपेक्षा अनेक गुना अधिक इस विश्व को
कुछ विशिष्ट प्रदान करने में होती है।

पातंजल कहते हैं कि जब आप किसी महान् उद्‌देश्य या ध्येय से प्रेरित होते हैं, तब
आपके विचार और मन मर्यादा लाँघते हैं, आपकी चेतना हर दिशा में
प्रसरित होने लगती है।
आप एक नूतन, सुंदर और महान् विश्व में आ गए हों, ऐसा अनुभव करते हैं।
आपकी छिपी शक्तियाँ, क्षमताएँ और प्रतिभाएँ जीवंत होकर बाहर आने लगती हैं।
स्वप्न में भी कल्पना न की हो, ऐसी महानता आप अपने भीतर पाते हैं।

रजनीश कहते हैं कि प्रत्येक व्यक्ति की इस विश्व में कोई निश्चित नियति होती है। उसे अपने जीवनकाल में कोई संदेश देना या कोई कार्य परिपूर्ण करना होता है। कोई व्यक्ति यहाँ यूँ ही आकस्मिकता से नहीं होता। उसके होने के पीछे अर्थ और उद्देश्य होता है।
समग्र सृष्टि हमारे द्वारा कुछ करवाना चाहती होती है, जिसे हमें ढूँढ़ना होता है।

जो अध्यात्म के साधक हैं, उन्हें यह जीवन-कार्य मिला होता है।

क्योंकि वे अध्यात्म-साधना द्वारा 'स्व' एवं जीवन को प्रगाढ़ रूप से समझ सकते हैं। ये जीवन-कार्य दो तरह के हो सकते हैं—या तो ज्योति बनना या फिर ज्योति को प्रतिबिंबित करनेवाला दर्पण।

Your purpose in life is
to find your purpose and
give your whole heart and soul to it.

~Gautam Buddha

अंतरात्मा के साक्ष्य पर

मैं जीवन से बहुत कुछ लेता हूँ और उसे बहुत कुछ देता भी हूँ। देने में मुझे जो आनंद मिलता है, उसकी तुलना में पाने से क्या मिलता है? मैं देता हूँ तो कुछ खोता हूँ या पाता हूँ? मुझे खोजना यह है कि मैं लेने के लिए देता हूँ या देने के लिए लेता हूँ? सबसे पहले तो मुझे अपने इरादे या प्रेरक बल की जाँच करनी है। क्या मैं ज्यादा स्वकेंद्री व्यक्ति हूँ या निःस्वार्थ सहृदयी? मेरे हृदय में जो भी स्वकेंद्रितता है, मैं उसे परखकर, खोजकर दूर करता रहूँ, ऐसी मेरी अभीप्सा और पुरुषार्थ होने चाहिए।

संगठन और अध्यात्म

संगठन, संस्था, पेढ़ी और कम्युनिटी (समुदाय) अंततः क्या हैं? संबंधों की ही उपज न!

जहाँ मनुष्य है और संबंध हैं, वहाँ अध्यात्म के परिमाण प्रस्तुत क्यों न हों?

संगठनों की अध्यात्म-शक्ति अंततः उनके मनुष्यों की जागृति द्वारा तय होती है।
उनमें भी संगठनों के नेताओं की जागृति का संगठनों पर प्रगाढ़ प्रभाव होता है।
संगठन लोकतांत्रिक है या तानाशाही, उसका आधार किस पर होता है?
अध्यात्म के दृष्टिकोण से इसका उत्तर सरल है। सारा आधार नेताओं के अहंकार पर है।
नेतृत्व अत्यंत अहंकारी मनुष्यों का हो तो लोकतांत्रिक वातावरण संभव नहीं रहता।
तानाशाह ऐसा ही मानता है कि वह सर्वोच्च, सर्वशक्तिमान, सर्वश्रेष्ठ व्यक्ति है।
स्वयं को श्रेष्ठतर और दूसरों को निम्नतर गिनने के कारण वह किसी के मत की परवाह नहीं करता।

जबकि जो सजग हैं, जो सजगता से अपना जीवन जीते हैं, जिनका अहंकार अंकुश में है,
ऐसे मनुष्य दूसरों को खूब स्नेह तथा आदरपूर्वक देखने की नम्रता रखते हैं।
ऐसे मनुष्य तानाशाही को अमानवीय और इसी कारण असह्य व अन्यायी मानते हैं,
इसलिए स्वाभाविक है कि सभी जाग्रत मनुष्य लोकतंत्र को जीवन-शैली ही मानते हैं।

फिर भी, संगठन मूलभूत तौर पर ही गैर-अध्यात्मिक हैं, ऐसा कहनेवाले महानुभाव भी हैं। जे. कृष्णमूर्ति ने अपने दर्शन का प्रसार करनेवाले संगठन को स्वयं समेट लिया था। हम संगठित धर्मों एवं अन्य संगठनों के दूषणों को देखें तो यह दृष्टिकोण समझ में आएगा।

परंतु इसी तर्क से कुटुंब एवं समाज भी तो अंततः संगठन ही हैं न?
किसी भी संगठन का पिंड उसके लोगों की जागृति और सजगता से बना होता है न!

संगठन के उद्‌देश्य होते हैं, उनकी उपयोगिता होती है, वैसे ही उनकी मर्यादा भी होती है?
जैसे सच्चा प्रेम मनुष्य का स्वीकार करता है,
वैसे ही संगठन का स्वीकार क्यों नहीं हो सकता?

हाँ, इतना आवश्यक ही है कि उपयोगिता का पलड़ा
मर्यादाओं से भारी अवश्य होना चाहिए।
भगवान् बुद्ध के मूलभूत मंत्रों में 'संघं शरणं गच्छामि' मार्मिक एवं महत्त्वपूर्ण है या नहीं?

दूसरा सत्य यह है कि संगठन का संचालन सभी कर सकें, यह जरूरी नहीं है।
संगठनों का संचालन कुछ विशेष प्रतिभाएँ माँगता है, जो सबका पिंड न भी हो।
सभी क्षेत्रों की तरह विश्व में खराब तथा
श्रेष्ठ संगठनों के उदाहरणों की कोई कमी नहीं है।

If one person dreams alone
it is only a dream.
When many people dream together.
It is the beginning of a new reality.

~*Friendensreich Hundertwasser*

अंतरात्मा के साक्ष्य पर

नेतृत्व का स्थान अहंकार संतुष्ट करने का साधन हरगिज नहीं है। अहंकार यूँ तो किसी भी हाड़-मांस के पुतले मनुष्य को छोड़ता नहीं। नेतृत्व की जिम्मेदारी सतत आत्मनिरीक्षण और साधना की है। मुझे अपने विकास द्वारा ही उदाहरण देकर सही नेतृत्व निभाना है। मनुष्यों के प्रति मेरी जिम्मेदारी और सच्ची चिंता ही मेरे नेतृत्व की गुणवत्ता के सही लक्षण हैं। मैं जहाँ-जहाँ नेतृत्व के पद पर हूँ, वहाँ-वहाँ मेरी मनोस्थिति क्या है? मेरे नेतृत्व में मेरी आध्यात्मिकता का कौन सा स्तर प्रतिबिंबित होता है।

ईश्वर और अध्यात्म

ईश्वर का अस्तित्व है या नहीं?

आस्तिक कहते हैं, ईश्वर है ही। इस विश्व का सृजन उसने ही किया है।
ईश्वर ही हमारा सर्जनहार और तारणहार है, सर्वशक्तिमान है।

नास्तिक कहते हैं, ईश्वर जैसा कुछ भी नहीं है। सब हमारी कपोल-कल्पना है।
ईश्वर मनुष्य का ही सृजन है। कमजोर मन के लोगों को उसका अवलंबन चाहिए।

क्या वास्तव में ईश्वर है? कहाँ है? वह स्वयं दर्शन देकर उपदेश क्यों नहीं देता?
क्या वह हमारे जीवन का कर्ता-धर्ता है? उसकी इच्छा से ही सबका जीवन चलता है?
महामारी, गरीबी, अंधश्रद्धा, शोषण, प्राकृतिक आपदाएँ, कैंसर—सबके पीछे उसकी इच्छा है?
उसके दर्शन के लिए यात्रा पर जानेवाले भक्तों का वह भोग क्यों ले लेता होगा?

क्या वास्तव में 'ऊपर' कहीं सब 'देखता हुआ' तथा कर्ता-धर्ता,
ऐसा हमारा मालिक विराजमान है?
साथ ही, ईश्वर एक नहीं है। राम, कृष्ण, जीसस, मुहम्मद, बुद्ध, महावीर—ऐसे कितने हैं?
हिंदू धर्म में तो अनेक देवी-देवता हैं, चित्र-विचित्र शरीर-वस्त्र-हथियार धारण करते हैं।
इतने सारे देवी-देवताओं में से एक भी किसी जगह दिखाई नहीं देता, ऐसा क्यों होता है?

नास्तिकों और आस्तिकों के बीच ये दलीलें, संघर्ष तथा युद्ध चलते ही रहेंगे।
इस सृष्टि की रचना कैसे हुई, इसका कोई संतोषजनक उत्तर या विवरण नहीं है।
इस विश्व में मनुष्य और जीवन में अनुभव की जानेवाली
अनेक घटनाओं का उत्तर विज्ञान के पास नहीं है।
जिसका कोई उत्तर नहीं है, वह ईश्वर के कारण है,

ऐसा कहने से मन को समाधान मिल जाता है।
इस बहुचर्चित विषय पर ढेर सारी पुस्तकें हैं; परंतु यह पुस्तक इस विषय के लिए नहीं है।

ईश्वर का अस्तित्व है या नहीं, जीवन का अस्तित्व तो है ही, यहाँ पर ही और अभी ही।
यह जीवन पवित्र और पूज्य क्यों नहीं है? हमारा अस्तित्व ही अद्‌भुत नहीं है?
अध्यात्म के लिए वैज्ञानिक अभिगम से होनेवाली खोज
शक्तिशाली मन की माँग करती है।

यदि ईश्वर सभी जीवों में है, हमारे भीतर है, कण-कण में है
तो फिर अस्तित्व ही ईश्वर है, जिसे हम कदापि पूरा समझ पानेवाले नहीं हैं।
जीवन का रहस्य ऊपर किसी आकाश में नहीं है। वह हमारे भीतर हमारे हृदय में है।

There is no other God
other than life itself.

~Osho

अंतरात्मा के साक्ष्य पर

मुझे आकाश में रहनेवाले या मंदिर में पूजे जानेवाले ईश्वर में बिल्कुल विश्वास नहीं है। मेरा जीवन अनिश्चित है। वह कभी भी समाप्त हो सकता है, यह सत्य मुझे स्वीकार है। किसी की भी आकस्मिक मृत्यु हो जाए तो उसके लिए ईश्वर को दोष देने की मुझे जरूरत नहीं लगती। मेरा जीवन जितना है, उतना जीना मुझे स्वयं सीखना है। मेरे जीवन की गुणवत्ता और सार्थकता का आधार मेरे जीवन के जीना सीखने में है। मेरे लिए सत्य और प्रेम को ही ईश्वर मानना अधिक योग्य लगता है। अपना धर्म मुझे स्वयं ही खोजना है।

धर्म और अध्यात्म

विश्व में छोटे-बड़े अनेक धर्म हैं, संप्रदाय एवं उपसंप्रदाय भी हैं।
सभी मुख्य धर्मों का अध्ययन करें तो सब में कतिपय सामान्य लक्षण दिखाई देते हैं।

ईश्वर एक है : सभी सच्चे धर्म संकुचित नहीं, उदार होते हैं।
वे दूसरे धर्मों को आदर से देखते हैं।
ईश्वर हमारे भीतर है।
'गीता' में कहा गया है कि ईश्वर सर्वत्र है।
जीसस भी ऐसा ही कहते हैं कि ईश्वर का साम्राज्य हमारे भीतर अवस्थित है।
'अहं ब्रह्मास्मि', यानी मैं ही ब्रह्मस्वरूप हूँ।
मूल्य तथा नैतिकता : प्रत्येक धर्म में मनुष्य को नीति और धर्मपालन का उपदेश है।
गीता के श्लोक, पातंजल के सूत्र, बुद्ध के मार्ग, बाइबिल के दस आदेश
अंततः मनुष्य को नीति के मार्ग पर चलने का उपदेश देते हैं।

प्रेम और अहिंसा : सभी धर्म प्रेम सिखाते हैं। कोई धर्म घृणा नहीं सिखाता।
अहिंसा ही परम धर्म है। बौद्ध धर्म भी करुणा का ही संदेश देता है।
सत्य और पुरुषार्थ : सत्य की खोज, सत्य का आचरण भी हर धर्म का सार होता ही है।
उसी तरह कोई भी धर्म प्रमाद नहीं सिखाता।
सभी धर्म हमेशा पुरुषार्थ की ही महिमा गाते हैं।
जैसा विचार वैसा जीवन : मात्र धर्म ही नहीं,
अनेक दार्शनिकों एवं वैज्ञानिकों ने भी
इस सत्य को प्रखर सिद्धांत के रूप में स्वीकार किया है।
दलाई लामा कहते हैं कि प्रत्येक मनुष्य को आनंद तथा संतोष की खोज है।
दूसरों ने हमारी राह नहीं ली, इसका यह अर्थ नहीं है कि वे भटक गए हैं।

हम जानते ही हैं कि समस्या विश्व के धर्मों और संप्रदायों में नहीं है।
समस्याएँ तब पैदा होती हैं, जब हम धर्मों को अपनी स्वकेंद्रिता के स्तर पर ले आते हैं।
अजाग्रत मनुष्यों के लिए धर्म भी मन, बुद्धि, चित्त, अहंकार का विषय बन जाता है।

हमारे भीतर का भी विज्ञान है, उसके निश्चित नियम हैं।
कब दु:ख हो, कब शांति मिले, आनंद की अवस्था कब प्रकट हो—
यह सब वैज्ञानिक अभिगम से समझा जा सकता है और यही सच्चा धर्म है।

Religion is for those
who don't want to go hell,
and spirituality is for those
who have already been there.

~Elizabeth Gilbert

अंतरात्मा के साक्ष्य पर

मुझे किसी धर्म या संप्रदाय में सच्चाई दिखती है, इसलिए मैं उसका अनुसरण करता हूँ। मुझे उससे लाभ हुआ है, इसलिए मैं उसके प्रति लगाव अनुभव करता हूँ। अब मैं उसे अपना धर्म मानने लगता हूँ। उसका अनुसरण करने में मनोमन अभिमान अनुभव करता हूँ। दूसरे लोगों को भी मैं अपने धर्म का अनुसरण करने के लिए आग्रह करता हूँ। जो वैसा नहीं करते, उनको मैं हिकारत से देखता हूँ। तो फिर मैंने अपने धर्म को राग-द्वेष और अभिमान का साधन नहीं बना दिया? धर्म का अनुसरण करने से मुझे क्या लाभ हुआ? धर्म वास्तव में निजी मुद्दा नहीं होना चाहिए?

सत्य और अध्यात्म

सत्य क्या है ? सत्य की खोज क्या है ? क्या यह खोज आवश्यक है ?

सत्य जीवन की समझदारी है। समझदारीपूर्वक जीने से ही हम जीवन को पाते हैं। परंतु यह समझदारी हमारी निजी समझदारी है। यह उधार नहीं ली जा सकती। दूसरे लोगों के अभिप्राय, निष्कर्ष या मूल्यांकन हमें मदद नहीं कर सकते हैं।
इस सत्य की खोज हमें स्वयं ही, अपने हृदय में ही करनी होती है।

साथ ही, इस सत्य को हम केवल अपनी बुद्धि के उपयोग से ही नहीं समझ सकते। बुद्धि से हम जो समझते हैं, वह सत्य का केवल एक छोटा सा भाग ही है।

गौतम बुद्ध कहते हैं कि—
"आप अपनी सामान्य बुद्धि और तर्क से
जो समझ सको, उसे ही स्वीकार करना।
कहीं पढ़ा हो, किसी ने कहा हो,
मैंने कहा हो, उसे भी ऐसे ही मान मत लेना।
आपने कुछ सुना, इसलिए उसे मान मत लेना।
किसी ने कुछ कहा और बहुतों ने उसे प्रसारित किया, इसलिए उसे मान मत लेना।
धार्मिक ग्रंथों में कुछ लिखा है, इसलिए कुछ मान मत लेना।
आपके शिक्षकों या बुजुर्गों ने कुछ कहा है, इसलिए कुछ मान मत लेना।
पीढ़ियों से कोई परंपरा चलती आ रही है, इसलिए उसे मान मत लेना।
आपके अपने निरीक्षण, विश्लेषण पर जो खरा उतरे,
जो आपकी बुद्धि और तर्क की परीक्षा से गुजरे,
जो आपके और सबके शुभ तथा भलाई के लिए हो,
तभी उसे स्वीकार करना और उसे अपने जीवन में आचरण में लाना।"

सत्य की खोज के इस मार्गदर्शन का अनुसरण करना आसान नहीं है।
हम इतने परावलंबी होते हैं कि सबकुछ तैयार ही खोजते हैं!

हम बारंबार ऐसा पढ़ते-सुनते हैं कि सत्य एक है।
सत्य की हमारी खोज एकत्व की साधना है या केवल शास्त्रार्थ है ?
विविधता में एकता देखने की दृष्टि सीखे बिना सत्य की खोज असंभव है। सत्य की खोज साहस, स्वतंत्रता और पुरुषार्थ की माँग करती है।

When we try to pick anything
out by itself,
we find it hitched to everything
in the Universe.

~John Muir

अंतरात्मा के साक्ष्य पर

ऐसा मानता हूँ कि मैं सत्य का शोधकर्ता और साधक हूँ; परंतु वास्तव में मेरी यह शोध-साधना कितनी सच्ची है ? क्या अपनी किसी भी मान्यता को बदलने के लिए मेरा मन खुला है ? क्या अपने अभिप्रायों, मंतव्यों के प्रति मुझे ममत्व है ? यदि हाँ, तो मैं उनको किस तरह छोड़ सकूँगा ? मैं उनको छोड़े बिना सत्य की खोज में किस तरह आगे बढ़ सकूँगा ? क्या मैं भिन्न दृष्टिकोणों को सुनने-समझने के लिए उत्साहित और आतुर हूँ ? क्या मैं जितना मेरा है, उतना ही सच मानता हूँ या जितना सच है, उसे अपना बना लेता हूँ ?

प्रेम और अध्यात्म

हम सभी के पास अपने भीतर सच्चा प्रेम है ही।
कठिनाई यह है कि हमारा अंत:करण सतत कूड़ा पैदा करता है।
यह कूड़ा उस प्रेम की ऊपरी परत में तैरता रहता है।
इसलिए, बाद में जब भी मौका मिलता है, तब यह गंदगी ही बाहर आती है।

अंत:करण सतत गंदगी पैदा करता ही रहता है और वह निकलती ही रहती है।
इस कारण अपने हृदय की गहराई का प्रेम तो ज्यों-का-त्यों वहाँ पर पड़ा रहता है।

ऐसा कहते हैं कि अहंकार और प्रेम का अस्तित्व एक साथ नहीं रह सकता है।
जहाँ प्रेम है, वहाँ अहंकार नहीं है और जहाँ अहंकार है, वहाँ प्रेम नहीं रह सकता।

प्रेम संबंध में व्यक्त होता है, किंतु प्रेम संबंध नहीं है।
प्रेम अंत में हमारे अंत:करण और हमारे हृदय की स्थिति है।
हम जब स्वकेंद्री होते हैं, महत्त्वाकांक्षी और अहंकार-केंद्री होते हैं,
उस समय हमें अपने अलावा 'मैं' और 'मेरा' के सिवा किसी में रुचि नहीं होती।
अपनी ऐसी स्थिति में प्रेम को हम स्वार्थी भावना बना देते हैं।

जब हमारे हृदय में उत्कट, सच्चा, शुद्ध, नि:स्वार्थ प्रेम जागता है,
उसके बाद हमारे लिए हमारी मान्यताओं, इच्छाओं आदि का महत्त्व नहीं रहता।
उस समय हम तुलना, मूल्यांकन, दंभ, प्रदर्शन, अभिमान आदि नहीं कर सकते।

जब हृदय में सच्चे प्रेम का सूरज उगता है, तब अहंकार अस्त हो जाता है।
यह स्पष्ट है कि हम मन, बुद्धि, चित्त, अहंकार से विमुक्त हों, तभी यह प्रेम छलकेगा।

यानी जैसे ही अंत:करण में गंदगी पैदा होनी रुक जाती है, अंदर शांति फैल जाती है, कि तुरंत मनुष्य के हृदय के भीतर छिपा प्रेम बाहर बहने लगता है।

जो व्यक्ति अहंकारी नहीं है, वही हमें प्रेमिल लगता है।

'प्रेम' का विरोधी शब्द हम 'धिक्कार' मानते हैं।

परंतु धिक्कार तो प्रेम का ही एक विरूप स्वरूप है, प्रेम का विरोधी नहीं है।

प्रेम का विरोधी शब्द धिक्कार नहीं, अहंकार है, यह समझ में आना चाहिए।

अध्यात्म-साधना द्वारा ही हम प्रेमिल बन सकते हैं।

Only from the heart
can you touch the sky.
Your heart is the size of ocean.
Go find yourself in its hidden depths.

~Rumi

अंतरात्मा के साक्ष्य पर

प्रेम और अहंकार जीवन में कितना 'खो' देते हैं, यह देखना रोचक है। अपेक्षाओं और आकांक्षाओं के कितने बारीक तंतु मूल होंगे! आज चाहे जितना साफ करो, कल फिर से निकल आते हैं। सावधान रहना कितना कठिन है! विशेष रूप से जहाँ जिम्मेदारियों से धर्म-संकट पैदा हो, वहाँ अलिप्त नहीं रहा जा सकता। वहाँ विवेक कैसी कठिन कसौटी से गुजरता है। ऐसी परिस्थितियाँ आती हैं, जब मुझे ही अपना सत्य खोजना होता है और वहाँ मुझे अकेले खड़ा रहना पड़ता है। जीवन में कितने संतुलन सीखते रहने होते हैं!

मित्रता और अध्यात्म

हम लोगों में से अधिकांश बुद्धि को ही सर्वोपरि मानते हैं।
हम अपना जीवन महद् अंश में अपनी बुद्धि से ही चलाते होते हैं।
जीवन के प्रश्नों और समस्याओं को बुद्धि द्वारा हल करना,
किस तरह मौके देखकर उनका बुद्धिपूर्वक फायदा उठा लेना और
किस तरह जीवन में होशियारी का उपयोग करके प्रगति करते रहना।

परंतु जीवन में सभी कार्य केवल बुद्धि से नहीं हो सकते हैं।
जीवन में साहस, संवेदनशीलता, प्रेम, करुणा और मित्रता जैसे गुणों के बिना
केवल बुद्धि से जीते रहना कभी भी पर्याप्त नहीं होता।

मार्क ट्वेन कहते हैं कि प्रेमल हृदय के अभाव में बुद्धि वास्तव में दरिद्र है।

प्रेम की भाँति ही अध्यात्म जीवन में महत्त्वपूर्ण शब्द है 'मित्रता' और 'करुणा'।
मित्रता भी अहंकार का शमन होने पर ही खिलती है,
करुणा भी संवेदनशीलता की उपज है।

पातंजल ने अपने योग सूत्रों में एक सुंदर बात समझाई है।
उन्होंने अध्यात्म-साधना के लिए मन को प्रशिक्षित करने की सलाह दी है
कि जो सुखी हैं, उनके प्रति हमें मित्रता का भाव दिखलाना चाहिए;
जो दु:खी हैं, उनके लिए हमें करुणा अनुभव करनी चाहिए;
जो गुणी और सदाचारी हैं, उनके लिए दिल में आनंद अनुभव करना चाहिए
और जो अवगुणी और दुराचारी हैं, उनकी हमें उपेक्षा करनी चाहिए।

यदि हमारा अंत:करण वास्तव में शुद्ध नहीं है
तो हम वास्तव में क्या अनुभव कर सकेंगे?

सुखी के प्रति ईर्ष्या, गरीब-दु:खियों के प्रति चिढ़निंदा, गुणवानों के लिए आलोचना और जो दुराचारी हैं उनके लिए संभवत: क्रोध का अनुभव करेंगे?
काम, क्रोध, मद, लोभ, ईर्ष्या और मोह की वृत्तियों ने जब अधिकार जमा लिया हो, तब हम जो अनुभव करते हैं, उसमें अविचलता और निर्भयता नहीं होती।

मित्रता और सच्चा आदर दोनों हाथ मिलाकर साथ-साथ ही चलते हैं।
हम जब समग्र विश्व को मैत्री-भाव से देखते और जानते हैं,
उस समय हमारी भावदशा निर्मल आनंद से छलकती है; क्योंकि वहाँ मूल्यांकन नहीं है।
अहंकार मनुष्य जीवन का कितना बड़ा शत्रु है, जो मनुष्य को आनंद से दूर रखता है।

Undisturbed calmness of mind is attained
by cultivating friendliness toward the happy,
compassion for the unhappy,
delight in the virtuous,
and indifference toward the wicked.

~Patanjali

अंतरात्मा के साक्ष्य पर

मेरे पास जो नहीं है, जो मुझे चाहिए, वह मैं दूसरों के पास देखता हूँ तो मुझे ईर्ष्या होती है। जो उसके पास है, वह मेरे पास क्यों नहीं है? जीवन के कम में कभी ऐसा भाव जगे तो वह स्वाभाविक नहीं है? कभी भी ईर्ष्या अनुभव किए बिना, कभी क्रोध का अनुभव किए बिना हम उन्हें लाँघ सकते हैं क्या? ईर्ष्या और क्रोध, लोभ और मोह—इन सब का क्रमश: धीरे-धीरे ही निवारण किया जा सकता होगा न। कोई मुझे उपदेश दे कि ईर्ष्या खराब है, उससे मुझे ईर्ष्या दूर करने में मदद मिलेगी क्या? ईर्ष्या को समझे बिना क्या मैं ईर्ष्या से मुक्त हो सकता हूँ?

त्याग और अध्यात्म

अध्यात्म के लिए संसार के परित्याग या संन्यास का क्या महत्त्व है?

अध्यात्म के प्रति हमने कुछ बहुत विचित्र और बेढंगी धारणाएँ बना रखी हैं।
आध्यात्मिक व्यक्ति भगवा पहने हों और संसार का परित्याग कर चुके हों—
यह वैसा ही एक खयाल है।
ईश्वर को हमारे बाहरी पहनावे या संसार से हमें भगाने में क्या रुचि होगी, भाई!

संन्यास, यानी किसी चीज को जबरदस्ती छोड़ने की बात नहीं,
स्वयमेव जो छूट जाए, वह है।
मन की जो बातें दु:ख पैदा करती हैं, उन्हें समझने पर उनका छूट जाना संन्यास है।
मनुष्य जब निश्चय करता है कि वह स्वयं को या दूसरों को दु:ख नहीं पहुँचाएगा,
तब यह संभव होता है।

'गीता' का सिद्धांत यह कहता है कि मनुष्य कर्म करे, परंतु फल का त्याग करे।
कर्म करना, किंतु फल की आशा न रखना,
उसकी चिंता न करना क्या वास्तव में संभव है?
हम कोई प्रवृत्ति करें तो हमारा ध्येय कैसे परिपूर्ण होगा, यह जानना जरूरी नहीं है?
हमें जो परिणाम चाहिए, उसके लिए जरूरी क्षमताएँ हमारे पास हैं या नहीं?
जब मनुष्य के अंदर कर्मफल के बारे में ऐसा एक दर्शन या दृष्टि पैदा होती है,
तब उसके अंदर एक समझदारी, एक प्रतीति उभरती है कि फल निश्चित है।
फिर उन्हें परिणाम की जरा भी चिंता नहीं रहती।
उनका चित्त पूरी तरह कर्म में लग जाता है।

उन्हें पता है कि वे अपना कर्म अच्छी तरह से करेंगे तो फल मिलना ही है।
फल पर मनुष्य का अधिकार नहीं है, इसका यह अर्थ नहीं है कि फल के प्रति उदासीनता विकसित करनी है।

उसी तरह भौतिक विश्व या संसार को छोड़ देने से ही संन्यास नहीं मिल जाता।
साधारण और मामूली संन्यासी संसार को छोड़कर, कहीं दूर जाकर ईश्वर को खोजते हैं।
जो सच्चा संन्यासी है, वह इस संसार में ही रहता है,
फिर भी वह संसार में डूबा नहीं रहता है।
जो वन में जाकर, असंतुष्ट इच्छाओं का दमन करके, फल-पत्ते खाकर जीते हैं,
वह सच्चा त्याग नहीं है।
जीवन-संग्राम के बीच रहकर जो अलिप्त और अडिग रह सके, वही सच्चा संन्यासी है।

जहाँ कोई संघर्ष नहीं है, कोलाहल नहीं है, शांति है, ऐसी गुफा में कोई भी सो सकता है।

प्रत्येक मनुष्य को अपनी वृत्तियों, इच्छाओं और अहंकार से जूझना है।
जो करना है, वह स्वयं हमें ही, अपने भीतर ही करना है।
मोह और संसार भी हमारे भीतर हैं, प्रेम और संन्यास भी भीतर ही हैं।

The true value of a human being
can be found in the degree
to which he has attained liberation from the self.

~Albert Einstein

अंतरात्मा के साक्ष्य पर

मेरी मान्यताओं और मेरे जीवन के बीच जब अंतर होता है, तब मैं अपराध-भाव अनुभव करता हूँ। जैसे कि भौतिक सुखों के बीच रहना अनाध्यात्मिक है, ऐसा अगर मैं मानता हूँ तो फिर सामान्य सुख-सुविधाओं और अनुकूलताओंवाला जीवन जीने पर मैं अपराध-भाव अनुभव करूँगा। इंद्रिय-सुखों में ही लिप्त रहना और सुविधाओं से जीवन को थोड़ा आसान बनाना, इन दोनों में अंतर नहीं है? लँगोटी धारण करने से कोई अध्यात्म का साधक थोड़े ही बन जाया जाता होगा! अध्यात्म के विषय में इतना बड़ा भ्रम क्यों होता है?

निर्वाण और अध्यात्म

समाधि, मुक्ति, निर्वाण, कैवल्य—
क्या अर्थ है इन भारी-भरकम शब्दों का?
बड़े-बड़े शब्दों से हम चौंधिया जाएँ,
और फिर उधार की समझ से जीने लगें,
ऐसा हो सकने की संभावना अधिक है।
यह हमारी अध्यात्म-साधना की अकाल मृत्यु है।

मुक्ति हमें अपने निम्न 'स्व' से प्राप्त करनी है।
समाधि अंत:करण की जाग्रत अवस्था है।
अनावश्यक दु:खदायक लगावों से छूटना ही निर्वाण है।
चित्त की तुरीयावस्था ही सच्चा कैवल्य है।

परंतु ये बातें हमें स्वानुभव से समझनी हैं।

हम विश्व का, समष्टि का ही एक भाग हैं;
परंतु हम स्वयं को अलग समझते हैं।
हमें लगता है कि हमारे विचार, भावनाएँ
ये औरों से अलग हैं, भिन्न हैं।
यह हमारा भ्रम है, चेतना पर पड़ा परदा है।

यह भ्रम ही हमारा कैदखाना और कारागार है।
हमारी चेतना को यह संकुचित वृत्त में बाँधता है।
फिर निजी इच्छाओं की पूर्ति में हम लग जाते हैं।
कुछ निकट के लोग ही हमें प्रेमपात्र लगते हैं।
जब हमारे प्रेम और करुणा का वृत्त फैले,

जब वसुधैव कुटुंबकम् का भाव पैदा हो,
जब विश्व में कोई या कुछ भी अपने से भिन्न न लगे,
तभी हम उक्त कारागार से मुक्त हो सकते हैं।

रूमी कहते हैं कि हम सागर में बूँद नहीं हैं, बूँद में समग्र सागर हैं।
हम कमरा-कमरा घूमकर जिस हार को खोज रहे हैं, वह हमारे गले में ही है।
नाभि में कस्तूरी है, फिर भी मृग उसे ढूँढ़ता फिरता है। वैसे ही हम भटक रहे हैं।
हम जिसकी कामना करते हैं, खोज रहे हैं, वह हमारे भीतर ही है।

Everything in our world even a drop of dew.
is a microcosm of the universe.

~Ralph Waldo Emerson

अंतरात्मा के साक्ष्य पर

मैं कौन हूँ? मैंने अपनी पहचान भूतकाल से बनाई है। जो मैं जी चुका, अपनी स्मृति, अपनी मान्यताओं, अपनी आकांक्षाओं का कुल योग ही मैं हूँ न! मेरे स्वप्न, मेरी अभिलाषाएँ भविष्य में मुझे जो करना है, मेरी वे इच्छाएँ, मैं यह सब भी हूँ। परंतु भूतकाल तथा भविष्यकाल का तो अस्तित्व ही नहीं है। तो फिर मैं जो मानता हूँ कि मैं कौन हूँ, वह केवल भ्रम ही है? इसी भ्रम में ही जी रहा हूँ? तो फिर वास्तव में मैं कौन हूँ? क्या यह संभव है कि भूतकाल व भविष्य से अलग मेरा अस्तित्व हो सके?

अभीप्सा और अध्यात्म

अध्यात्म के विषय में घूम-फिरकर बात अभीप्सा पर आएगी ही।
मनुष्य की अभीप्सा ही उसकी अध्यात्म-यात्रा का आरंभ है।

हमारे जीवन का क्या अर्थ है, उसका उत्तर खोजने से
हम चाहे जितना दूर भागने की कोशिश करें,
परंतु यह आध्यात्मिक क्षुधा और प्यास हमारा पीछा नहीं छोड़ती।

खलील जिब्रान कहते हैं कि किसी मनुष्य के मन, हृदय को समझने में
उसने जो सफलता प्राप्त कर ली है, उसकी ओर नहीं;
वह जो हासिल करना चाहता है, उसकी ओर देखो।

जो मनुष्य उन्नति के पथ पर है, वह अपने को
अपने से ऊँचे और उम्दा ध्येय के साथ जोड़ेगा
और उससे उसके हृदय में अभीप्सा जन्म लेगी।
जो मनुष्य निम्न स्तर पर जीता है, वह स्वयं को
अपने से भी हीन ऐसी तुच्छ बातों के साथ जोड़ेगा
और उससे उसके मन में आकांक्षा पैदा होगी।

जिन्हें महत्त्वाकांक्षा एवं अभीप्सा के बीच अंतर समझ में नहीं आता,
वे अभी अजागृति के अँधेरे में ही जी रहे हैं।
लाखों और करोड़ों रुपए इकट्ठा करना महत्त्वाकांक्षा हो सकती है।
अनेक बालकों के भविष्य को उज्ज्वल बनाना अभीप्सा हो सकती है।

मार्टिन बुबर कहते हैं कि बहुत से लोग जोशीले होते हैं,
तो बहुत से मनुष्य समझदार व विवेकी होते हैं—और दोनों दुर्लभ हैं।

परंतु उनसे भी अधिक दुर्लभ ऐसे मनुष्य होते हैं,
जो जोशीली समझदारीवाले होते हैं।

अंतत: मनुष्य का अंत:करण ऊर्जा से परिपूर्ण है। यह ऊर्जा निरंतर किसी-न-किसी जगह तो जाने वाली ही है। इस ऊर्जा को किस तरह से मोड़ा जाए, उसका कैसे उपयोग किया जाए, यह प्रत्येक व्यक्ति की स्वतंत्रता तथा पसंदगी है। अपने भीतर की अग्नि का हम सृजनात्मक उपयोग भी कर सकते हैं, या उससे अपना अथवा दूसरों का घर भी जला सकते हैं।

You will become as small as you controlling desire,
as great as your dominant aspiration.
To desire is to obtain; to aspire is to achieve.

~James Allen

अंतरात्मा के साक्ष्य पर

मेरे पास एक ही जीवन है और मैं उसे भरपूर जी लेना चाहता हूँ। यदि मैं पूरी उत्कटता के साथ, सुंदर ढंग से जीवन जीना सीख रहा हूँ, तभी मुझे अफसोस नहीं रहेगा। जीवन जीने की अपनी इस उत्कटता को, उत्साह को मैं सतत जीवंत रखना चाहता हूँ। मृत्युपर्यंत यह अभीप्सा कायम रहे तो फिर मैं मृत्यु को भी सस्मित गले लगा सकूँगा। मैं जानता हूँ कि सुंदर मृत्यु पाने की कला सुंदर जीवन जीने की ही कला है। यह रहस्य मुझे आत्मसात् करना है। नियमित रूप से एकांत में मुझे इस सत्य को दुहराते रहना है।

जीवन और अध्यात्म

मैं कौन हूँ? मेरे अस्तित्व का क्या अर्थ है?
अरबों वर्ष के अस्तित्व में मेरे 70-80 वर्ष का क्या हिसाब?
मैं क्या करता हूँ, क्या बनता हूँ, क्या प्राप्त करता हूँ, उसका क्या मतलब है?
अनंत आकाश में एक बिंदु जैसे मेरे जीवन का कोई अर्थ नहीं है।

परंतु मैं ही अस्तित्व होऊँ तो? मैं ही जीवन होऊँ तो?
मैं समग्र सृष्टि के साथ ऐक्य अनुभव कर सकूँ तो?
मेरा यह छोटा बिंदु जैसा जीवन अत्यंत अमूल्य अवसर नहीं है?

हर दिन की सुबह मेरे लिए जीवन के पुनर्जन्म जैसा एक सुंदर उपहार नहीं है?
इस सुंदर उपहार का मैं क्या करता हूँ, वही महत्त्वपूर्ण है न?
मैं उसे बरबाद भी कर सकता हूँ और उसे पूरी उत्कटता से जी भी सकता हूँ।

मैं अपने भीतर की अजाग्रत ऊर्जा को यदि बाहर ला सकूँ,
समग्र सृष्टि में व्यास ऊर्जा के साथ उसका अद्‌भुत योग करा सकूँ,
अपने जीवन में वैश्विक चेतना के अनुग्रह की अनुभूति कर सकूँ
तो क्या वह मेरे जीवन की अगम्य एवं प्रगाढ़ उपलब्धि नहीं होगी?

मेरी जो चेतना है, उसमें कितनी शक्ति है, उसका मुझे अहसास है?
मेरे जीवन में चाहे जो हो, उसका सामना करने की शक्ति मेरे भीतर है।
अवरोध और समस्याओं द्वारा जीवन इस ऊर्जा का मुझे अहसास कराता है।
यह अनुभव, यह अहसास, ये अनुभूतियाँ कितनी महत्त्वपूर्ण एवं अमूल्य हैं!

दो कोषों के मिलन से एक व्यक्ति का जन्म होता है!
एक डी.एन.ए. में अनेक रहस्य तथा संदेश छिपे होते हैं।

तो इतनी विराट्, अद्‌भुत सृष्टि में कितने सारे रहस्य छिपे होंगे!
इन रहस्यों की खोज ही जीवन का सर्वोच्च आनंद नहीं है?
गौतम बुद्ध कहते हैं कि प्रतिदिन सुबह उठकर हमें कृतज्ञ होना चाहिए।
भले हमने बहुत कुछ नहीं सीखा हो, थोड़ा-बहुत तो सीखा ही है।
थोड़ा-बहुत न सीखे हों तो भी हम रोगग्रस्त तो नहीं हुए हैं।
अगर हम रोगग्रस्त भी हुए हों, किंतु मरे तो नहीं हैं।
प्रतिदिन सुबह उठकर हमें गहरी कृतज्ञता का भाव हृदय को अर्पित करना चाहिए।

I'm concentrating on staying healthy,
having peace, being happy,
remembering what is important,
taking in nature and animals,
spending time reading,
trying to understand the universe,
where science and spiritual meet.

~Joan Jett

अंतरात्मा के साक्ष्य पर

मैं उड़ नहीं सकूँगा तो दौड़ूँगा; दौड़ नहीं सकूँगा तो चलूँगा; चल नहीं सकूँगा तो बकैयाँ खीचूँगा; पेट के बल सरककर या घुसककर चलूँगा—मैं कुछ भी करूँगा, परंतु आगे बढ़ता ही रहूँगा। मार्टिन ल्यूथर किंग के ये शब्द कितने प्रोत्साहक हैं। मेरे लिए ये आध्यात्मिक ही हैं। मैं खत्म हो जाऊँगा, परंतु हारूँगा नहीं। मैं थकूँगा तो क्षण भर विराम करूँगा, पर आशा नहीं छोड़ूँगा। चाहे जो हो, मैं अंतिम साँस तक जीवन के प्रति उत्साह का त्याग नहीं करूँ, बस, यही मेरी जीवन भर की प्रार्थना है।

जीवन के विविध आयाम हैं। जीवन यह शांति, निवृत्ति, स्थिति के आयाम तथा इनके विपरीत अशांति, प्रवृत्ति, गति के आयाम जैसे परस्पर विरोधी आयामों का सुंदर संवाद है। प्रकाश और अंधकार, गति एवं स्थिति, नाद एवं मौन, संबंध और एकांत—ये सब हमें विरोधी दिखते हैं, एक-दूसरे को ध्वस्त करते लगते हैं; परंतु जीवन में तो इन दोनों का समावेश होता है। ये एक-दूसरे के पूरक बनते होते हैं। काम हमें बाँधे नहीं, इस तरह काम का आनंद पाने की युक्ति और विवेक भी पुरुषार्थ है।

~ विमला ठकार

परिशिष्ट

आध्यात्म से संबंधित पुस्तकों की सूची

RU¹	Ý¢}¢	Hï¶ÜU
1.	Enlightenment is a Secret	Andrew Cohen
2.	Meditation	Aurobindo & Mother
3.	¥ôã„ÜURU¢æç¼ÜUèÐíçRU²¢	Î¢Î¢ {}¢¢üç{ÜU¢Úè
4.	Ï¢¢ñh {}¢ü ÜU¢ ÐçÚ™²	ÎH¢§ü H¢}¢¢
5.	How to practise: The way to a Meaningful Life	Dalai Lama
6.	Emotional Intelligence	Daniel Goleman
7.	Silence, Simplicity and Solitude	David Cooper
8.	Ageless Body, Timeless Mind	Deepak Chopra
9.	How to know God	Deepak Chopra
10.	The Seven Spiritual Laws of Success	Deepak Chopra
11.	Jung: A Biography	Deirdre Bair
12.	Messages from the Masters	Dr. Brian Weiss
13.	Transcendence My Spiritual Experiences with Pramukh Swamiji	Dr. A.P.J. Abdul Kalam with Arun Tiwari
14.	The Power of Now	Eckhart Tolle
15.	Finding Forgiveness	Eileen Borris
16.	Life Lessons	Elisabeth Kubler-Ross & David Kessler
17.	The Art of Loving	Erich Fromm
18.	Mother Teresa: Faith in the Darkness	Greg Watts

19.	Walden or, life in the woods	Henry David Thoreau
20.	Siddhartha	Hermann Hesse
21.	Notes to Myself	Hugh Prather
22.	The First and Last Freedom	J. Krishnamurti
23.	Book of Meditations for everyday in the year	James Allen
24.	As A Man Thinketh	James Allen
25.	Seeing The Light of World Faith	James Allen
26.	The Prophet	Kahlil Gibran
27.	The Road Less Travelled	M. Scott Peck
28.	„y²Ý¢ Ðí²¢ïx¢¢ï	}¢ã¢y}¢¢ x¢¢æ{è
29.	A Short Biography of Ramakrishna	Mahendranath Gupta
30.	Meditations	Marcus Aurelius
31.	Mother Teresa A Biography	Kaushal Goyal
32.	I Am That	Nisargadatta Maharaj
33.	The Psychology of Man's Possible Evolution	P D Ouspensky
34.	Autobiography of a Yogi	Paramahansa Yogananda
35.	Patanjali Yogasutra	Patanjali
36.	Steps Towards Inner Peace	Peace Pilgrim
37.	ÜU}¢ü²¢ïx¢è x¢éç…ü»ÈU	ÐécÜUÚx¢¢ïÜU¢‡¢è
38.	Gitanjali	Rabindranath Tagore
39.	Erase the Ego	Ramana Maharshi
40.	The Last Lecture	Randy Paush
41.	The Secret	Rhonda Byrne

<table>
<tr><td>42.</td><td>Jonathan Livingston Seagull</td><td>Richard Bach</td></tr>
<tr><td>43.</td><td>An Introduction to Psychology</td><td>S. K. Mangal</td></tr>
<tr><td>44.</td><td>çÝ}¢üf {¢Ú¢ {}¢üÝè</td><td>„y²Ý¢Ú¢²‡¢x¢¢ï²ï‹ÜU¢</td></tr>
<tr><td>45.</td><td>Creative Visualization</td><td>Shakti Gawain</td></tr>
<tr><td>46.</td><td>Spirituality</td><td>Shri Ravishankar</td></tr>
<tr><td>47.</td><td>The Seven Habits of Highly
Effective People</td><td>Stephan Covey</td></tr>
<tr><td>48.</td><td>¥æ¼:ÜUUÚ‡¢Ýè ¥¢ïf¶</td><td>S±¢}¢èÏ¢ír¢±iÎ¢æ¼…è</td></tr>
<tr><td>49.</td><td>„¢{Ý¢Ýè Ðê±ü|¢êç}¢ÜU¢</td><td>S±¢}¢èÏ¢ír¢±iÎ¢æ¼…è</td></tr>
<tr><td>50.</td><td>Rajyoga / Karmayoga /
Bhaktiyoga</td><td>Swami Vivekananda</td></tr>
<tr><td>51.</td><td>Meditation and Spiritual Life</td><td>Swami
Yatiswarananda</td></tr>
<tr><td>52.</td><td>The Science of Living</td><td>The Mother</td></tr>
<tr><td>53.</td><td>The Miracle of Mindfulness</td><td>Thich Nhat Hanh</td></tr>
<tr><td>54.</td><td>Man's Search for Meaning</td><td>Victor E. Frankl</td></tr>
<tr><td>55.</td><td>Blossoms of Friendship</td><td>Vimala Thakar</td></tr>
<tr><td>56.</td><td>What is Meditation ?</td><td>Vimala Thakar</td></tr>
<tr><td>57.</td><td>¥Ðí}¢¢Î²¢ïx¢</td><td>ç±}¢H¢ ÆÜU¢Ú</td></tr>
<tr><td>58.</td><td>¥¢ñÜ¢ïçx¢ÜUU…è±Ý}¢¢æ¥¢Š²¢çy}¢ÜUU¼¢</td><td>ç±}¢H¢ ÆÜU¢Ú</td></tr>
<tr><td>59.</td><td>Š²¢Ý »ÜU …è±Ý}¢¢x¢ü</td><td>ç±}¢H¢ ÆÜU¢Ú</td></tr>
<tr><td>60.</td><td>x¢è¼¢ Ðí±™Ý¢ï</td><td>ç±Ý¢ïÏ¢¢ |¢¢±ï</td></tr>
<tr><td>61.</td><td>¥Š²¢y}¢¢Ï¢H Ð¢ï¯ÜU</td><td>ç±E±æl</td></tr>
<tr><td>62.</td><td>Einstein His Life and Universe</td><td>Walter Isaacson</td></tr>
</table>

ओएसिस प्रकाशनों की सूची

(x¢é…Ú¢¼è |¢¢¯¢ }¢ïæ ÐéS¼ÜïæU)

RU¹	Ý¢}¢	Hï¶ÜU	ÜUè¼
	ÐéS¼ÜïæU / **Books**		
1.	}¢ã¢Ý NÎ²¢ïÝ¢ „¢Ú¨ïx¢}¢Ð{çÝ	„ææ…è±à¢¢ã	500
2.	Ýê¼Ýç±EÝ¢Ðí|¢¢¼Ý¢ïÜUHÚ±	„ææ…è±à¢¢ã	200
3.	…±¢Ï¢ }¢¢x¢ï Àï ô…Îx¢è !	„ææ…è±à¢¢ã	164
4.	…è±±éæ»ÅHï™¢ã±éæ»ÅHìà¢è¶±éæ!	„ææ…è±à¢¢ã	300
5.	¥Í¢Ú¢ïÀï¥¢Ðíï}¢¢Ý¥Í¢Ú¢Àï¥¢à¢è±¢üÎ!	„ææ…è±à¢¢ã	130
6.	„}¢ÚçãH	». »„. ÝèH	325
7.	Fïã, „¢Ú±¢Ú ¥Ýï ™}¢yÜU¢Ú	Ç¢òÏ¢Ýèü»„„èx¢H	400
8.	¥¢¶Úï… ¥¢Û¢¢Î !	Çiç Ý²Hx¢íèÝÏ¢x¢ü	200
9.	NÎ²ï RU¢æç¼	„ææ…è±à¢¢ã	350
10.	¥Š²¢y}¢Ýè à¢¢ï{}¢¢æ	„ææ…è±à¢¢ã	450
11.	S±¼´~¢¼¢-Ýãè´ÜïUS±ïÓÀ¢™¢Ú!	». »„. ÝèH	200
12.	¥ËÐÀï…è±Ý,ÜïU°¢ÈïUH¹¢‡¢„Àï?	„´…è± à¢¢ã	160
13.	„¨è¥¢ïÝé´ à¢¢‡¢Ð‡¢	çH²Ł ¼ŁËS¼Ł² ¥Ýé„´…è±à¢¢ã	600
	ô™¼Ý ÐéçS¼ÜU¢»¡ / **Gift Booklets**		
14.	}¢ã¢ÝNÎ²¢ïÝ¢ï}¢¢çñÝÍ¢éÍ¢±¢Å	„ææ…è±à¢¢ã	60
15.	Ðí|¢¢¼Ý¢ï ÜUHÚ±	„ææ…è±à¢¢ã	70
16.	}¢ã¢Ý NÎ²¢ïÝè Ÿ¢±‡¢ÜUf¢	„ææ…è±à¢¢ã	150
17.	…è±Ý}¢¢æÐ‡¢ÜïUæ¼¼¼¢ÈéæÅ¼¢¼ÚÜïæ…¢	„ææ…è±à¢¢ã	120
18.	ô…Îx¢è	„ææ…è±à¢¢ã	150
19.	ÐíÏ¹	„´…è± à¢¢ã	120

20.	ã¢ÜUH	„´.„´…è± à¢¢ã	120
21.	Ðíï¹¢f ¾Ý±¢Ýè ÜUH¢	»çÚÜU ÈíÚUŁ¹	160
22.	çà¢ÿ¢ÜUÝŁ„ï±¢{¹ü	…ïÜëUc‡¢¹êç¼ü	70
23.	H¢x¢‡¢è¥¢ÝÛU¢æÛU¢±¢¼¢¢æ¥¢ãïÜUÐ¢ÜUÀ¥¢ ô…Îx¢è !	„ææ…è±à¢¢ã	50
24.	¦¢±Ý¢¥¢æÜU¼êÜU¢Ý¢æ¦¢¢ãÜU„ÜU¼ãñ ²ã ç…‹Îx¢è !	„ææ…è±à¢¢ã	50
25.	What Then Must We Do?	Leo Tolstoy	70
26.	Á²¢ÚïãéæØ}¢Ýï¶êÏ¢x¢}¢±¢H¢x²¢ï!	„ææ…è±à¢¢ã	20
27.	Á²¢Újæï¢æ{¢ï}¢Ý¶êÏ¢x¢}¢±¢H¢x²¢!	„ææ…è±à¢¢ã	20
28.	...»Ýé´Ý¢¹ à¢çQ !	„´…è±à¢¢ã¥Ýï ¥¢ï»ç„„Ý¢¼L‡¢Ł	25
29.	ÐÚèÿ¢¢ çà¢ÿ¢‡¢Ýè!	„´…è± à¢¢ã	25
30.	à¢è¶¼¢æ à¢è¶±¼¢æ	„ææ…è±à¢¢ã	64

¦¢ïÅ ÐéçS¼ÜU¢»¡ / Gift Booklets

31.	…è±ÝÝè ¦¢ïÅ-1	„ææ…è±à¢¢ã	15
32.	…è±ÝÝè ¦¢ïÅ-2	„ææ…è±à¢¢ã	20
33.	…è±ÝÝè ¦¢ïÅ-3	„ææ…è±à¢¢ã	25
34.	Ðíï}¢Ýè ¦¢ïÅ	„ææ…è±à¢¢ã	36
35.	„ÎïÜUéÅéæÏ¢Ýè ¦¢ïÅ	„ææ…è±à¢¢ã	30
36.	ÜU¢²üÿ¢}¢¼¢Ýè ¦¢ïÅ	„ææ…è±à¢¢ã	32
37.	„}¢ëçhÝè ¦¢ïÅ	„ææ…è±à¢¢ã	10
38.	„ÈUf¼¢Ýè ¦¢ïÅ	„ææ…è±à¢¢ã	10
39.	S±ç±ÜU¢„Ýè ¦¢ïÅ	„ææ…è±à¢¢ã	20
40.	ç……….èç±¯¢	„´…è± à¢¢ã	35
41.	S±¢±H´¾ÝÝè ½ïÅ	„´…è± à¢¢ã	16
42.	™¢çÚ~²Ýè ½ïÅ	¥Ýé„´…è±à¢¢ã	40

43.	„¹Ðü‡¢Ýè„¢{Ý¢	„´…è± à¢¢ã	50
44.	»vÛ¢¢¹ ÜUè »ï„è ÜUè ¼ñ„è!	„´…è± à¢¢ã	20
45.	çÚÛ¢ËÅ ÜUè »ï„è ÜUè ¼ñ„è!	„´.¹ïãéHÐ´™¢H	20
46.	»ÜU çÐ¼¢ÝŁ ¹¢ÈUèÐ~¢	„´…è± à¢¢ã	25
47.	ãé´ Àé´ ÐŁçH²¢Ý¢!	ÐéÝ:ÜUƒÝ-ÿ¢¹¢ ÜUÅ¢çÚ²¢	30
48.	HxÝ„æÏ¢æ{Ýè |¢ïÅ	„ææ…è±à¢¢ã	20
49.	Ð„æÎx¢èÝè |¢ïÅ	„ææ…è±à¢¢ã	10
50.	¥¢Ú¢ïx²Ýè |¢ïÅ	„ææ…è±à¢¢ã	15
51.	¥¢²é±ïüÎÝè |¢ïÅ	„ææ…è±à¢¢ã	140
52.	Ý¢Úè-…è±ÝÝè |¢ïÅ	„æ…è± à¢¢ã	17
53.	„æ¼¢Ý ©ÀïÚÝè |¢ïÅ	„ææ…è±à¢¢ã	25
54.	ÜUïf±‡¢èÝè |¢ïÅ	„ææ…è±à¢¢ã	30
55.	ÐÍ¢ñÉG¢±Sƒ¢Ýè |¢ïÅ	„ææ…è±à¢¢ã	25
56.	*The Gift of Life*	*Sanjiv Shah*	25
57.	*The Gift of Family*	*Sanjiv Shah*	30
58.	*The Gift of Prosperity*	*Sanjiv Shah*	12
59.	*The Gift of Success*	*Sanjiv Shah*	12
60.	*The Gift of Leadership*	*Sanjiv Shah*	45
61.	*The Gift of Peace Pilgrim*	-	15
62.	±¢çÚ„-Ú‡¢}¢¢æ¶èHïHéæÐécÐ	ÿ¢}¢¢ÜUÅ¢çÚ²¢	18
¥¶æÇ S±¢S‰² Ÿ¢ë¶H¢ / Continuous Health Series			
63.	Î¢Îè}¢¢ *M.B.B.S.!*	„æ.Ç¢ò.ÐËH±è Ú¢©H…è	20
Ð¢òÜUïÅ Ï¢éév„ : „æ±ïÎÝ¢ çà¢ÿ¢‡¢ Ÿ¢ï‡¢è / Pocket Books : Samvedna Shikshan Series			
64.	±ïÎÝ¢ »ÅHï...	„ææ…è±à¢¢ã	3

65.	x¢éS„¢ï »ÅHï...	„ææ…è±à¢¢ã	3
66.	çÇÐíïà¢Ý »ÅHï...	„ææ…è±à¢¢ã	3
67.	¥ÐÚ¢{|¢¢± »ÅHï...	„ææ…è±à¢¢ã	3
68.	„é¶ »ÅHï...	„ææ…è±à¢¢ã	6
69.	§üc²¢ü »ÅHï...	„ææ…è±à¢¢ã	6
70.	Îé:¶ »ÅHï...	„ææ…è±à¢¢ã	6
71.	H¢ï|¢ »ÅHï...	„ææ…è±à¢¢ã	6
Ð¢òÜïUÅ Ï¢év„ : ç±™¢Ú çà¢ÿ¢‡¢ Ÿ¢ï‡¢è / Pocket Books: Vichar Shikshan Series			
72.	ç±™¢Ú±éæ »ÅHï...	„ææ…è±à¢¢ã	10
73.	ç„h¢‹¼¢ï »ÅHï...	„ææ…è±à¢¢ã	10
74.	„}¢S²¢ »ÅHï...	„ææ…è±à¢¢ã	10
75.	à¢è¶±éæ »ÅHï...	„ææ…è±à¢¢ã	10
76.	ÐçÚÐv±¼¢ »ÅHï...	„ææ…è±à¢¢ã	6
77.	Š²ï² »ÅHï...	„ææ…è±à¢¢ã	6
78.	™¢çÚ~² »ÅHï...	„ææ…è±à¢¢ã	6
79.	¥¢y}¢ç±E¢„ »ÅHï...	„ææ…è±à¢¢ã	6
Ð¢òÜUïÅ Ï¢év„ : }¢ã¢Ý ç„h¢‹¼ श्रृं¶H¢ / Pocket Books: Great Principles Series			
80.	…è±Ý }¢éàÜUïH Àï	„ææ…è±à¢¢ã	8
81.	}¢¢Úéæ…è±Ý}¢¢Úè……±¢Ï¢Î¢ÚèÀï	„ææ…è±à¢¢ã	8
82.	…ï Îé|¢±ï Àï, ¼ï à¢è¶±ï Àï	„ææ…è±à¢¢ã	8
83.	Ðíï}¢ » H¢x¢‡¢è Ýƒè, ÜU}¢ü Àï	„ææ…è±à¢¢ã	8
84.	}¢¢Úè ÎëçC…}¢¢Úéæ ™¢çÚ~²	„ææ…è±à¢¢ã	6
85.	„¢™è„ÈUf¼¢„¢™éæ…è±±¢}¢¢æ	„ææ…è±à¢¢ã	6
86.	±¢±è» ¼ï±éæ H‡¢è»	„ææ…è±à¢¢ã	6
87.	}¢¢Úè |¢¢¯¢ … }¢¢Úéæ à¢èH	„ææ…è±à¢¢ã	6

ÜUç‡¢ÜU¢»¡ / Quotation Books			
88.	…è±Ý-ÜU¢Ã²¢ïÝè |¢ïÅ	„æÇ¢õ}¢¢²ç„¢ïÝè	30
89.	NÎ²±H¢ï‡¢éæ : S±-Í¢Ç¼Ú	„æ…è± à¢¢ã	12
90.	NÎ²±H¢ï‡¢éæ :„æÏ¢æ{-Í¢Ç¼Ú	„ææ…è±à¢¢ã	12
91.	*An Oasis of Thoughts - Love*	-	12
92.	*An Oasis of Thoughts - Life*	-	12
93.	*An Oasis of Thoughts - Friendship*	-	12
94.	*An Oasis of Thoughts - Character*	-	12

❑

अध्यात्म की खोज में

अध्यात्म की सहायता से जीवन की खोज...

जीवन कितना अमूल्य और दुर्लभ है,
हमारी समझ में क्यों आता नहीं?

जीवन जीने की अभीप्सा एवं अभिलाषा,
हमारे भीतर क्यों प्रज्ज्वलित होती नहीं?

हमारे जीवन की बागडोर किसके हाथ में है,
यह ज्ञान कोई हमें क्यों देता नहीं?

अध्यात्म के बिना जीवन निरर्थक है,
कोई हमें यह क्यों समझाता नहीं?

अध्यात्म बुढ़ापे की कोई प्रवृत्ति नहीं है,
यह सत्य जोर-शोर से क्यों पुकारा जाता नहीं?

अध्यात्म को जीवन से अलग नहीं किया जा सकता है,
यह रहस्य हमें कोई क्यों बतलाता नहीं?

शरीर का विज्ञान सभी सीखते हैं।
मन का विज्ञान कुछ ही लोग सीखें।
जीवन का विज्ञान सभी क्यों न सीखें?

❑❑❑